KUNST DER WELT

IHRE GESCHICHTLICHEN, SOZIOLOGISCHEN

UND RELIGIÖSEN GRUNDLAGEN

HOLLE VERLAG · BADEN-BADEN

HELLENISMUS

VON T.B.L. WEBSTER

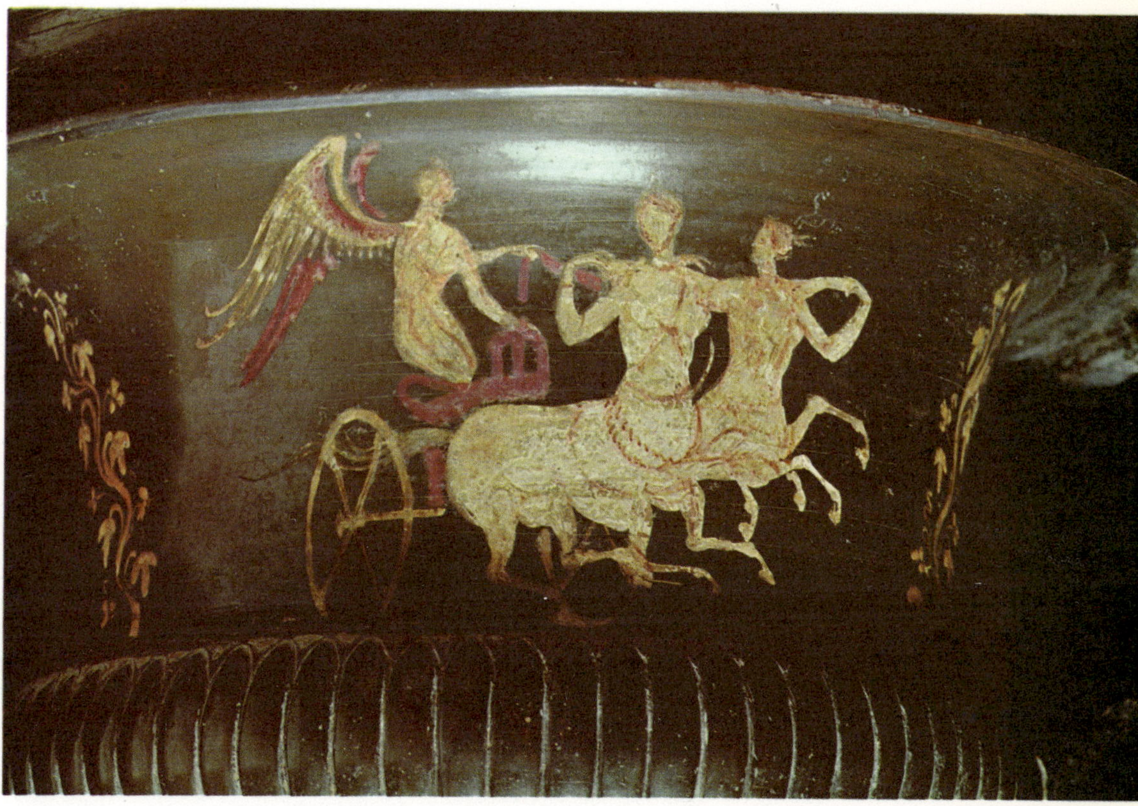

HOLLE VERLAG BADEN-BADEN

AUS DEM ENGLISCHEN ÜBERSETZT VON
ULRIKE THIMME

DIE ABBILDUNG DER TITELSEITE ZEIGT:
Geflügelte Nike in einem Wagen, der von einem männlichen und einem weiblichen Kentauren gezogen wird, dargestellt auf einem Krater aus Egnazia. Frühes 3. Jh. v. Chr. Ton. *British Museum, London.* *Vgl. Seite 24*

Zuerst veröffentlicht 1966
Paperback-Ausgabe 1979 (Unveränderter Nachdruck)
ISBN 3-87355-126-8

Printed in Spain · Emograph, S. A. - Barcelona

EINFÜHRUNG

Politische Geschichte

Das hellenistische Zeitalter verbindet das klassische Griechenland mit dem Rom der Kaiserzeit. Man kann es etwa mit dem Tod von Alexander und Aristoteles beginnen und mit dem Tode von Julius Cäsar enden lassen. Die politische Geschichte ist äußerst verwickelt. Alexander hatte die Grenzen der griechischen Welt ostwärts bis nach Indien ausgedehnt; seine Generäle teilten sein Erbe unter sich und gründeten Dynastien, deren Geschichte einen mehr oder weniger wechselvollen Verlauf nahm, bis eine nach der andern von den Römern unterworfen wurde.

Innerhalb dieses Ringes von Machthabern lebten die alten griechischen Städte des Festlandes, der Inseln und der kleinasiatischen Küste als unabhängige Stadtstaaten fort, manchmal bedroht und manchmal beschützt, bis auch sie unter die Herrschaft der Römer gerieten. In Kunst und Denkweise waren sie stark konservativ und klammerten sich an eine Lebensweise, die nicht mehr lange in der neuen Welt fortbestehen konnte. Die neuen hellenistischen Höfe waren Zentren der Kunst und Literatur, zogen Künstler und Dichter aus den alten griechischen Städten an und beeinflußten ihrerseits diese durch ihre Erzeugnisse.

Die alten griechischen Städte Siziliens und Süditaliens lagen zwischen den großen Militärmächten Karthago und Rom. Rom unterwarf Karthago, und gegen Ende des 3. Jahrhunderts v. Chr. waren Sizilien und Süditalien unter römischer Herrschaft. Aber bereits vom frühen 3. Jahrhundert an war Rom eine Macht, mit der die hellenistischen Könige zu rechnen hatten. Ptolemaios II. von Ägypten schickte vor 270 v. Chr. eine Gesandtschaft nach Rom, und Attalos I. von Pergamon war am Ende des 3. Jahrhunderts mit Rom verbündet.

Rom und die griechische Kunst

Das Epigramm des Horaz: »Griechisch Land ward erobert, erobernd den rauhen Besieger« war so bekannt, daß man lange geneigt war anzunehmen, Rom hätte vor der Mitte des 2. Jahrhunderts von der griechischen Kunst nichts geahnt. Die Wahrheit sah ganz anders aus. Durch das Medium der etruskischen Kunst und in kleinerem Umfang durch direkte Importe hatten die Römer griechische Formen und griechische Sagen vom 7. Jahrhundert v.Chr. an gekannt. Seit 338 v.Chr. waren die griechischen Städte der Campania römische Alliierte geworden, und ihre Kunst muß den Römern wohl bekannt gewesen sein. Vom frühen 3. Jahrhundert an hatte die griechische Kunst begonnen, nach Rom einzusickern, zunächst aus den näheren eroberten Gebieten in Süditalien und Sizilien und später von weiterher.

Aristoteles War Alexander der politische, so war Aristoteles der geistige Vater des hellenistischen Zeitalters. Wir befassen uns nicht mit seinen Beiträgen zur Philosophie und Naturwissenschaft, sondern vielmehr mit seinen Ideen und Idealen, soweit sie die Geschichte der Kunst beeinflußt haben können. Stark vereinfachend kann man sie zusammenfassen als: die Einführung biologischer Kategorien, die Errichtung eines klassischen Ideals und die Anfänge der Gelehrsamkeit. Alle drei Gedanken sind in Aristoteles' Werk über die Literatur deutlich genug vorhanden, und wenn wir auch nur die Spuren ihrer Anwendung auf die Kunst erkennen können, so ist doch mit Recht anzunehmen, daß Zeitgenossen und Nachfolger sich von Aristoteles inspirieren ließen und die gleichen Methoden in der Kunstkritik anwendeten, die er in der Literaturkritik angewendet hatte. Der Parallelismus zwischen Kunst und Literatur hatte sich als Gedanke durchgesetzt, ehe Aristoteles schrieb, und schon im späteren 5. Jahrhundert äußerte sich der große Künstler ebenso wie der große Dichter über seine Technik.

Kunsttheorie So sehen wir, wie Aristoteles Polygnot mit Sophokles und Zeuxis mit späteren Tragödiendichtern vergleicht. Und die beiden wichtigen biologischen Vorstellungen, daß eine einzelne Literaturgattung wie die Tragödie zur Vollkommenheit reifte und dann aufhörte, und daß der Beginn einer neuen Gattung auf eine einmalige und scheinbar zufällige Reaktion zwischen der menschlichen Natur und ihrer Umgebung zurückzuführen sei, waren auf die Kunst wie auf die Literatur anwendbar. Dieser zweite Gedanke scheint hinter der Geschichte zu stehen, die Duris von Samos, ein Schüler von

Aristoteles' Nachfolger Theophrast, erzählt: Der große Bildhauer des 4. Jahrhunderts Lysipp war Schmied in einer Bronzegießerei, bis er eines Tages den Maler Eupompos fragte, welcher frühere Maler ihn beeinflußt habe; Eupompos deutete auf die Menge und sagte: »Folge der Natur, nicht einem andern Künstler.« Dies inspirierte Lysipp, mit der Bildhauerei zu beginnen. Die Geschichte mag wahr sein, doch Duris greift sie offensichtlich auf, weil sie in das aristotelische Schema paßt.

Die andere biologische Vorstellung – Entwicklung bis zur Vollendung – ist sehr viel einflußreicher, und wieder können wir sehen, wie ein Kritiker des frühen 3. Jahrhunderts, Xenokrates, der selber Bildhauer war, sie auf die Kunstgeschichte anwendet: »Phidias öffnete den Weg für die Kunst des Bronzegießens und Polyklet führte sie zur Vollendung.« Diese Vorstellung führt zur Errichtung von klassischen Musterbildern: Sophokles und Euripides in der Tragödie, Lysipp in der Bildhauerei, Apelles in der Malerei. Die Griechen hatten immer Glanz und Ruhm des mykenischen Zeitalters bewundert; wahrscheinlich sogar hat diese Erinnerung sie in den dunklen Jahrhunderten von Mykene bis Homer am Leben erhalten. Doch Hochschätzung der jüngeren Vergangenheit tritt im späten 5. Jahrhundert nur sehr gelegentlich auf, öfter schon im 4. Jahrhundert, bis sie uns im hellenistischen Zeitalter ständig begegnet. Die biologische Vorstellung von der Entwicklung zur Vollendung lieferte einen geistigen Rahmen für diese Bewunderung.

Gelehrsamkeit

Soll die Geschichte nach dieser Theorie geschrieben werden, so muß die Wissenschaft das Material liefern. Für die Literatur ist Aristoteles grundlegend, sowohl weil er ein Verzeichnis der dramatischen Erzeugnisse vom Beginn der dramatischen Wettkämpfe an aufstellte, als auch, weil er hervorhob, daß es für schwierige Passagen bei alten Schriftstellern eine historische Erklärung geben könne. Im hellenistischen Zeitalter wurde diese Art zu arbeiten im Museion von Alexandria entwickelt; die Initiative ging von Demetrios von Phaleron, einem Schüler von Aristoteles' Nachfolger Theophrast, aus. Und hier wurde das Sammeln, Katalogisieren, Kommentieren und Ausziehen von Texten und das Abfassen von Biographien archaischer und klassischer Autoren von Gelehrten durchgeführt, von denen mindestens fünf führende Schriftsteller ihrer Zeit waren. Die Wissenschaft wurde von Dichtern gepflegt und beeinflußte ihre Dichtung unmittelbar.

Wir wissen über die Kunstwissenschaft sehr viel weniger als über die Literaturwissenschaft, doch geben Vitruv im späten 1. Jahrhundert v. Chr. und Plinius im 1. Jahrhundert n. Chr. genügend Zeugnisse von der Fülle an Tatsachenkenntnis, die zu ihrer Zeit zusammengetragen worden war, um die summarischen Umrisse der Theorie von der »Entwicklung zur Vollendung« auszufüllen. Einige der Autoren waren selber Künstler: von Antigonos von Karystos, einem Bildhauer, der in Pergamon arbeitete, darf man füglich annehmen, daß er Xenokrates' Werk übernahm und viel biographisches Material hinzufügte; Pasiteles, Bildhauer, Erzgießer und Ziseleur des 1. Jahrhunderts v. Chr., schrieb »Fünf Bände über hervorragende Werke in der ganzen Welt«; Vitruv war Architekt. Die Wissenschaft beeinflußte die Kunst ebenso wie die Dichtung.

Es ist zwar auch eine ganze Menge in hellenistischer Prosa, von Listen und Beschreibungen über Kunstwerke bekannt, doch ist es

Kallimachos

vielleicht noch interessanter, einen Augenblick bei Kallimachos, dem alexandrinischen Poeten des 3. Jahrhunderts v. Chr. zu verweilen. Ein teilweise erhaltenes Gedicht von etwa sechzig Zeilen ist an einen Freund gerichtet, der nach Elis segelt, um den Zeustempel zu Olympia zu besuchen, in dem sich die von Phidias geschaffene Gold-Elfenbein-Statue des Zeus befand. Das Gedicht gab die Höhe, Breite und Tiefe der Statue selbst, des Thrones, auf dem der Gott saß, seines Fußschemels und des Sockels an, der das Ganze trug; dies ist zwar keine große Dichtung, aber ein bemerkenswertes Zeugnis für die Kenntnisse des Dichters und das Interesse des Lesers an einer bedeutenden klassischen Statue.

Ein anderes Gedicht besteht aus einem Dialog zwischen dem Dichter und einer Apollon-Statue, die zwischen 650 und 550 v. Chr. für den Kalksteintempel des Apollon zu Delos geschaffen wurde. Nach einer kurzen Anspielung auf eine frühere anikonische Statue beschreibt der Gott sich selbst als 27 Ellen hoch, golden, nur mit einem Gürtel bekleidet; er hält einen Bogen, um die Toren für ihre

Anmaßung zu strafen, und guten Menschen hält er seine Hand – auf der die drei Grazien stehen – entgegen; den Bogen hält er in der Linken, weil er nur ungern straft, die Grazien aber in der Rechten, weil er immer gern erfreuliche Dinge austeilt. Der archaische Bildhauer hatte wahrscheinlich eine solche Botschaft nicht im Sinne; der Bogen war Apollons übliches Attribut; in Delos hatte er darüber hinaus die auf seiner rechten Hand stehenden kleinen Figuren der drei Grazien erhalten, weil diesen dort ein bedeutender Kult geweiht war. Der hellenistische Dichter hat nicht nur sein kunstgeschichtliches Interesse gezeigt, sondern auch für eine archaische Statue eine religiöse Interpretation geliefert, die sich in Übereinstimmung mit der zeitgenössischen Ethik befindet.

Kunstsammlungen

Parallel zu den hellenistischen Bibliotheken, die Texte sammelten und herausgaben, gab es Kunstsammlungen. In der Mitte des 3. Jahrhunderts war nach Plutarch Aratos (nicht der astronomisch gebildete Schriftsteller, sondern der Tyrann von Sikyon) »ein guter Kenner der Malerei und sammelte Werke der besten Künstler, besonders des Pamphilos und des Melanthos«. Pamphilos und Melanthos waren klassische sikyonische Maler der ersten Hälfte des 4. Jahrhunderts und daher Altmeister, als Aratos sie sammelte. Er sammelte nicht nur für sich selber, sondern schickte auch eine Anzahl von Gemälden an Ptolemaios III. von Ägypten, so daß die Geschichte überdies eine königliche Sammlung zu Alexandria bezeugt. In Pergamon umfaßte die königliche Skulpturensammlung archaische Standbilder der Grazien von Bupalos von Chios und andere Statuen des beginnenden 5. Jahrhunderts. Die Griechen hatten natürlich frühe Kunstwerke, die in den Tempeln geweiht waren, immer sehen können, und Bauwerke wie die Stoa Poikile zu Athen waren mit Fresken der führenden Maler der Zeit, in der sie errichtet waren, geschmückt. Das Neue an diesen königlichen Sammlungen ist die bewußte Sammlung alter Meisterwerke, die sicher an einigen Festtagen für die Öffentlichkeit zugänglich waren.

Tempel

Die griechischen Tempel enthielten wirklich Sammlungen von Kunstwerken, weil Generationen von Stiftern die schönsten und kostbarsten Dinge den Göttern geweiht hatten. Wieviel vom Tempel den Besuchern in früherer Zeit offenstand und wieviel die Besucher von früheren Kunstwerken sahen, ist fraglich. Für das hellenistische Zeitalter haben wir das Zeugnis des Gedichtes von Herondas, in dem beschrieben wird, wie zwei Frauen den Tempel des Asklepios zu Kos besuchen und angesichts der Skulpturen außerhalb und der Gemälde innerhalb des Tempels in Begeisterungsrufe ausbrechen. Sicher betrachteten die Frauen den Tempel als eine Kunstgalerie, und diese Haltung ist grundverschieden von der religiösen Haltung, in der vermutlich die Zeitgenossen des Phidias die Skulpturen des Parthenon betrachteten oder die Stifter selber ihre Weihegaben darbrachten.

Es wäre interessant zu erfahren, wie die Römer die zahlreichen griechischen Kunstwerke ansahen, die sie in Rom weihten. In der Mitte des 2. Jahrhunderts nach der Plünderung von Korinth beobachtete Mummius, daß Attalos II. von Pergamon ein thebanisches Gemälde des 4. Jahrhunderts für eine enorme Summe erwarb. Mummius zog daraufhin das Bild aus dem Verkauf und weihte es im Ceres-Tempel zu Rom. Attalos sicherte sich zweifellos ein Stück für die königliche Sammlung; huldigte Mummius in erster Linie der Göttin durch eine edle Gabe oder bereicherte er die Tempelsammlung? Wir wissen es nicht, aber wir wissen, daß im folgenden Jahrhundert die Zeitgenossen Ciceros den Athena-Tempel zu Syrakus als Gemäldegalerie betrachteten: sie waren entzückt über die langen Reihen von Porträts sizilianischer Tyrannen und Könige, über die Fertigkeiten der Künstler und über die Tatsache, daß sie sehen konnten, wie diese berühmten Männer aussahen.

Der König wollte für die königliche Bibliothek zu Pergamon eine Statue der Athena als der Schirmherrin Athens und der Wissenschaft haben, und die berühmteste Athena war die Gold-Elfenbein-Statue der Athena Parthenos, die Phidias für den Parthenon geschaffen hatte; er ließ eine freie Kopie in kleinerem Maßstab machen. Dies ist eins der frühesten uns bekannten Beispiele für das

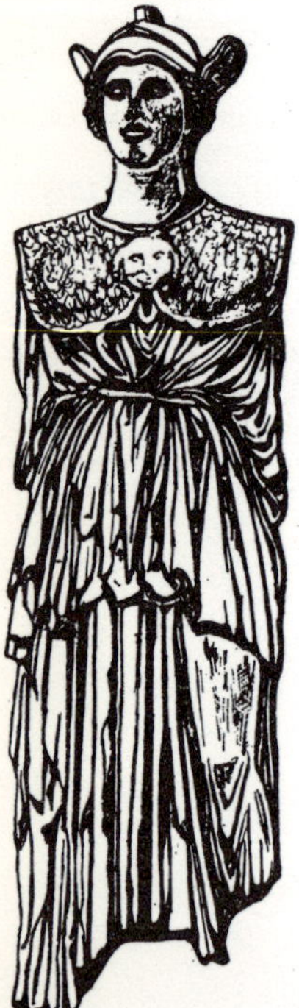

Fig. 1 – Marmorstatue der Athena Parthenos in Pergamon. Kopie nach der Statue des Phidias. Vgl. Seite 105

Kopieren. Sein Nachfolger ließ die Bilder Polygnots in Delphi kopieren, und die Kopien wurden vermutlich der königlichen Sammlung hinzugefügt. *Kopien*

Im späten 2. und frühen 1. Jahrhundert gab es eine ungeheure Nachfrage nach Kunstwerken durch Privatsammler, besonders aus Italien. Die alten Städte Griechenlands waren mittlerweile den römischen Provinzen einverleibt, und so bildeten die allmählichen Eroberungen keine Quelle für Kunstwerke mehr. Es wurde üblich, mechanische Kopien griechischer Statuen und Reliefs anzufertigen; eine Kopie nach Phidias oder Polyklet war ebenso begehrt oder noch begehrter als ein zeitgenössisches Werk. So ist die Athena Parthenos in der königlichen Bibliothek zu Pergamon Vorläufer des späteren ausgedehnten Handels mit Kopien, und wie der König seine Athena bestellte, konnte der gewöhnliche Hausherr in der Töpferei zu Myrina verkleinerte Kopien in Terrakotta von Statuen des 4. Jahrhunderts kaufen.

Die Statuen konnten durch mechanisches Kopieren reproduziert werden, und von Silberware konnte man Hohlformen abnehmen, um genaue Kopien in Metall oder Ton zu erhalten. Die Methoden, die beim Kopieren von Gemälden angewendet wurden, sind nicht so klar. Großformatige Kopien, die an Ort und Stelle angefertigt wurden, sind wahrscheinlich eher die Ausnahme als die Regel: ein König von Pergamon konnte so etwas anordnen, oder ein römischer General mochte eine genaue Kopie als Ersatz für ein Original zurücklassen, das er mit nach Rom genommen hatte. Die sehr feinen und zarten, von Dioskurides von Samos signierten Mosaiken ABB. SEITE 124, 125 scheinen Kopien des späten 2. Jahrhunderts von Originalen des 3. Jahrhunderts zu sein, die wahrscheinlich in Pergamon gemalt wurden: sie wurden in Pompeji gefunden und eins von ihnen ist auf einem Wandgemälde aus Stabiae kopiert worden. Hier zum mindesten haben wir einen Fall, wo die Übertragung von Kleinasien nach Italien erklärt werden kann.

Das allgemeine Bild im hellenistischen Zeitalter ist etwa das folgende: Die Kunstproduktion verteilte sich auf die alten Städte Griechenlands, Kleinasiens und Italiens und die neuen Höfe der hellenistischen Dynastien. Die alten Städte waren sich ihrer Vergangenheit stark bewußt. Die neuen Dynastien waren aufgeschlossener, bemühten sich aber auch, das griechische Erbe zu erhalten und neu zu beleben. Rom, das seit langem von der griechischen Kunst Kenntnis hatte, raubte, nachdem die griechische Welt unter seine Herrschaft geraten war, soviel Kunstwerke wie es konnte, und im letzten Jahrhundert der Republik importierte es Künstler ebenso wie Kunstwerke. Alle waren sich in gleicher Weise des klassischen Griechenlands bewußt, und Kunsthistoriker, Reisebeschreibungen, Sammlungen und Kopien wirkten zusammen, um Künstler und Publikum an die Höhepunkte zu erinnern, die im 5. und 4. Jahrhundert in der Plastik und Malerei erreicht worden waren. Daher können in der hellenistischen Kunst neben großem technischen Können und in mancher Hinsicht bedeutender Originalität immer Gelehrsamkeit, Formalismus, Klassizismus und Konservatismus auftreten.

I. DER FRÜHHELLENISMUS

Man kann den Beginn der hellenistischen Periode mit dem Tod von Alexander und Aristoteles ansetzen, doch etliche der großen Künstler lebten über diesen Einschnitt hinaus, und die frühhellenistische Periode wird von ihnen und ihren Nachfolgern bestimmt. Die großen Bildhauer des dritten Viertels des 4. Jahrhunderts waren Lysipp von Sikyon, Praxiteles, Leochares und Bryaxis von Athen und Skopas von Paros. Von diesen wurde Lysipp durch seine Schüler und Praxiteles durch seine Söhne fortgesetzt. Für die andern können wir keine direkten Nachfolger nachweisen; doch die dicken Löwenbrauen und tiefliegenden Augen des Skopas, die milderen, eher pathetischen Augen des Bryaxis und die dramatische Haltung von Leochares' Statuen leben in vielen hellenistischen Figuren weiter. Die großen Maler waren Pausias von Sikyon, Euphranor vom Isthmos, Nikias von Athen, Apelles von Ephesos. Über die Schüler der Maler ist weniger bekannt; aber auch hier kann das Weiterleben ausgeprägter Stile gezeigt werden, und Apelles lebte selber weiter und arbeitete am Hofe von Ptolemaios I. zu Alexandria.

DAS ERBE VON LYSIPP UND PAUSIAS

Lysipp war ein großartiger Bronzebildhauer, der abgesehen davon, daß er in der Detailbehandlung Naturalist war, mindestens bei einer Statue, dem Apoxyomenos, eine neue Auffassung der Skulptur verwirklichte: der Athlet steht, einen Arm gegen den Betrachter, den andern quer vor dem Körper ausgestreckt, so daß keine einzelne Perspektive befriedigend ist und die Figur dreidimensional betrachtet werden muß. Diese Kompositionsweise lebt in einer Anzahl von eindrucksvollen Gruppen der hellenistischen Periode fort. Eine der frühesten ist die von Eutychides von Sikyon, einem Schüler Lysipps, geschaffene Gruppe aus Antiochia am Orontes. Seleukos war einer der Generäle Alexanders, der Begründer der Seleukiden-Dynastie, und regierte über einen Großteil von Alexanders Ostreich mit einer östlichen Hauptstadt am Tigris und einer

Tyche von Antiochia

B. A. I

westlichen in Antiochia am Orontes. Die Statue heißt Tyche, was man in diesem Zusammenhang besser mit Segen als mit Schicksal übersetzt. Sie verkörpert den Segen der neuen Stadt. Ihre Krone zeigt deren Mauern. Ihre rechte Hand hält die Siegespalme. Ihre Augen blicken in eine ruhmreiche Zukunft. Sie sitzt auf ihrem Felsen über dem Fluß, und der vorbeischwimmende Flußgott blickt erstaunt auf die an seinem Ufer sitzende neue Göttin zurück. Die Komposition ist eine sehr vollendete Konstruktion von Dreiecken, die in verschiedenen Ebenen so angeordnet sind, daß der Betrachter gezwungen ist, das Volumen der Gruppe zu erfassen. Die ganze Figur ist klar, und die Falten des Gewandes sind einfach und klarlinig: die Wiederholung der vertikalen Linien des Schleiers durch die über den Rock fallenden Falten ist besonders gelungen. Der Vergleich mit einer praxitelischen Figur zeigt, daß mehr die Komposition als der Stil des Faltenwurfs und die Proportion der Figuren die Nachfolger Lysipps von Praxiteles' Nachfolgern unterscheidet.
Die auf ihrem Felsen sitzende Göttin, die in die Zukunft blickt und ihrerseits von dem schwimmenden Flußgott angeschaut wird, erinnert an die wenig später entstandene Passage in den *Argonauten* des Apollonios Rhodios, in der es heißt, als die Argo die Segel setzt: »Die Nymphen des Pelion blickten/ Staunend von den Spitzen des hohen Gebirges hernieder/ Auf der itonischen Pallas Gewerk und die tapferen Helden/ Selber, die mit den Händen die Ruder schwingend gebrauchten.«
In der klassischen griechischen Kunst wurden Orte meistens durch die Gestalten ihrer Nymphen dargestellt; Eutychides und Apollonios fügen der Personifikation das Element hinzu – die Nymphen sind »auf den Spitzen des hohen Gebirges«, Tyche sitzt auf ihrem Felsen. Später, als der Maler an der Landschaft um ihrer selbst willen Interesse gewinnt, wird das Gleichgewicht verschoben und die Figuren werden auf ein Minimum reduziert.
Die Tyche ist uns nur durch römische Kopien bekannt. Ein groß-
ABB. SEITE 15
artiges Original, das mit gutem Grund der Schule des Lysipp zugeschrieben worden ist, ist der Bronze-Krater, der 1962 in Dherveni, 10 km nordöstlich von Saloniki gefunden wurde. Die Vase trägt die Namensinschrift: Asteiounios von Larisa, Sohn des Anaxagoras. Er

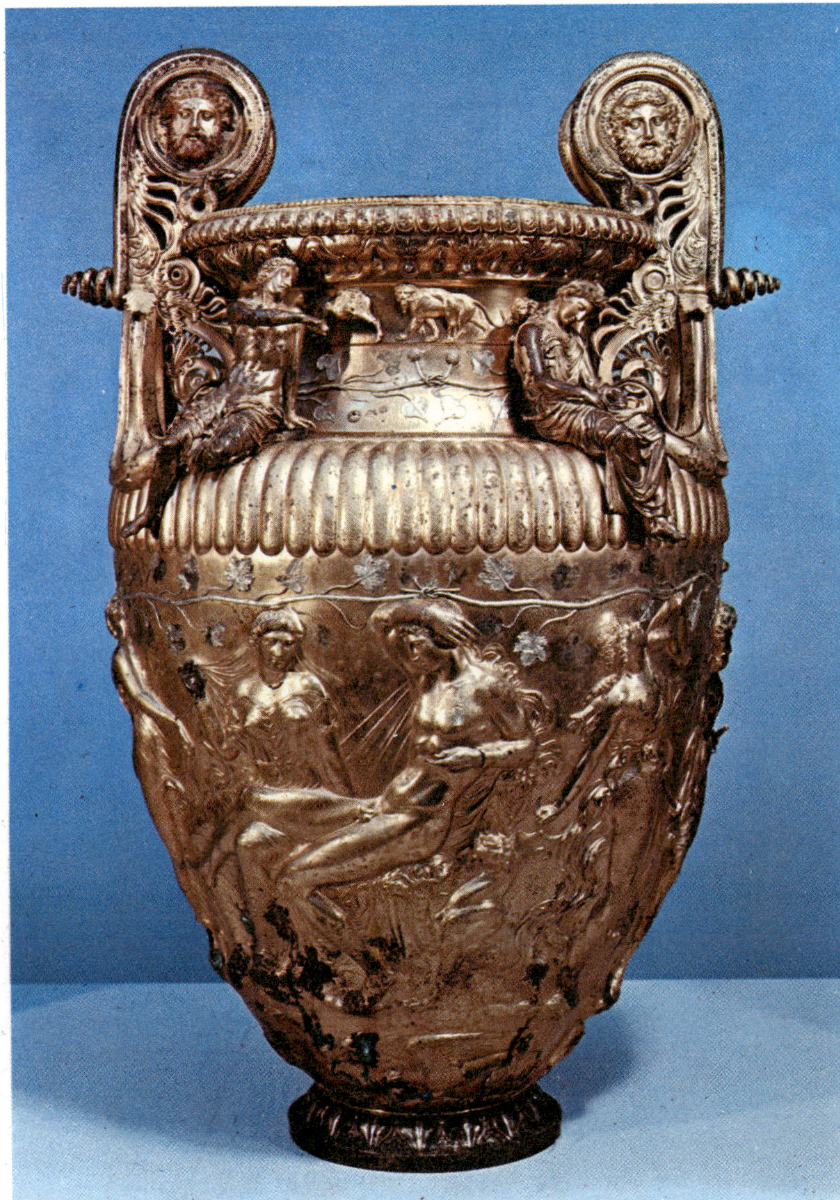

Bronze-Krater aus Dherveni mit Darstellungen von Dionysos und seinem Thiasos von Mänaden und Satyrn. Eine Inschrift nennt den Namen Asteiounios von Larisa. Um 320 v. Chr. *Archäologisches Museum, Saloniki. Vgl. Seite 14, 16, 19f., 20, 61*

war vermutlich ein Thessalier, der in Makedonien starb, und seine Asche wurde in der Vase beigesetzt. Die Figuren sind im Stil des Lysipp edel und muskulös dargestellt. Mit Ausnahme des Tierfrieses um den Vasenhals ist die Ornamentik mit Dionysos verknüpft: früchtetragender Efeu um den Vasenhals; Figuren des Dionysos, Mänaden und ein Satyr an der Schulter; um den Vasenbauch Dionysos und Ariadne und ihr Thiasos von Satyrn und Mänaden.

Der Krater ist ein Mischgefäß, das beim Symposion zum Mischen von Wein mit Wasser benutzt wird, bevor er aus Oinochoen in die Becher der Trinkenden ausgeschenkt wird. Dionysos ist der Gott des Weines, so daß es angemessen ist, wenn ein Krater mit der Geschichte seiner Verfolgung der Ariadne in Begleitung seiner ihm untergebenen Schar von Satyrn und Mänaden geschmückt wird. Kratere waren mindestens seit dem frühen 6. Jahrhundert v. Chr. in dieser Weise dekoriert worden. Diese Szene ist die mit hinreißender Bewegung und Gewandführung modernisierte Version eines alten Themas; wir werden ihm immer wieder in der hellenistischen Kunst begegnen. Der Efeu gehört ebenfalls besonders zu Dionysos; er selber und seine Satyrn und Mänaden tragen häufig Efeukränze, und beim Symposion fand das Trinken oft unter langen Efeuranken mit Früchten statt.

Doch dieser Krater wurde wie die großen bemalten Ton-Kratere aus Tarent, die der Form nach die engste Parallele bilden, in einem Grab gefunden und enthielt die beigesetzte Asche des Toten. Die Verbindung zwischen Dionysos und Tod ist ein schwieriges Thema. Er ist der Gott allen Lebens, das im Frühling aufersteht, der Saft in den Bäumen und der Samen in Tieren und Menschen. Wenn die Menschen ihn verehren, mögen sie hoffen, nach dem Winter des Todes wieder aufzuerstehen und sich für immer mit seinem Thiasos zu ergötzen in einem ›ewigen Rausch‹, wie Platon es nennt. Diese Darstellung ist selbstverständlich stark vereinfacht, aber Asteiounios oder seine Familie müssen etwas in dieser Art geglaubt haben, als seine Asche diesem herrlichen Bronze-Krater mit dem Dionysos-Schmuck anvertraut wurde.

Pella-Mosaiken
ABB. SEITE 65

Kleine klare Lysipp-Figuren erscheinen wieder auf dem von Gnosis signierten Mosaik, das in einem reichen Hause der makedonischen

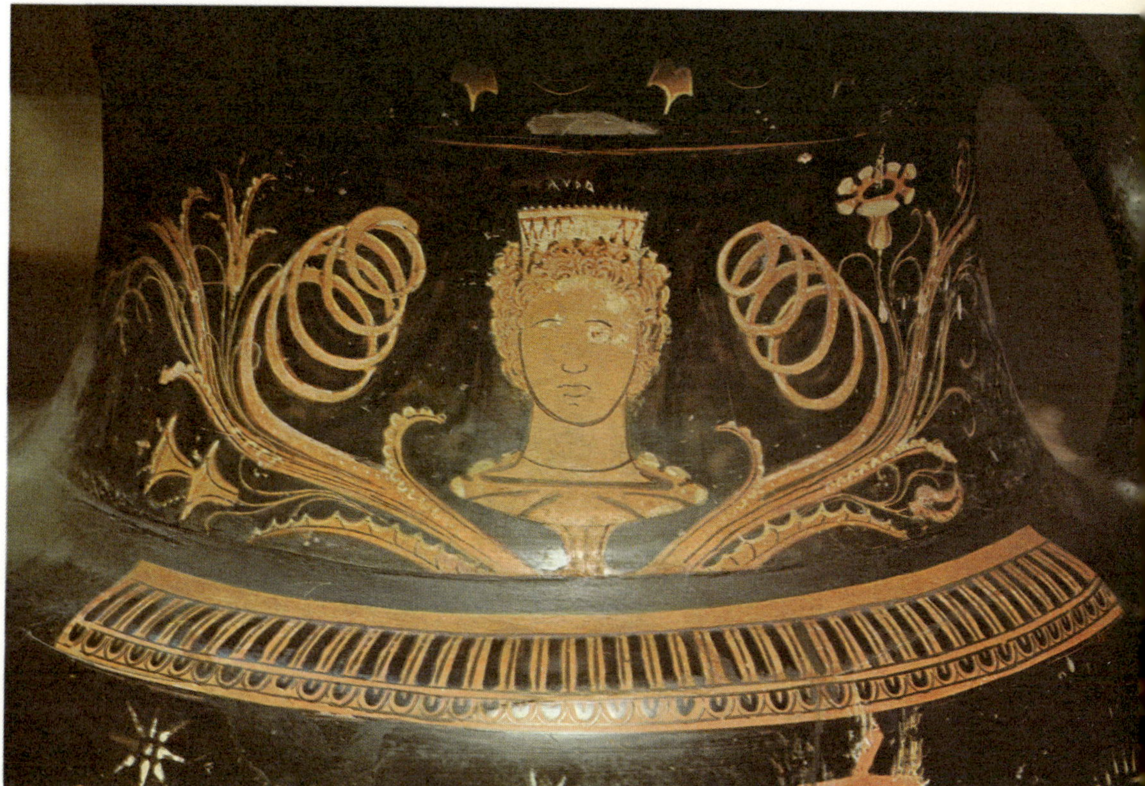

Kopf der Aura (Wind, Lufthauch) zwischen Blatt- und Blütenranken auf einem apulischen Krater des späten 4. Jh. v. Chr. Ton. *British Museum, London. Vgl. Seite 20*

Hauptstadt Pella, etwa 30 km westlich von Saloniki, gefunden wurde. Der athenische Redner Demosthenes stellte die Makedonier zwar natürlich gern als Barbaren hin, doch bereits im späten 5. Jahrhundert hatte Archelaos, König von Makedonien, den Tragödiendichter Euripides und den Maler Zeuxis an seinen Hof berufen; und die in Pella gefundenen frühhellenistischen Kieselmosaiken sind wundervoll. Das Mosaiklegen war damals eine verhältnismäßig neue Kunst. Die viel einfacheren groben Kieselmosaiken von Olynthos datieren aus der Zeit kurz vor der Mitte des 4. Jahrhunderts; die volle Verfeinerung der Technik mit sorgfältig vorbereiteten Steinen gehört der mittelhellenistischen Periode an. Doch die Mosaiken von Pella zeigen eine beachtliche Farbanordnung in den Steinen, die manchmal durch eingelegte Bleibänder begrenzt sind.

Mosaiken sind zunächst Fußbodendekoration, und in einigen Häusern waren sie auf den Fußboden des Eßraumes der Männer beschränkt, wo dem Essen das Symposion folgte. Sie waren im Entwurf eng verwandt mit den sorgfältig gearbeiteten Teppichen, die wohlhabende Griechen an die Wände ihrer Eßräume hängten. Malerei, bebilderte Teppiche und Mosaiken durchziehen vom frühen 4. Jahrhundert an das ganze hellenistische Zeitalter als parallele Erscheinungen.

Die Pella-Mosaiken stammen aus zwei Häusern des späten 4. oder frühen 3. Jahrhunderts. Ihre stilistischen Beziehungen sind vielgestaltig, doch die Gestalt des Dionysos und die Löwenjagd aus dem einen Haus sind deutlich von der sikyonischen Malerei beeinflußt; die Löwenjagd ist möglicherweise wirklich eine Nachahmung der Bronzegruppe von Lysipp und Leochares, die in Delphi von Krateros geweiht wurde, der an der Löwenjagd teilgenommen und Alexander vor einem Löwen gerettet hatte. Die von Gnosis signierte Hochwildjagd ist eine wohlausgewogene Komposition, die durch die beiden Diagonalen zusammengehalten wird, die von Ecke zu Ecke verlaufen. Die Behandlung des Raumes ist auf allen Mosaiken die gleiche: ein flacher Prospekt mit einem schmalen Streifen davor, der hier felsigen Boden mit einem hellen Stein vor dem Fuß des Jägers rechts bedeuten soll. Der sikyonische Maler teilt nicht die Absicht des sikyonischen Bildhauers, dem Betrachter die dritte Dimension aufzuzwingen. Die Modellierung der Körper und die Verkürzung des Hinterteils des Hundes gibt uns einen gewissen Begriff von der Fertigkeit sikyonischer Maler in enkaustischer Technik: Pausias malte ein perspektivisch verkürztes Rind, bei dem er, ohne Lichter aufzusetzen, eine große Tiefenwirkung erreichte, indem er in verschiedenen Schwarztönen modellierte.

Blumendekor Pausias malte auch eine »große Vielfalt an Blumen«, und auf ihn muß die Kritik des athenischen Malers Nikias gezielt haben: »Wähle große Gegenstände und zerstückle deine Kunst nicht in Vögeln und Blumen.« Der schöne Blumenrand des von Gnosis signierten Mosaiks

Fig. 2 – Gemalter Fries verschiedenartiger Blumenblätter und Ranken an der Fassade eines hellenistischen Grabes von Vergina. Um 200 v. Chr. Vgl. Seite 20

steht also, wie das Hauptbild, in der sikyonischen Tradition. Das Ganze ruft ein hellenistisches Epigramm ins Gedächtnis: »Bedenkt, ihr Betrachter alle, ob Apelles dies malte mit Genie oder Kunst; ein Gruß auch dem Blumenmaler; ich weiß seinen Namen nicht, doch war er ein guter Maler.« Gegenstand dieses Epigramms war offensichtlich ein Gemälde des Apelles, das von einem anderen Maler in einen gemalten Blumenrahmen eingesetzt worden war.

Die Blumenränder der pompejanischen Mosaiken sind ganz anders als die Gnosis-Blumen; sie sind aus verschiedenartigen Blumen und Früchten, oft mit darin hängenden Masken, komponiert. Ihr Ursprung ist deutlich: Der Eßraum konnte durch eine solche lange Girlande verschiedenartiger Blumen und Früchte mit oder ohne herabhängende Masken (weil Dionysos sowohl der Gott des Dramas als auch des Weines war) oder durch ihre gemalten Nachahmungen geschmückt werden, und der einzelne Trinkende konnte einen Kranz von bunten Früchten oder Blumen auf dem Haupt tragen: der Efeukranz mit Früchten um den Hals des Dherveni-Kraters ist nur eine einfachere Version. Pausias soll Bilder dieser Girlanden wohl gut gemalt haben, da es von ihm hieß, er sei in eine Blumenbinderin verliebt gewesen.

ABB. SEITE 15

Die Gnosis-Blumen gehören nicht in diese Symposion-Tradition. Gnosis zeigt verschiedenartige Blumen, Blätter und Ranken, die aus einem Büschel von Akanthosblättern herauswachsen. Rose, Krokus, Lilie und eine Art Wolfsmilch können mit Gewißheit identifiziert werden, und die Ranken lassen an Winden denken: Dies ist ein

Jelängerjelieber-Baum. Er erinnert zunächst an die zeitgenössische Dekoration des Hauses im 30 km südwestlich gelegenen Vergina, wo in einem Raum sich ein Mosaik befindet, das auf der ganzen Fläche eine bunte Blumendekoration zeigt und in jeder Ecke eine weibliche Gottheit, die aus umgekehrten Akanthosblättern steigt. In Vergina gibt es auch ein bemerkenswertes hellenistisches Grab, das eine ionische Fassade mit einer kunstvollen Tür besitzt, die in

FIG. 2

einen Vorraum innerhalb des Grabes führt. Unter dem Giebel der Fassade befindet sich ein Fries verschiedenartiger Blumen, Blätter und Ranken, die an einem einzigen durchlaufenden Stiel sitzen. Der Hintergrund ist blau, die Blätter sind grün, die Stiele weiß und die Blumen weiß oder rot mit gelbem Mittelpunkt. Der Jelängerjelieber-Baum paßt also sowohl für ein Grab als auch für einen Eßraum. Sehr ähnlichen Dekorationen begegnen wir im Westen – in einem Grab in Syrakus, das wahrscheinlich von einem Tarentiner Künstler ausgeschmückt wurde, sowie auf tarentinischen Vasen. Wie beim Dherveni-Krater wird wieder eine enge stilistische Analogie zwi-

ABB. SEITE 15

schen Tarent und Makedonien sichtbar; der gemeinsame Faktor ist der Stil der sikyonischen Malerei und Metallkunst; sein Einfluß

Apulische Vasen

kann in Tarent bis in die ersten Jahre des 5. Jahrhunderts zurück-

ABB. SEITE 17

verfolgt werden. Eine tarentinische Vase im Britischen Museum, die etwa aus der Mitte des 4. Jahrhunderts stammt, zeigt einen Frauenkopf, der aus einer Blume inmitten eines Ornaments verschiedenartiger Blumen herauskommt, zu denen mit Sicherheit Lilien und Akanthos an Weinranken gehören. Sie trägt die Inschrift AURA (Wind, Lufthauch). Die Inschrift gibt den einzigen sicheren Anhaltspunkt, den wir für die Interpretation haben. Auf diesen tarentinischen Vasen, von denen sicherlich viele als Grabvasen dienten, umgibt das gemischte Blumenornament immer einen Frauenkopf (der manchmal auf beiden Seiten Flügel hat), aber dies ist die einzige Vase, die ihn benennt. Man mag nicht Unrecht haben, an Sokrates' Bild einer idealen Erziehung zu denken: »... damit unsere

Szenen aus einer Medea-Tragödie auf einem tarentinischen Grabkrater aus Canosa. Um 330/320 v. Chr. Ton. *Staatliche Antikensammlung, München. Vgl. Seite 22ff., 82*

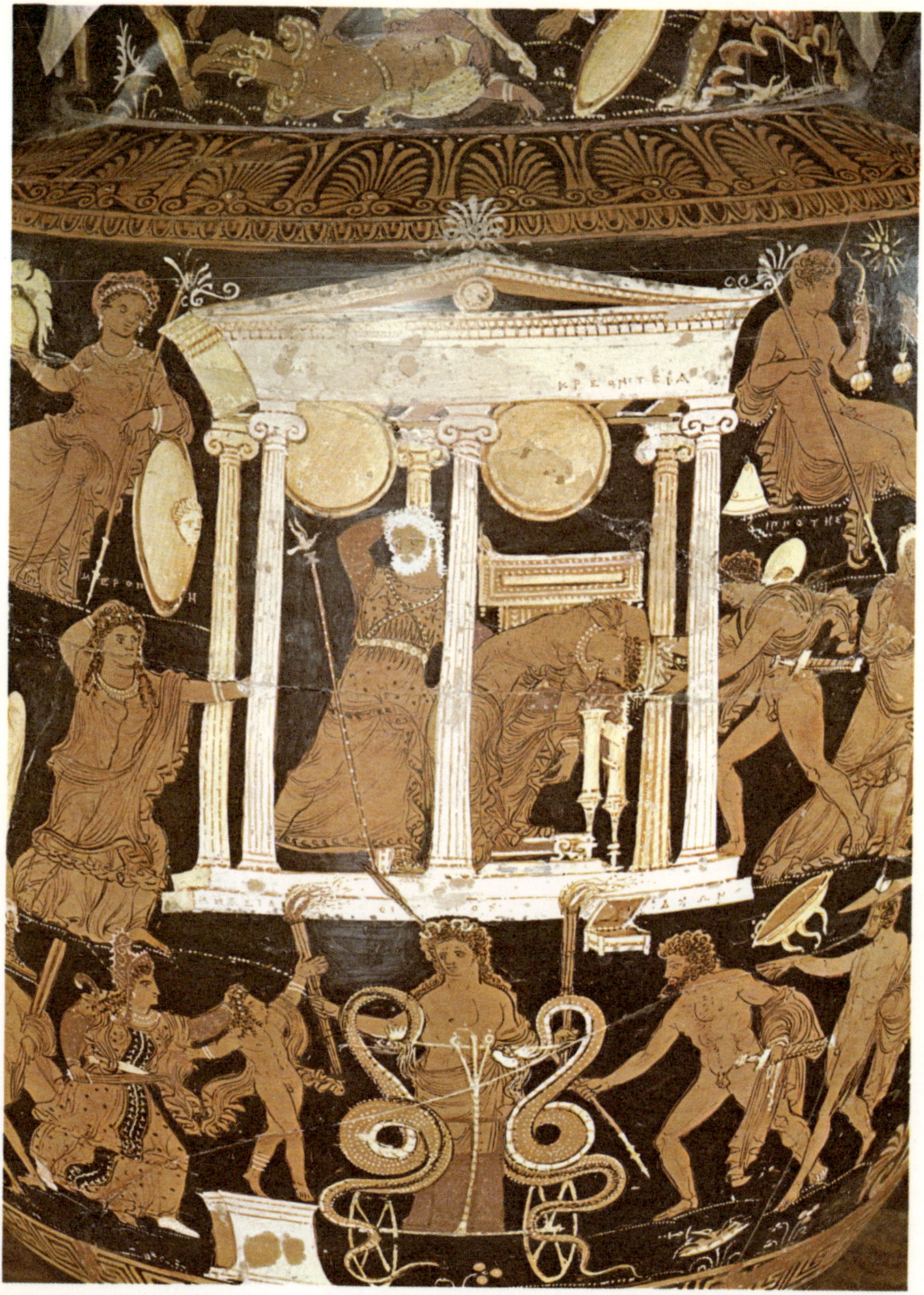

Jünglinge, wie in einer gesunden Gegend wohnend, von allen Seiten gefördert werden, woher ihnen nur gleichsam eine milde, aus heilsamer Gegend Gesundheit herwehende Luft irgendetwas von schönen Werken für das Gesicht oder Gehör zuführen möge...« Die »heilsame Gegend« mochten der Garten der Hesperiden oder die Inseln der Seligen sein; an beiden Orten konnten Jelängerjelieber-Bäume wachsen. Der Lufthauch lebt dort und kann dem Teilnehmer am Festmahl Gesundheit ins Haus bringen, oder er kann den Toten mit zurücknehmen in die ewige Seligkeit. Auch der Olymp, die Wohnung der Götter, hatte solches Blattwerk, was die goldene Zierblume erklärt, zu der hin der Adler Ganymed auf seinen Schwingen trägt.

Man hat vorgeschlagen, daß die Frau zwischen den Blumen Eileithya, die Göttin der Geburt, sei in Übereinstimmung mit Terrakotten, die Eileithya zwischen Blumen zeigen. Tatsächlich besteht ein enger Zusammenhang zwischen Lufthauch und Geburt. Der Chor in Euripides' *Hippolytos* spricht von dem Sturm, der den Leib bei der Geburt durchzittert hat, und die geflügelte weibliche Gestalt, die auf attischen Hochzeitsvasen eine stilisierte Blume trägt, könnte sehr wohl eine Windgottheit sein, die der jungen Frau eine Blume aus Eileithyas Garten bringt, Hoffnung auf zukünftiges glückliches Gebären.

Die edlen Lysipp-Figuren erscheinen auch im Werk der Maler der
ABB. SEITE 21 großen tarentinischen Grab-Kratere des späten 4. Jahrhunderts. Ein in München befindliches Beispiel hat das gleiche Ornament an
ABB. SEITE 15 der Lippe wie der Dherveni-Krater und die gleichen Blätter rund um den Fuß, wie sie auf dem Mosaik in dem Palast zu Vergina vorkommen. Daß diese Vase für den Toten gedacht war, wird durch die Rückseite deutlich, die die Ehrungen zeigt, die dem Grabe eines jungen Mannes erwiesen werden. Die mythischen Szenen auf der Vorderseite sollen ihn wahrscheinlich in Beziehung zu dem heroischen Toten setzen. Die Hauptszene ist von einer Tragödie über Medea inspiriert, und diese Vasen geben uns Einblick in das Theaterleben von Tarent, ein Jahrhundert ehe Livius Andronicus das griechische Drama nach Rom brachte. Das Stück ist nicht das bekannte von Euripides, sondern stammt von einem Zeitgenossen,

der stark von Euripides beeinflußt war. Der Maler hat ein sicheres Gefühl für die architektonische Form der Vase, die er durch die Perspektive der rund um den Halsrand gemalten Strahlen betont. In der Hauptszene auf dem Vasenbauch wird die Form von Henkeln und Hals durch zwei weiße Säulen in den oberen Ecken, das weiße Gebäude in der Mitte und den Streitwagen unten wieder aufgenommen.

Der Maler hat die ihm verfügbare Fläche in drei Ebenen unterteilt. Die obere Ebene nehmen göttliche Zuschauer ein: Herakles, Athene, die Dioskuren zwischen zwei Säulen gesetzt, die Dreifüße tragen, welche den Sieg des Spielleiters und des Dichters im Tragödienwettkampf symbolisieren. Die mittlere Ebene, die sich von den Seiten nach oben biegt, illustriert hauptsächlich den Botenbericht der Tragödie: im Palast von Korinth, der hier durch das weiße ionische Holzgebäude mit perspektivischen Dachbalken dargestellt wird (seinerseits eine Remineszenz an den Mitteleingang des Theaterhintergrundes), ist die thronende Prinzessin, Jasons junges Weib, unter der Wirkung des vergifteten Kranzes, den Medea ihr in dem Kasten geschickt hat, der jetzt am Fuß der Stufen liegt, zusammengebrochen. Links nimmt König Kreon an dem Unglück seiner Tochter teil; seine Frau Merope läuft auf ihn zu. Hinter ihr sind ein alter Mann, der Wärter von Medeas Kindern, und ein Mädchen zu sehen. Rechts eilt der Bruder der Prinzessin, Hippotes, herbei und eine alte Frau, vielleicht Medeas Amme, läuft davon. Ganz rechts steht ein alter Mann mit königlicher Tiara auf einem Felsen: er ist als »Geist des Aeitis« (Medeas Vater) bezeichnet, und vielleicht sprach er den Prolog zu diesem Drama.

Die untere Ebene zeigt die folgenden Ereignisse: Medea tötet eins ihrer Kinder, das auf einem Altar Zuflucht gesucht hat (auch dies muß erzählt und nicht gespielt worden sein); links rettet ein Jüngling ein anderes Kind (eine Abweichung von der Euripides-Version). In der Mitte ist des Sonnengottes schlangengeschmückter Streitwagen, auf den Medea flüchten will, von Oistros, der rasenden Eifersucht, die an ihren Taten schuld ist, besetzt (vielleicht trat Oistros in dem Stück auf wie Lyssa, die Raserei, in Euripides' *Herakles)*. Von rechts kommt Jason, zu spät, um Medea zu strafen.

Der Maler hat eine wirkungsvolle Komposition geschaffen, die den Raum erfüllt und in einer gewissen Relation zu der Form der Vase steht; nur die obere Reihe der Götter ist ohne Beziehung. Auf anderen Vasen dagegen – obwohl sie nach dem gleichen Schema komponiert sind – sind die Götter eng mit der Handlung verknüpft. Streng genommen illustriert der Maler nicht das Stück; er wählt Momente – Prolog, zwei Botenberichte, Schlußszene von Medeas Flucht –, um sie zu kommentieren. Medea, Kreon, der alte Wärter und der Geist sind im vollen Bühnenkostüm mit langen roten Ärmeln wiedergegeben, so wie sie auf der Bühne aufgetreten wären.

Diese rotfigurige Malerei hat mehr Farbe als die attische, mehr Weiß, mehr Gelb und das Dunkelrot der Ärmel. Eine entsprechende

Gnathia-Vasen

Reihe von Vasen (unter dem Namen Gnathia bekannt, da viele davon in Egnazia gefunden wurden), die wahrscheinlich in den gleichen Werkstätten entstanden sind, läßt die der Rotfigurigkeit vorbehaltenen Figuren weg und ist ganz in zusätzlichen Farben geschmückt. Die frühesten Beispiele, um 350 v. Chr., sind sehr aufschlußreich für die Farben jener Zeit und sind mit Recht mit der sikyonischen Malerei in Zusammenhang gebracht worden. Das frühhellenistische Gnathia hat eine beschränktere Farbskala, ist aber trotzdem lebhaft und interessant mit dem Weiß, das mit dem Rot,

ABB. TITELSEITE

Gelb und Goldbraun kontrastiert. Ein Krater im Britischen Museum zeigt einen männlichen und einen weiblichen Kentauren vor einem Streitwagen, der von einer geflügelten Siegesgottheit gelenkt wird. Die Malerei ist vollendet, und die schwierige Verkürzung macht dem Künstler keine Mühe. Die Weinranken mit Trauben auf beiden Seiten des Bildes erinnern an das Symposion, bei dem solche Mischgefäße verwendet werden. Ein Kentaurenpaar ist ein neuer Einfall; die hellenistischen Künstler und Dichter interessierten sich für das Privatleben der Unholde. Als die Argo segelt, hält das Weib des Kentauren Cheiron den kleinen Achilles hoch, damit er seinem Vater zum Abschied winke.

ABB. SEITE 25

Eine Oinochoe in Cleveland zeigt viel heiterere Motive und führt uns zur Komödie in jener Generation, da sie in Rom eingeführt wurde. Das modellierte Gesicht oben am Henkel ist die Maske, die der junge Lebemann trägt, und die beiden Masken auf den Seiten

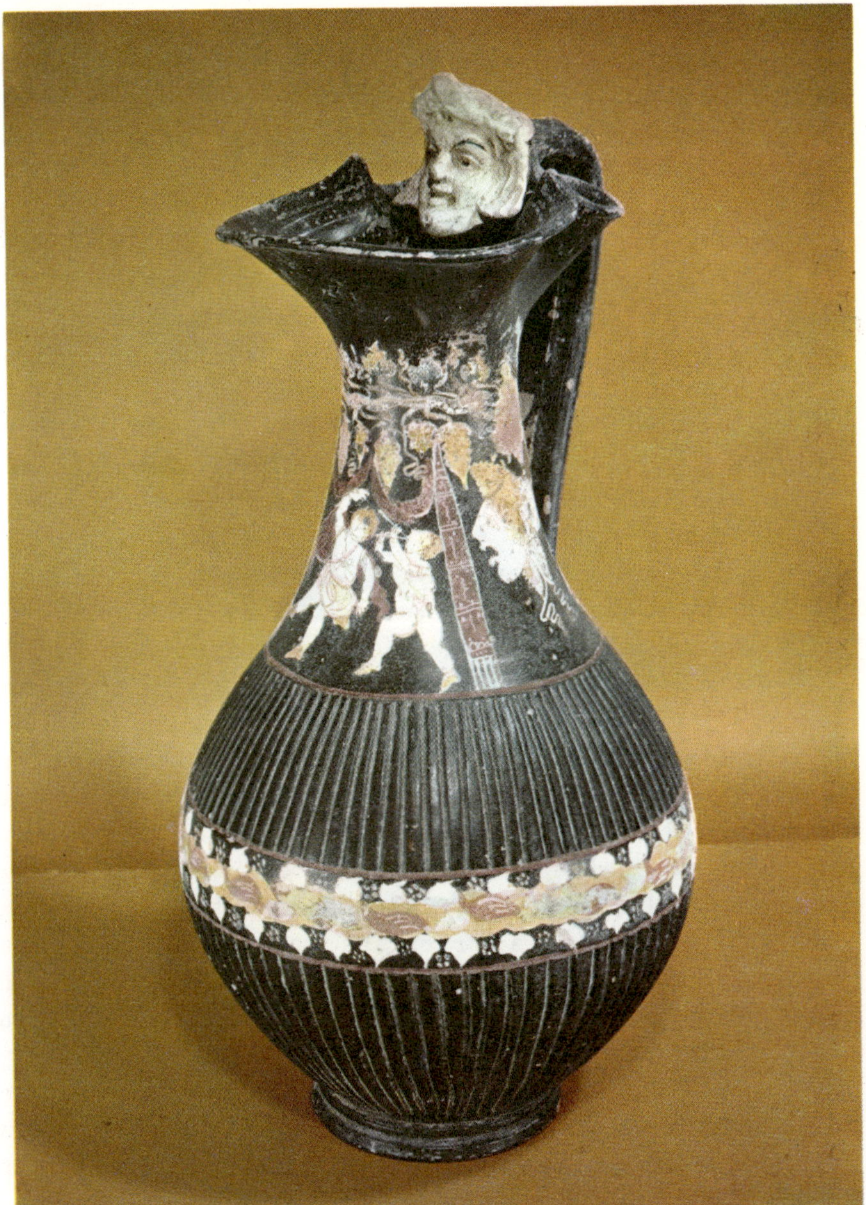

Gnathia-Oinochoe. Frühes 3. Jh. v. Chr. Ton, Höhe 45,5 cm. *The Cleveland Museum of Art, Cleveland. John L. Severance Fund. Vgl. Seite 24, 34, 150*

des Hauptbildes sind die junger Hetären, jener Art Mädchen, die der junge Lebemann in der Komödie liebt und befreit. Die Masken hängen von einem langen Weinstock mit Blättern, Ranken und Weintraubenbüscheln herab, wie er an den Wänden eines Eßraumes aufgehängt oder aufgemalt werden konnte; auch die herabhängenden roten Binden gehören zu dieser Art Dekoration. Zwischen ihnen tanzt ein dicker Junge, während ein anderer die Flöte spielt – Unterhaltung während des Gelages. Der Bauch dieser Weinkanne ist mit einem gemalten Efeukranz mit Früchten und einem um den Stamm gewundenen weißen und roten Band umgeben, einem Kranz, wie ihn die Trinkenden getragen haben mögen.

Diese Art Kunst fanden die Römer vor, als sie im Jahre 272 v. Chr. Tarent eroberten. Das sikyonische Erbe ist stark. Die Stadt besaß zwei Kolossalbronzen von Lysipp, einen Zeus in der Agora und einen Herakles auf der Akropolis, der 209 v. Chr. von Q. Fabius Maximus nach Rom geschafft wurde.

DAS ERBE VON NIKIAS UND EUPHRANOR

Eine davon ganz zu unterscheidende Tradition inspirierte einige andere frühhellenistische Bilder; es ist die Tradition der großen, feierlichen Figuren, die manchmal aus dem Rahmen heraus den Betrachter geradezu anblicken. Diese Tradition geht wohl von dem attischen Künstler Nikias aus, den wir sehr genau von der Kopie seines Bildes »Perseus und Andromeda« (in Pompeji) kennen, und von dem isthmischen Künstler Euphranor, der in Athen malte und dessen Kunst sich in den rotfigurigen Vasen der Mitte des 4. Jahrhunderts widerspiegelt: sein »fleischgenährter« Theseus ist dem »von Rosen lebenden« Theseus des Parrhasios gegenübergestellt worden, der in dem reichen Stil des späten 5. Jahrhunderts dargestellt war.

Centuripe-Vasen

Vier ganz verschiedene Beispiele zeigen diese sich im 3. Jahrhundert fortsetzende Tradition. Die sizilianische, hinter Catania gelegene Stadt Centuripe brachte im 3. Jahrhundert eine einmalige Reihe von Vasen hervor. Die üblichsten Formen sind große, fast zylindrische Kratere mit gewölbten Deckeln und niedrige Schalen mit konischen Deckeln. Der Künstler faßt seine Vase als ein Stück Architektur auf, ein rundes Gebäude mit einem Dach, und kontrastiert die schweren plastischen Formen, die er für den Deckelknauf, in der Henkelzone und auf dem unteren Teil des Bauches benutzt, mit

den glatten gemalten Feldern. Auf einer der Schalen zeigt die Henkelzone eine geflügelte Windgöttin in einem Band verschiedenartiger Blumen wie auf den Hälsen tarentinischer Vasen, doch hier heben sie und ihre Blumen sich von dem dunkelblauen Hintergrund in gelb getöntem Flachrelief ab. Auf einem anderen Fragment ist B. A. 23
die Henkelzone als dachtragendes Gesims aufgefaßt: es ist mit Löwenköpfen, die an einem Gebäude die Funktion von Wasserspeiern haben würden, und mit architektonischen Elementen geschmückt. Die Malerei ist polychrom und die Figuren sind wie auf den Pella-Mosaiken auf eine schmale Leiste gegen einen flachen Prospekt gesetzt, der bei den früheren Vasen schwarz und den späteren wie dieser malvenfarben ist. Ein Flötenspieler steht links und blickt schräg zu der Braut hinüber. Der bekränzte Bräutigam lehnt rechts. Ein pausbäckiger Eros verbindet ihn mit der rechts sitzenden Braut (sie ist uns von einem römischen Bild her bekannt, das auf die gleiche Quelle wie die Vase zurückgehen muß). Die Modellierung in Licht und Schatten ist sehr sorgfältig ausgeführt. Der kleine Eros erscheint dauernd in der hellenistischen Kunst und Literatur: hier spielt er die ihm zustehende Rolle, an anderen Stellen werden wir Eroten finden, die sich wie Erwachsene beschäftigen und uns damit amüsieren, weil dies nicht ihre eigentlichen Aufgaben sind. Das Paar könnte eher Dionysos und Ariadne als gewöhnliche Sterbliche darstellen.

Etrurien

Weiter im Norden zeigt sich diese Tradition wieder in den großartigen Figuren der Tomba dell'Orco und in dem bemerkenswerten Bild, das Novios Plautios in Rom in die bronzene Ficoroni Cista graviert hat. Der römische Graveur scheint ein größeres griechisches Gemälde aus der Mitte des 4. Jahrhunderts ziemlich genau kopiert zu haben, welches die Argonauten zeigte, wie sie mit ihrem Schiff gelandet sind, um Wasser an einer Quelle zu holen, nachdem Polydeukes den wilden, dort ansässigen König Amykos im Faustkampf besiegt hat. Es ist eine stattliche, wenn auch uninteressante Ansammlung kräftiger junger Männer, die das alte Urteil illustriert, daß Euphranor »die Würde der Heroen« darzustellen wußte.

Boscoreale

Schließlich zeigt sich diese Tradition auf einem Fresko der Villa des P. Fannius Synistor bei Boscoreale. Die Dekoration ist frühestens

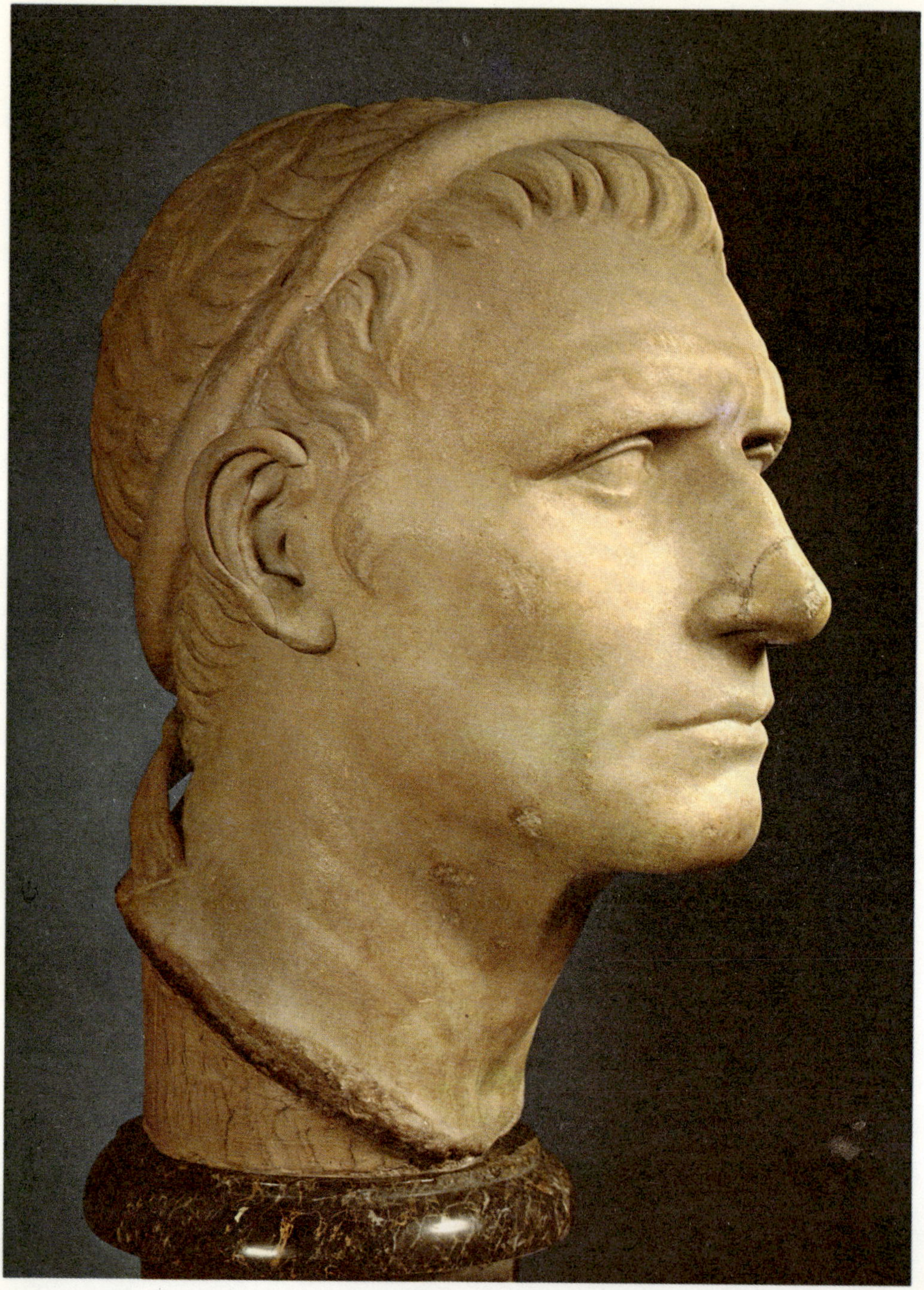

50 v.Chr. und spätestens 12 n.Chr. datiert worden. Das uns angehende Fresko jedoch ist eine Kopie eines Originals von etwa 275–270 v.Chr. Die weite Halle der Villa war mit neun großen bebilderten Wandfeldern geschmückt, von denen sechs erhalten geblieben sind. Es besteht kein Grund anzunehmen, daß sie thematisch und stilistisch zusammenhingen. Unser Bild hat viele Interpretationen erfahren. Im Stil erinnert diese Gruppe großer, ruhiger Figuren auf einem schmalen Streifen vor einem flachen Hintergrund an die Vasen aus Centuripe. Ein älterer Mann, der Mantel und Sandalen trägt, blickt zu zwei großen, sitzenden Frauen hinüber, von denen die eine eine makedonische Kriegermütze trägt, einen Speer hält und vor sich einen makedonischen Schild stehen hat, und die andere ein gefaltetes Tuch auf dem Kopf trägt. ABB. SEITE 38

Die Entfernung zwischen dem Mann und den Frauen sowie die Monumentalität der Frauen lassen vermuten, daß er ein gewöhnlicher Sterblicher ist und die Frauen Gottheiten oder mindestens Personifikationen wie die Tyche von Antiochia sind. Die Frau mit makedonischer Kappe, Speer und Schild ist eine Verkörperung Makedoniens. Das gefaltete Tuch wird von Tänzern getragen, die mit Kybele, Demeter und Dionysos in Zusammenhang stehen. Die Frau mit dem Tuch hat ihre Hand am Kinn, eine Geste, die besonders für Menschen, die eine Vision haben, verwendet wird. Der alte Mann sieht den Porträts des Dichters Aratos ähnlich. B. A. I

Wenn diese Identifizierung als richtig angenommen wird, kann das Bild erklärt werden. Aratos war einer der berühmtesten Dichter der frühhellenistischen Zeit; er schrieb ein Gedicht über die Sternbilder, das sofort gut aufgenommen wurde und bis in römische Zeiten hinein Erfolg hatte. Es heißt, dieses Gedicht wäre von Antigonos Gonatas, dem jungen Makedonierkönig, in Auftrag gegeben worden, obwohl es wahrscheinlich in Athen konzipiert und geschrieben worden ist. Im Jahre 276 v.Chr. heiratete Antigonos Phila, die Schwester des Syrerkönigs Antiochos I., und Aratos schrieb ein Glückwunsch-

◀ Porträtbüste Antiochos III. Antike Replik nach einem verschollenen Original aus dem Ende des 3. Jh. v. Chr. Marmor. *Musée du Louvre, Paris. Vgl. Seite 30, 44*

gedicht für sie. Etwa in dieser Zeit zog er nach Pella. Bald danach ging er nach Syrien, um am Hofe des Antiochos zu leben. Wenn das gefaltete Tuch mit Kybele in Zusammenhang gebracht werden darf, könnte die sitzende Frau, die es trägt, das hellenisierte Anatolien verkörpern, oder, noch genauer, das Syrien des Antiochos, und die Vision, die sie sieht, ist die Ankunft der griechischen Poesie und Wissenschaft in Person des Aratos mit den guten Wünschen Makedoniens. Dies ist damals die offizielle Kunst des makedonischen Hofes, ungefähr eine Generation nach den Pella-Mosaiken. Der Urgroßenkel dieses Antiochos, Antiochos III., der Ende des 3. Jahrhunderts regierte, ist in einem Kopf im Louvre (einer römischen ABB. SEITE 28 Kopie) erkannt worden, welcher uns zeigt, wie dieser offizielle Stil sich in den Herrscherbildnissen fortsetzte.

BRYAXIS

Ein anderer Bildhauer der 4. Jahrhundertmitte führt uns nach Alexandria und zu den frühen Ptolemäern: Bryaxis. Er ist eine umstrittene Figur. Mir scheint ein ursprünglicher stilistischer Zusammenhang zwischen dem Mausolos, andern Figuren vom Mausoleum, einigen Reliefs des Mausoleums, der Demeter von Knidos und schließlich der Statue des sitzenden Sarapis zu bestehen, die mit Sicherheit ein Werk des Bryaxis ist. Der Stil gehört im wesentlichen in die Tradition des Euphranor, hat aber ein charakteristisches Pathos in der Behandlung von Brauen und Augen. Die von Clement von Alexandria festgehaltene Geschichte, daß die Einwohner von Sinope aus Dankbarkeit für Hilfe in einer Hungersnot FIG. 3 Ptolemaios II. eine Pluton-Statue von Bryaxis schenkten, welche jener dann in Alexandria als Sarapis weihte, mag wahr oder teilweise wahr sein. Der alexandrinische Sarapis, der durch Kopien bekannt ist, könnte sehr wohl eine Statue des 4. Jahrhunderts gewesen sein, und Sarapis war wie Pluton ein Gott der Unterwelt. Der Gott sitzt bequem, die eine Hand auf den Kopf des Höllenhundes Kerberos gelegt, ein Szepter in der andern; er blickt geradeaus auf den Betrachter wie die Demeter von Knidos. Gerade diese unmittel-

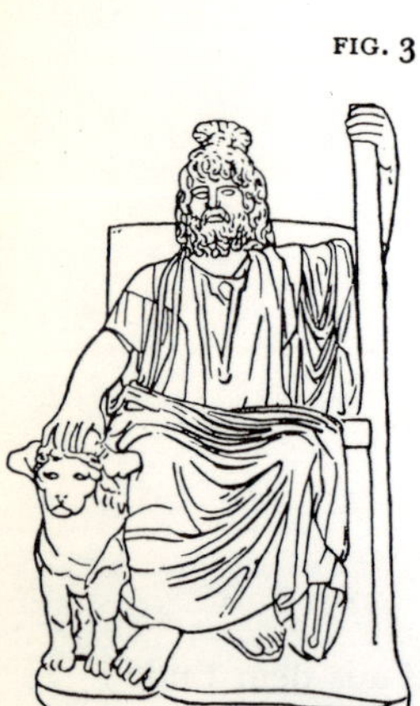

Fig. 3 – Marmorne Thronfigur des Sarapis. Der sitzende Gott stützt seine Hand auf den Kopf des Höllenhundes Kerberos. Kopie. Siehe oben

bare Verbindung zwischen dem Gott und dem Anbetenden erinnert an Euphranor; sie unterscheidet diese Götter von den Göttern des Praxiteles, die niemals den Betrachter anblicken, sondern auf ihr eigenes schönes, doch abgesondertes Leben gerichtet sind.

Sarapieion

Der Sarapiskult war der erfolgreichste Versuch, einen ägyptischen Gott zu hellenisieren, und die Gründung des Heiligtums, des Sarapieions, in Alexandria geht vielleicht sogar über Ptolemaios I. auf Alexander selber zurück. Es ist jedoch möglich, daß das großartige Standbild nicht vor der Zeit von Ptolemaios II. aufgestellt wurde, und das Sarapieion wurde bestimmt unter Ptolemaios III. umgebaut und erweitert.

Der Einfluß des bedeutenden Standbildes kann sowohl in der Literatur als auch in der Kunst verfolgt werden. Der Dichter Kallimachos muß sich daran erinnern, als er die Götterbotin Iris beschreibt, wie sie neben dem goldenen Thron der Hera gleich einem Jagdhund sitzt. In der Kunst hatte der Bildhauer den sitzenden Sarapis des Bryaxis vor Augen, als er die Statue des sitzenden Homer für das Homereion schuf, das Ptolemaios IV. baute. Auch Homer wurde bequem sitzend dargestellt, ein Szepter in der einen und eine Papyrosrolle in der andern Hand: anstatt des Kerberos kniete eine Personifikation der »Ilias« an der einen Seite des Thrones, und eine Personifikation der »Odyssee« auf der andern. Um Homer herum befanden sich Statuen der Städte, die in Anspruch nahmen, sein Geburtsort zu sein.

Auch in dieser Gruppierung hat das Homereion im Sarapieion einen Vorgänger. Das Sarapieion zu Memphis hatte eine halbkreisförmige Exedra, einen Vortragssaal, in welchem Standbilder von Dichtern und Denkern von Orpheus bis zu Demetrios von Phaleron einschließlich Homer, Thales, Heraklit, Protagoras und Pindar rund um Sarapis gruppiert waren. Die Exedra zu Memphis war wahrscheinlich die Nachahmung einer ähnlichen Exedra im Sarapieion zu Alexandria. Die Einbeziehung von Demetrios von Phaleron in die Gruppe rückt die Originalkomposition wahrscheinlich in den Beginn der Regierungszeit von Ptolemaios II., weil Demetrios von Phaleron in Ungnade fiel und früh in dessen Regierungszeit Selbstmord beging. Demetrios von Phaleron war aus Athen verbannt und nahm bei Ptolemaios I. Zuflucht, der ihm die Verantwortung für die Bibliothek übertrug. Es heißt von ihm, er sei durch Sarapis von der Blindheit geheilt worden, doch seine Anwesenheit in dieser Versammlung von Dichtern und Denkern verdankte er eher seinem Bibliothekarsamt und seiner politischen Klugheit als dieser speziellen Verbindung zu Sarapis.

Es ist überraschend, Dichter und Denker rund um Sarapis gruppiert zu finden; der Grund ist wahrscheinlich in der Annahme zu suchen, daß die Alexandriner Sarapis als mit Dionysos verwandt empfanden, weil beide Götter ihren Eingeweihten Unsterblichkeit versprachen; und so konnte auch Sarapis, weil Dionysos zugleich der Gott des Dramas war, von Trägern des Geistes umgeben werden. Der *Erste Jambos* des Kallimachos spielt im Sarapieion: Hipponax, der satirische Dichter des 6. Jahrhunderts, kehrt von den Toten zurück und ruft die gelehrten Poeten von Alexandria ins Sarapieion zusammen, damit sie die Geschichte von den Sieben Weisen hören: ein goldener Becher wurde für den besten der Sieben Weisen hinterlassen; er wurde Thales gegeben, und dieser gab ihn an Bias weiter; er ging die Reihe um, bis er wieder zu Thales zurückkam, der ihn dem Apollon weihte. Die jetzigen Streitigkeiten der alexandrinischen Gelehrten-Dichter, sagt Kallimachos, beruhen auf Eifersucht; Hipponax als bitterer Satiriker ist der perfekte Vertreter der Aussöhnung, und er hält seine Predigt in Gegenwart der Statuen von Denkern und Dichtern der Vergangenheit und Gegenwart. Das Gedicht und die Statuen des Sarapieions zeigen beide den alexandrinischen Sinn für die Kontinuität griechischen Dichtens und Denkens; die Alexandriner waren gleichzeitig Erben und Bewahrer einer Tradition, die bis auf Orpheus zurückgeht.

Porträts

Unter den gelehrten Dichtern befanden sich Lykophron und Philikos; von beiden haben wir Bildnisse. Lykophron wurde von Chalkis geholt, um sich in der Bibliothek mit den Komödienmanuskripten zu beschäftigen. Doch war er selber Autor von Tragödien und Satyrspielen und verfaßte die »Alexandra«, einen außerordentlich schwierigen und gelehrten Monolog, in dem ein Sklave dem Priamos von der Prophezeiung berichtet, die Kassandra an dem Tage getan hat, als Paris von Troja aus zu Schiff nach Sparta und zu Helena

Fig. 4 – Silberner Henkelbecher mit Darstellung von Lykophron auf der einen und Kassandra auf der anderen Seite. Um 270 v.Chr. Gefunden in Bernay-Berthouville. Cabinet des Médailles, Paris. Siehe unten

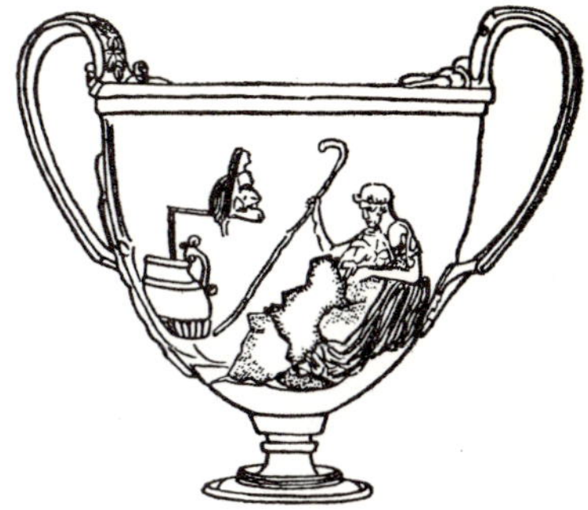

aufbrach. Lykophron ist auf einem römischen Silberbecher erkannt worden, der in Berthouville in Frankreich gefunden wurde. Der Dichter sitzt rechts und blickt zu der stehenden Kassandra hinüber; zwischen ihnen ist eine Maske über einem Krater aufgehängt. Die Maske ist die eines Mädchens in der Tragödie, mit kurzgeschnittenem Haar, weil sie trauert, geeignet für Kassandra; den Krater findet man auch in anderen Szenen, die mit Prophezeiungen in Zusammenhang stehen. Der Künstler spielt also auf das berühmteste Werk des Dichters, die »Alexandra« an. FIG. 4

Auf der Rückseite dieses Bechers hat man den astronomisch gebildeten Dichter Aratos und die Muse der Astronomie erkannt, und ein ganz ähnlicher Becher zeigt den Philosophen Menedemos von Eretrea (der in einem Satyrspiel des Lykophron auftrat) und den Hirtenpoeten Theokrit. Diese Verbindung von vier frühhellenistischen Autoren legt es sehr nahe, daß die Originale in die frühhellenistische Periode gehörten. Es ist durchaus möglich, daß auch die Originale selber Silberbecher waren und daß die erhaltenen Becher das Ergebnis mechanischer Reproduktion über eine Anzahl von Zwischenstücken waren. Ein Satz von Gipsabgüssen, die einem Metallgießer aus etwa der gleichen Zeit wie diese Becher gehörten, wurde in Begram in Afghanistan gefunden: sie kamen wahrscheinlich aus Alexandria, und einige davon gehen sicher direkt oder über Zwischenstücke auf die frühhellenistische Periode zurück. Andererseits können die frühhellenistischen Originale der Becher ebensogut Gemälde oder Reliefs gewesen sein, die der Silberschmied in sein eigenes Medium übertrug.

Ein Gemälde aus Herculaneum oder Pompeji hat in Maßstab und
ABB. SEITE 35 Anlage offensichtliche Übereinstimmungen mit dem Lykophron. Ein Mann sitzt, die Hand am Kinn, und betrachtet eine weibliche tragische Maske, die von einem andern Mann gehalten wird. Da der sitzende Mann kein Bühnenkostüm trägt, muß er eher ein Dichter als ein Schauspieler sein. Die Gebärde, die die gleiche wie die
ABB. SEITE 38 der »Syria« auf dem Boscoreale Fresko ist, bedeutet, daß er eine Vision aus dem Leben der Gestalt hat, während er ihre Rolle für die Tragödie schreibt. Das Bild wurde wahrscheinlich durch eine weitere Figur links vervollständigt, vielleicht die Muse, die den Dichter inspiriert, oder vielleicht die Gestalt, deren Rolle er schreibt. Plinius sagt, daß Protogenes von Rhodos, ein berühmter Maler des späten 4. Jahrhunderts, den Tragödiendichter Philikos »in Betrachtung versunken« malte. Es ist verlockend, dies als das Original des campanischen Bildes zu betrachten. Philikos schrieb in Alexandria 42 Tragödien und war Dionysos-Priester und führendes Mitglied der Künstlergilde des Dionysos (Dichter, Musiker und Schauspieler).

Ein anderes Bild kann ebenfalls versuchsweise mit Alexandria in
ABB. SEITE 39 Verbindung gebracht werden. Ein sehr feines kleines Bild aus Herculaneum (es ist aus einer anderen Wand herausgeschnitten worden, ist aber trotzdem wahrscheinlich eher eine Kopie als ein Original) zeigt einen Tragödiendarsteller, der sich nach der Vorstellung ausruht. Er trägt noch sein Kostüm, der Purpurmantel liegt über seinem Schoß, seine rechte Hand hält ein Szepter und die linke ein Schwert. Rechts schreibt eine Frau auf eine Tafel unterhalb der Maske eines jungen Mannes, die der Schauspieler abgenommen hat. Sie ist Skene, eine Personifikation der Bühne, genannt worden, aber ihre kleinen Maße machen das unwahrscheinlich. Durch die Inschrift auf der Tafel wird die Maske vermutlich dem Dionysos geweiht. Die Maske befindet sich in einem Kasten, über dem Tänien
ABB. SEITE 25 wie die Binden auf der Gnathia-Oinochoe in Cleveland hängen: sie

Wandmalerei aus einer Villa in Pompeji oder Herculaneum mit der Darstellung eines Tragödiendichters. Original um 300–270 v. Chr. Fresko. *Museo Nazionale, Neapel. Siehe oben und Seite 59* ▶

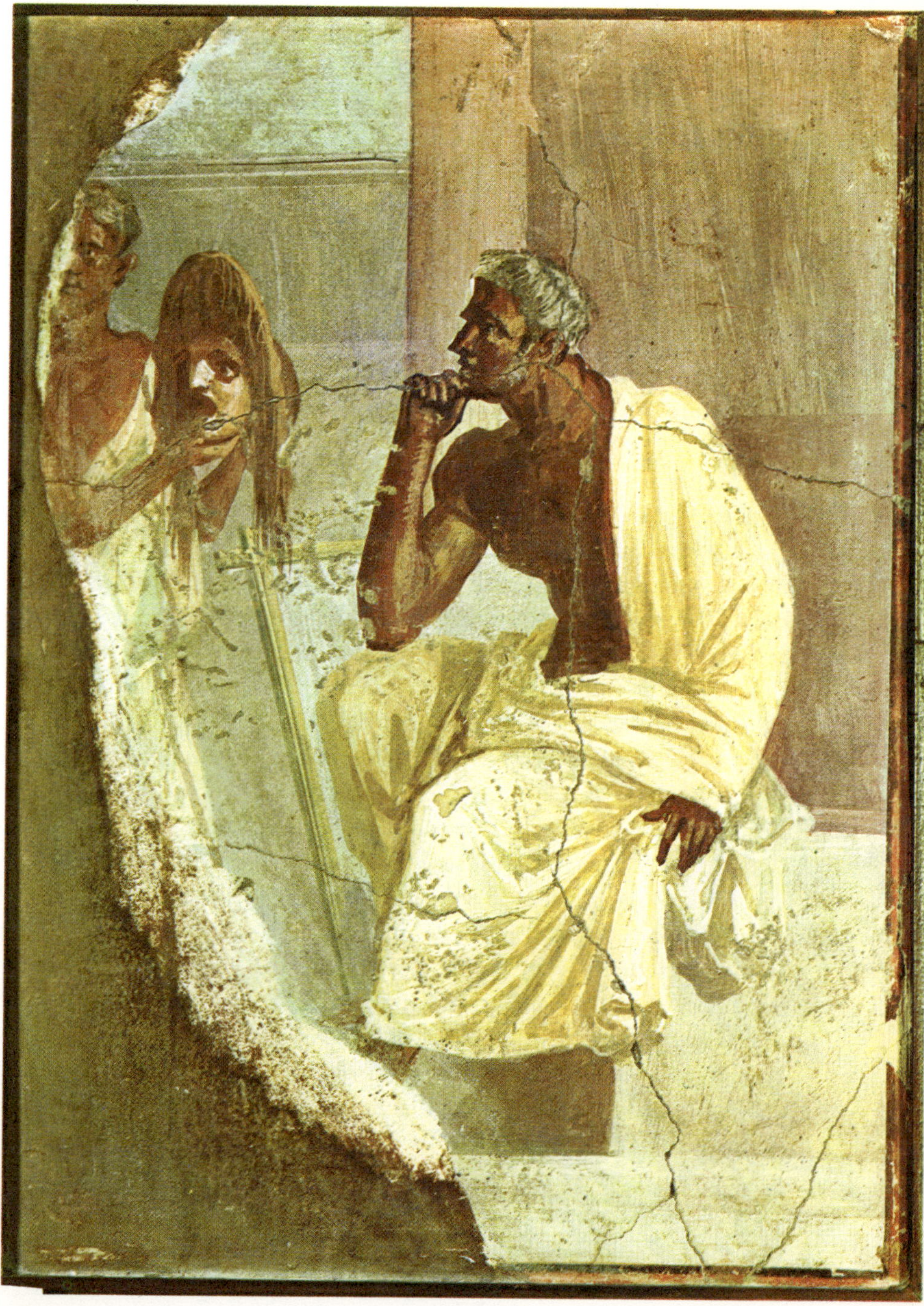

sollen um die Maske gewunden werden, wenn sie geweiht ist. Der Mann hinter dem Kasten kann kein Schauspieler sein, wie man vorgeschlagen hat, denn er trägt gewöhnliche Kleidung; nach der Haltung seiner Hände sieht es aus, als ob er eine andere Tänie aufnähme oder niederlegte. Eine Datierung ins späte 4. oder frühe 3. Jahrhundert ist durch die Ähnlichkeit des Schauspielers mit Bildnissen des Komödiendichters Menander gegeben. Die Behandlung des Raumes auf diesen beiden Bildern erinnert an das Boscoreale-Fresko; die Handlung findet nur auf einem schmalen Streifen vor einem Prospekt statt, aber auf diesen beiden Bildern ist er durch eine Säule auf dem einen und einen Türeingang auf dem andern variiert.

Ein berühmter athenischer Schauspieler namens Gorgosthenes hatte sein Bild von Apelles in Alexandria malen lassen, und das Bild aus Herculaneum könnte eine Kopie davon sein; seine Qualität läßt auf ein Original von einem hervorragenden Maler schließen. Es ist bedauerlich, daß nichts mit Gewißheit mit Apelles, dem berühmtesten aller griechischen Maler, verknüpft werden kann. Ein kürzlich gemachter Vorschlag leitet das Alexander-Mosaik von einem Bild des Apelles ab; zweifellos kopiert auch dies ein sehr bedeutendes Original, aber Format und Thema sind so anders, daß keine Querverbindungen zu dem Herculaneum-Bild zu erkennen sind.

DAS ERBE VON PRAXITELES

Die andere bedeutende Darstellung von Alexander im Kampf mit den Persern führt eine weitere Haupttradition in die frühhellenistische Kunst ein: die Tradition des Praxiteles und seiner Söhne. Der Alexander-Sarkophag ist nicht praxitelisch im gewöhnlichen Sinne, doch der Stil der Köpfe, besonders der Köpfe der griechischen Teilnehmer, deutet darauf hin, daß der Bildhauer ein Athener der nachpraxitelischen Schule war. Der Sarkophag wurde in Sidon gefunden und war offensichtlich für eine königliche Bestattung benutzt worden. Der König war wahrscheinlich Abdalonymos, der von Alexander nach seinem Sieg über die Perser bei Issos im Jahre 333 v. Chr. auf den Thron erhoben wurde. Der Deckel des Marmorsarkophags ist wie das Dach eines Tempels aufgefaßt, etwa wie die oberen Teile der apulischen und Centuripe-Vasen als Architekturteile behandelt sind. Der Deckel zeigt Marmorziegel, Firstziegel,

Akroterien, Antefixe, Sims mit Greifenspeiern, Giebel und Fries eines Tempels. Der Fries ist im Flachrelief mit Weinblättern, die aus einem sich windenden Stamm wachsen, geschmückt. Es ist wohl anzunehmen, daß der Wein wegen seines Zusammenhanges mit Dionysos gewählt und daher als eine Art Bürgschaft für Unsterblichkeit aufgefaßt wurde.

Alexander-Sarkophag

ABB. SEITE 42, 43

B. A. 26

Der Fries hat das meiste seiner Farbe verloren, aber die Giebel und die gemeißelten Szenen an den Seiten des Sarkophages selber geben uns eine Idee von dem, was uns entgeht, wenn wir klassische und hellenistische Plastik ohne ihre Farbe sehen. Von Praxiteles selbst hieß es, er habe den bedeutenden Maler Nikias beauftragt, seine Marmorstandbilder zu kolorieren; und Bronzen hatten ursprünglich die Farbe sonnengebräunter Haut und nicht das unrealistische und unerfreuliche Grün, das heute so hoch geschätzt wird. Die Farben des Alexander-Sarkophags sind selbstverständlich verblaßt, doch vieles bleibt: der vorherrschende Eindruck ist der von Gelb und und Blau, aber es gibt auch Rot und Braun. Besonders wirkungsvoll sind die bunten Hosen von einigen Persern, die fliegenden roten Mäntel der Griechen, die blauen Schilde mit roten Rändern und vor allem die lebendigen Augen mit ihren Pupillen in dunkelstem Braun.

Die Szenen sind vermutlich Episoden aus dem Leben des Königs. Eine Längsseite zeigt eine wilde Schlachtenszene zwischen Griechen und Persern, in der Alexander ganz links zu erkennen ist. Die andere Längsseite zeigt eine Löwenjagd, an der Griechen und Orientalen teilnehmen; der orientalische Reiter, der den Löwen angreift, könnte sehr wohl Abdalonymos selber sein. Die Längsseiten sind sehr angemessen ausgewogene Kompositionen mit Figuren in heftiger Bewegung. Die Gestalten auf den Schmalseiten und dem Giebel sind ebenso glücklich ausgeführt, doch berücksichtigt die Komposition bei weitem nicht so gut den verfügbaren Raum. Die eine Schmalseite zeigt eine Pantherjagd; auf der anderen Schmalseite und den Giebeln befinden sich weitere Schlachtenszenen.

Praxiteles und seine Söhne arbeiteten in Kleinasien, und ein Bildhauer, der bei einem von ihnen ausgebildet wurde, mag den Alexander-Sarkophag geschaffen haben. Ihr Einfluß ist auch in einem

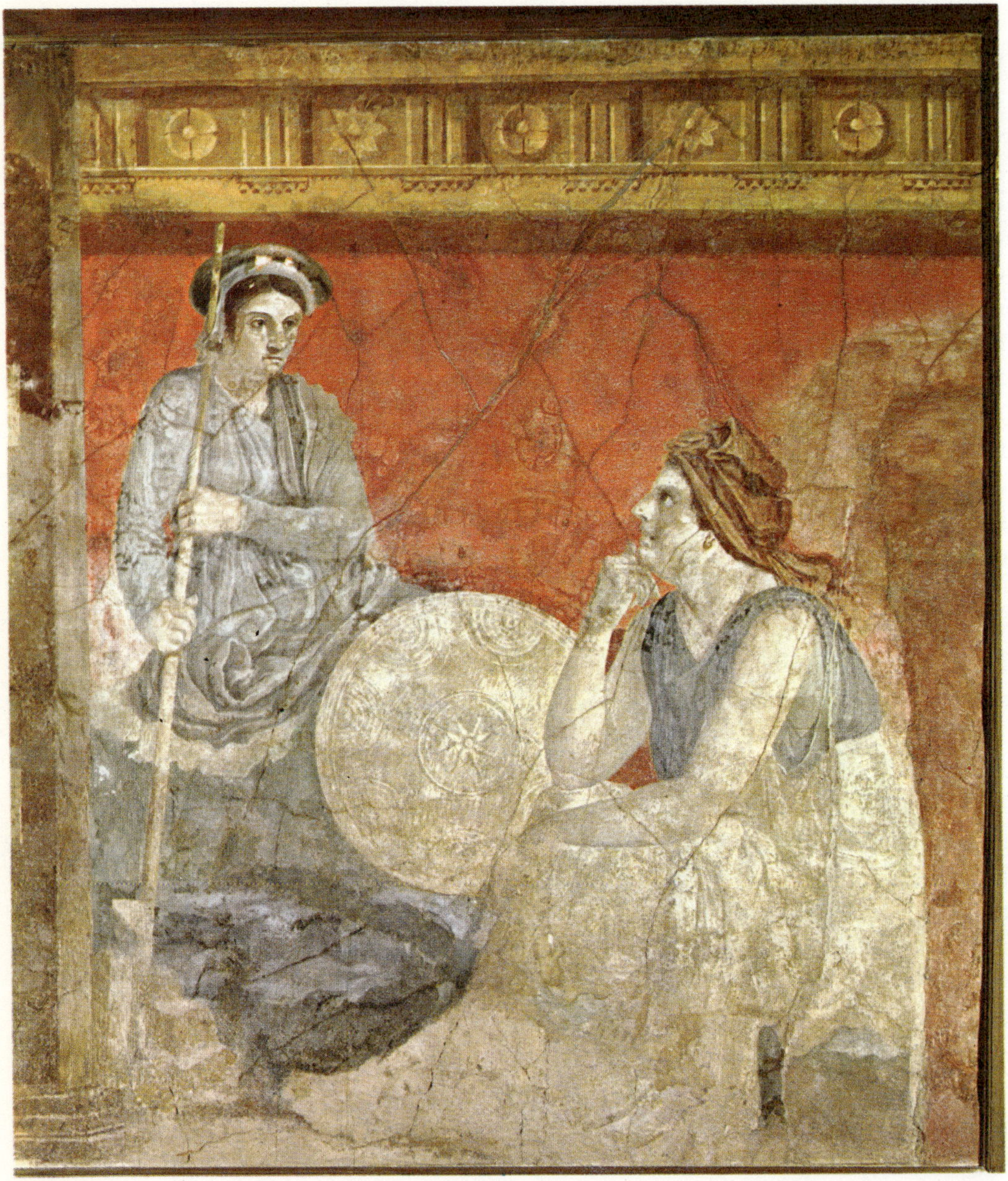

Wandmalerei aus einer Villa in Boscoreale. Darstellung der Makedonia mit Schild und Speer und der Syria. Original um 270 v. Chr. *Museo Nazionale, Neapel. Vgl. Seite 28, 34, 61*

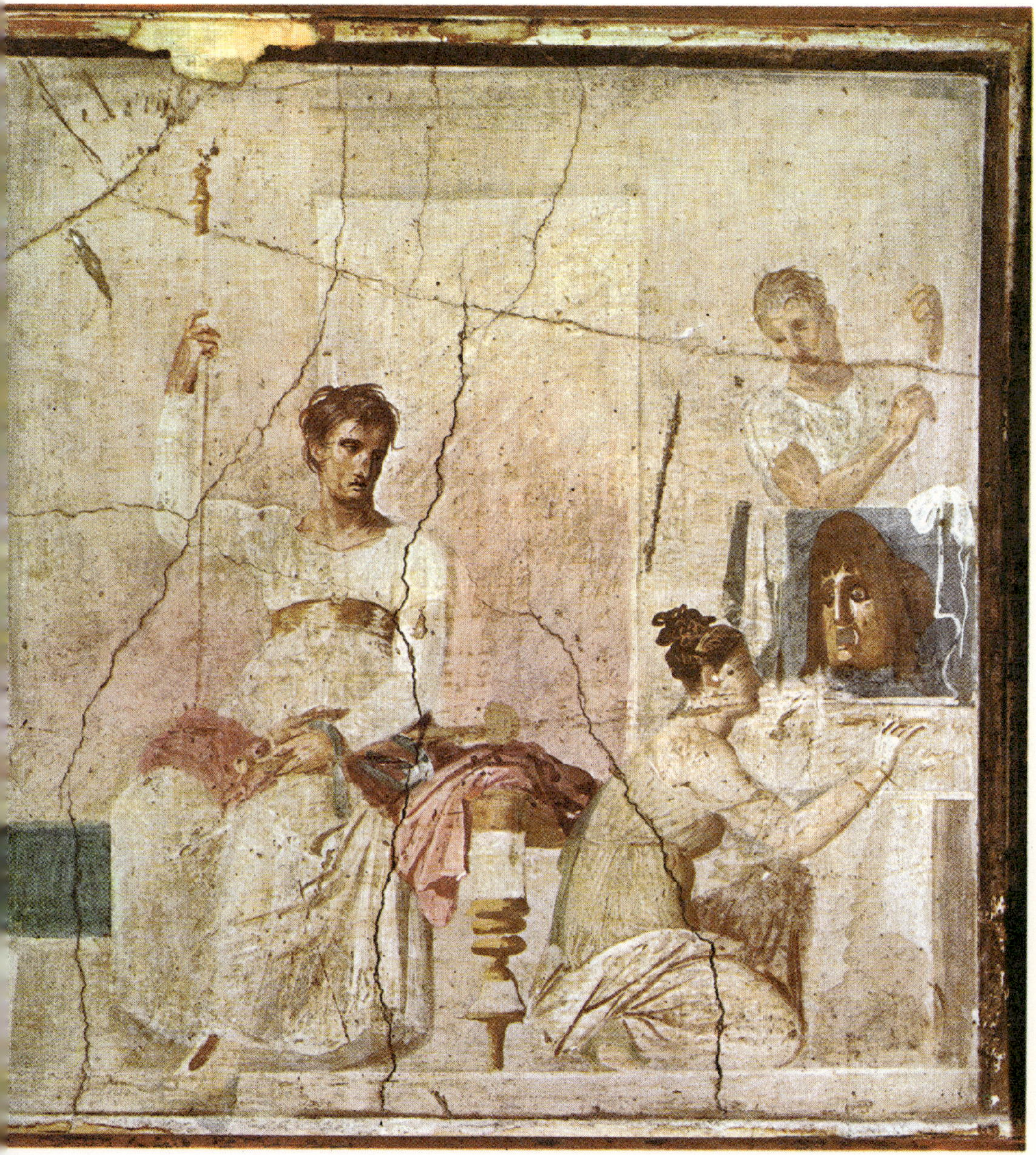

Wandmalerei aus einer Villa in Herculaneum: Tragischer Schauspieler. Original um 310–300 v. Chr. *Museo Nazionale, Neapel. Vgl. Seite 34, 60*

der bezauberndsten Vermächtnisse der Alten Welt sehr stark, in

Tanagra-Statuetten

den Tanagra-Statuetten. Sie verdanken der Tatsache ihren Namen, daß eine Anzahl von ihnen in den Nekropolen der kleinen böotischen Stadt Tanagra entdeckt wurde; doch jüngere Ausgrabungen, besonders in der Agora von Athen, haben gezeigt, daß die Vorbilder, nach denen die in vielen anderen Teilen der griechischen Welt benutzten Matrizen abgenommen wurden, seit der Mitte des 4. Jahrhunderts, während der ganzen hellenistischen Periode, in Athen hergestellt wurden. Die stilistischen Ähnlichkeiten dieser Figuren mit der Kunst des Praxiteles und seiner Nachfolger ist immer schon gesehen worden. Diese Figuren, meistens elegant, manchmal realistisch, aber immer bezaubernd, sind die besten Illustrationen der hochentwickelten, desillusionierenden, manchmal realistischen, doch stets sympathischen Komödie Menanders, des zeitgenössischen Dichters, dessen Standbild im Theater von Athen von den Söhnen des Praxiteles geschaffen wurde.

ABB. SEITE 46, 50, 63

Drei Statuetten aus Tanagra im Britischen Museum geben eine Vorstellung von dem Rang dieser Figuren und liefern einen Ausgangspunkt für die Verfolgung von drei verschiedenen Entwicklungslinien. Die erste Figur ist eine alte Amme, die zweite ein Mädchen mit einer Komödienmaske und die dritte ein Mädchen mit einem Efeukranz. Die alte Amme mit ihren dicken Armen, ihren gekrümmten Schultern, ihrem hängenden Kinn und ihrer dicken

Realismus

Nase hat einen Realismus, der mit den Mädchen nicht übereinzustimmen scheint, doch war dies eine Welt, die häßliche ebenso wie anmutige Menschen umfaßte, und die Künstler bildeten beide ab. Sie erinnert uns an die realistischen Ammen der Komödie, doch ist sie eine Amme aus dem wirklichen Leben. Ihr Gesicht hat nicht den starr geöffneten Mund der komischen Maske. Sie ist eine Vorgängerin von jenen, die man die »Alten Verlassenen« der mittel- und späthellenistischen Kunst genannt hat: die bekannteste von ihnen

ABB. SEITE 47

ist verdientermaßen die »Trunkene Alte« in München. Sie sitzt am Boden und schaut selig gen Himmel, mit ihrer Weinkanne zwischen den Knien, mit dem Chiton, der ihr von der rechten Schulter rutscht und dem Himation, das ihr am linken Arm herabgleitet. Die Formen von Gesicht und Körper lassen ihr Alter erkennen. Die sich wiederholenden Falten rund um die Basis deuten vielleicht absichtlich Wellen der Trunkenheit an. Plinius schreibt eine »Trunkene Alte« in Smyrna dem Bildhauer des 5. Jahrhunderts Myron zu, doch gab es einen späteren Myron, der im frühen zweiten Jahrhundert in Pergamon arbeitete: Plinius könnte die beiden Myrons verwechselt haben und die »Trunkene Alte« des späteren Myron könnte das Original der Münchener Statuette sein: die Form des Weinkruges, einer Lagynos anstatt einer Oinochoe, zeigt, vom Stil ganz abgesehen, daß das Original hellenistisch war. Die alte Frau würde dem Gedicht des Poseidipp von Pella aus dem frühen 3. Jahrhundert zugestimmt haben: »Attische Lagynos, schenk ein den frischen Saft des Bacchos, schenk ein. Laß unser Gelage die Frische empfangen. Schweigen mögen der weise Schwan des Zenon und die Muse des Kleanthes. Unser Trachten sei bittersüße Liebe.«

Zeno und Kleanthes waren zeitgenössische Philosophen der hochtrabenden und sittenstrengen Stoischen Schule. Philosophen waren auch eine Art »alter Verlassener«, die in der frühhellenistischen FIG. 5
Kunst porträtiert wurden. Der alte Mann in Boston ist attisch, ganz frühes 3. Jahrhundert. Sein Himation ist unordentlich um den Körper gewickelt, er trägt keinen Chiton. Er drängt sich auf seinen Stock gestützt vorwärts. Sein Kopf ist angreiferisch nach vorn geschoben, ein Kopf, der sich deutlich von den Sokrates-Porträts herleitet. Dies ist nicht Sokrates, aber ein Zeitgenosse, der als in der sokratischen Tradition stehend aufgefaßt ist, vielleicht ein Kyniker. Wieder werden wir an Menander erinnert, und zwar hier an den Helden im *Dyskolos,* den finsteren alten Mann, der sein großes Landgut praktisch allein bewohnte und bewirtschaftete, weil er die eigennützigen Machenschaften der Welt haßte; er könnte so aussehen. Der würdevolle Aratos auf dem Boscoreale-Fresko ist sehr anders.

Im Jahre 280, vierzig Jahre nach dem Tode des Demosthenes, er- B. A. 5
richteten die Athener ein Bronzestandbild des bedeutenden Staatsmannes, der erfolglos versucht hatte, Griechenland zu einer Einheit zusammenzuschmieden, die fähig gewesen wäre, der überwältigenden Macht von Alexanders Vater, Philipp von Makedonien, Widerstand zu leisten. Der Bildhauer war ein sonst unbekannter Polyeuk-

tos. Die Statue wurde an einem bevorzugten Platz in der Agora, nahe dem Altar der Zwölf Götter, aufgestellt. Von dem in die Basis geschriebenen Epigramm hieß es, Demosthenes habe es selbst verfaßt: »Wäre deine Kraft so groß gewesen wie deine Überzeugung, Demosthenes, niemals hätte der makedonische Kriegsgott die Griechen regiert.« Es ist ein offizielles Porträt eines großen Patrioten; aber es fehlt ihm all das Schmeichelhafte, das man damals wie heute bei einem offiziellen Porträt erwartet. Aristoteles hatte gesagt, daß

Sarkophag eines sidonischen Herrschers mit Szenen aus dem Leben Alexanders des Großen, sog. Alexandersarkophag. Aus der Nekropole von Sidon. Ausschnitt einer Langseite. Um 330 v. Chr.
Archäologisches Museum, Istanbul. *Vgl. Seite 37*

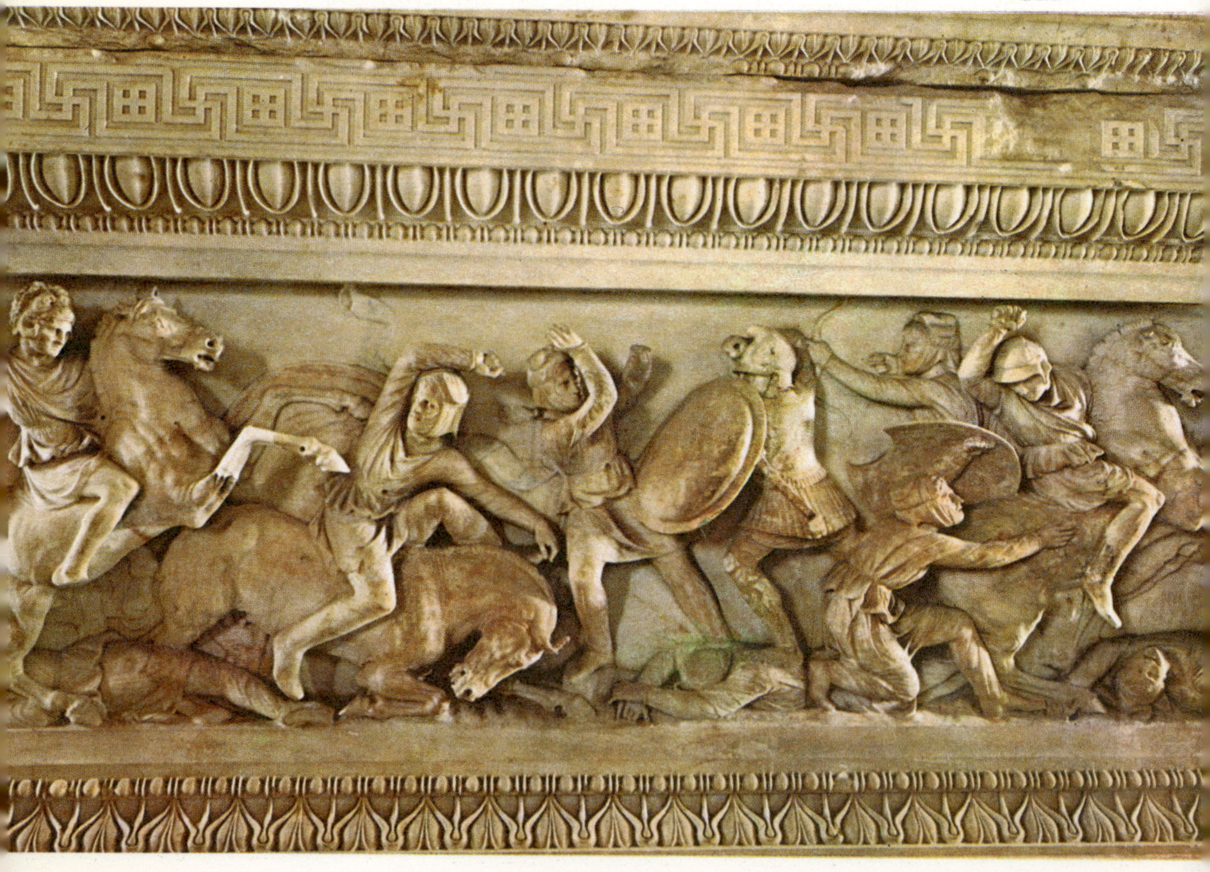

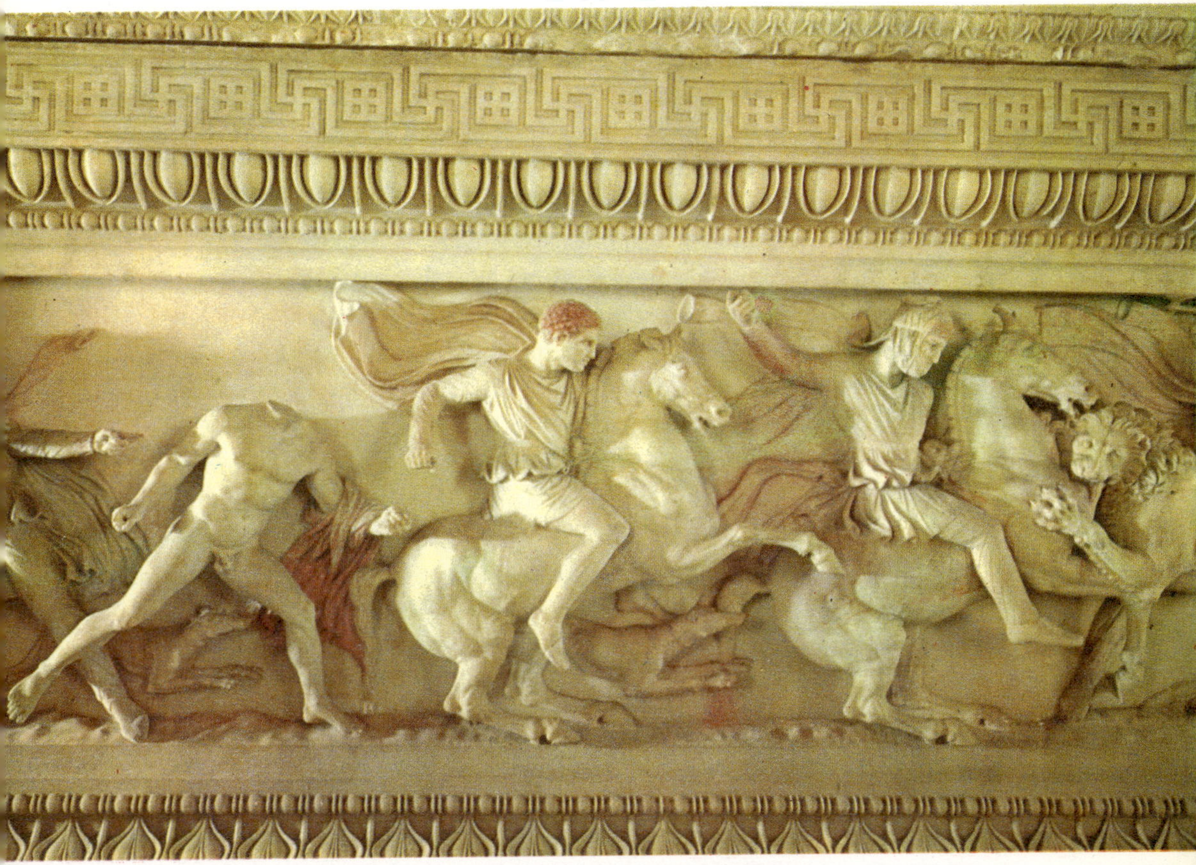

Sog. Alexandersarkophag, Ausschnitt aus der anderen Langseite (vgl. Seite 42). Um 330 v. Chr. Marmor mit alten Farbspuren. *Archäologisches Museum, Istanbul. Vgl. Seite 37*

der gute Porträtist die individuellen Züge wiedergibt, aber sie verschönert. Der Staatsmann trägt natürlich ein passenderes Himation als der Philosoph der Straße, aber wie einfach und achtlos ist sein Faltenwurf verglichen mit dem des etwas früheren Porträts seines promakedonischen Rivalen Aischines. Die verschlungenen Hände, die Plutarch beschreibt und die in der Kopenhagener Kopie erhalten sind, die tiefen Furchen auf Wangen und Stirn, das unordentliche Haar – all das sind eher Zeichen von nervöser Spannung als von Kraft; sie machen Aischines' Schilderung von Demosthenes' Benehmen bei der Gesandtschaft an Philipp von Makedonien unerfreulicherweise glaubhaft – seine Empfindlichkeit als Mitreisender, seine Prahlerei mit seiner Eloquenz, seinen Zusammenbruch vor Philipp – und das Standbild ist eine vollkommene Illustration des Epigramms: »Wäre deine Kraft so groß gewesen wie deine Überzeugung ...«.

B. A. 3 Die realistische Tradition lebt in dem Bildnis des Chrysipp, dem dritten Haupt der Stoischen Schule, weiter, das im späten 3. Jahrhundert entstanden sein muß: ein kleiner Mann mit spindeldürren Beinen, einem großen Kopf mit hoher gewölbter Stirn und einer riesigen Nase, der seine philosophischen Hauptpunkte betont, indem er sie an den Fingern aufzählt. Eine ziemlich komplizierte Beweiskette hat zu der Identifizierung dieser Statue geführt. Der Körper im Louvre ist mit einem Abguß des Kopfes aus dem Britischen Museum komplettiert worden. Sie ist als Chrysipp aufgrund der Ähnlichkeit des Kopfes mit beschrifteten Bildnissen identifiziert worden, und Cicero beschreibt, daß die sitzende Chrysipp-Statue im Kerameikos die Hand ausgestreckt gehalten habe. Ein weiterer Schritt identifiziert diese Statue mit dem »Mann, der an den Fingern abzählt«, den Plinius dem athenischen Bildhauer Eubulides zugeschrieben hat. Der Unterschied zu dem gleichzeitigen offiziellen Bildnis von Antiochos III. ist erstaunlich.

ABB. SEITE 28

ABB. SEITE 50

Musen und Drama

Die zweite der Tanagra-Statuetten des Britischen Museums ist ein Mädchen von großer Anmut in reinster praxitelischer Tradition. Sie hält eine Komödienmaske in der Hand und führt uns also wieder zu Menander und zum Drama. Tragödie wie Komödie waren in der hellenistischen Periode äußerst populär. Wir haben Bilder der tragischen Medea und auch Komödienmasken auf Tarentiner Vasen gesehen, und wir haben Tragödiendichter und einen Tragödienschauspieler in Alexandria festgestellt. Jede bedeutendere Stadt in der griechischen Welt hatte ihr Theater und ihre Vorstellungen.

Die Insel Thasos im Norden liefert ein interessantes, abseits liegendes Zeugnis von dieser Anteilnahme am griechischen Drama.

Thasos

Thasos wurde im 7. Jahrhundert von Paros aus kolonisiert. Die französischen Ausgrabungen haben eine Fülle von interessanter

Architektur, von Skulpturen, Bronzen und Tongeschirr zutage gefördert. Im 4. Jahrhundert waren die Stempel auf den Weinamphoren (der Wein wurde weithin exportiert) manchmal mit Theatermasken geschmückt. Das Theater ist eine außerordentlich schöne Ruine am Berghang über der Stadt; in seiner jetzigen Form geht es ins früheste 3. Jahrhundert zurück.

Doch das interessanteste Theatermonument ist ein kleines Gebäude dicht unterhalb des Theaters, dem Dionysosbezirk angeschlossen. Es besteht aus einem Raum, 10,90 m im Quadrat, dessen eine Seite zu einem halbkreisförmigen Raum mit Statuen erweitert ist: dieser halbkreisförmige Raum war nicht überdacht. Die Inschriften der erhaltenen Statuen zeigen, daß sie eine besondere Vorstellung verherrlichten, bei welcher Tragödie, Komödie und zwei verschiedene Arten Chorgesang (Dithyrambos und Nykterinos) zu Ehren von Dionysos aufgeführt worden waren. Es war also zum Teil ein Monument, das von dem Choregos, dem reichen Mann, der vom Staate mit der Spielleitung betraut war, errichtet worden war; aber der rechteckige Raum war etwas Zusätzliches und wurde wahrscheinlich für Bankette oder Trinkgelage der Verehrer des Dionysos, besonders von Schauspielern, Musikanten und anderen Mitwirkenden benutzt. Es gibt in Alexandria und Pergamon entsprechende Bauten, und wir haben bereits die Exedra im Sarapieion zu Alexandria und Memphis erwähnt, wo unter den Standbildern alter und neuer Dichter und Philosophen Vorlesungen gehalten wurden. Nur die Hälfte der Sockel in Thasos ist erhalten geblieben. Die entsprechenden vier auf der anderen Seite des in der Mitte stehenden Dionysos sind verloren gegangen. Dionysos war überlebensgroß und jung. Die einzige gut erhaltene Figur, die »Komödie«, ist lebensgroß. Die vier Sockel haben Inschriften: 1) Tragödie, von Theodoros dargestellt, 2) Komödie, von Philemon dargestellt, 3) Dithyrambos,

FIG. 6

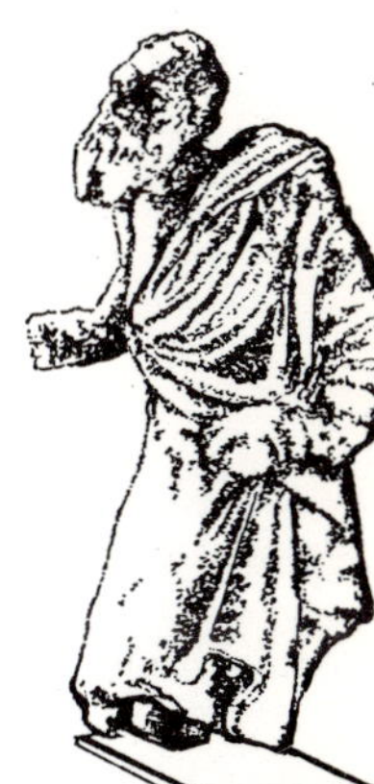

Fig. 5 – Terrakotta-Statuette eines alten Mannes, vielleicht eines Philosophen. Aus Athen. 300–275 v. Chr. Höhe 12 cm. Museum of Fine Arts, Boston. Vgl. Seite 41

Ariston von Miletos spielte die Flöte, 4) Nykterinos, Batalos spielt die Flöte. Theodoros und Philemon sind in Athen als Tragödien und Komödiendarsteller bekannt. Die Dichternamen sind nich überliefert worden, und dies kann bedeuten, daß es sich um klassi

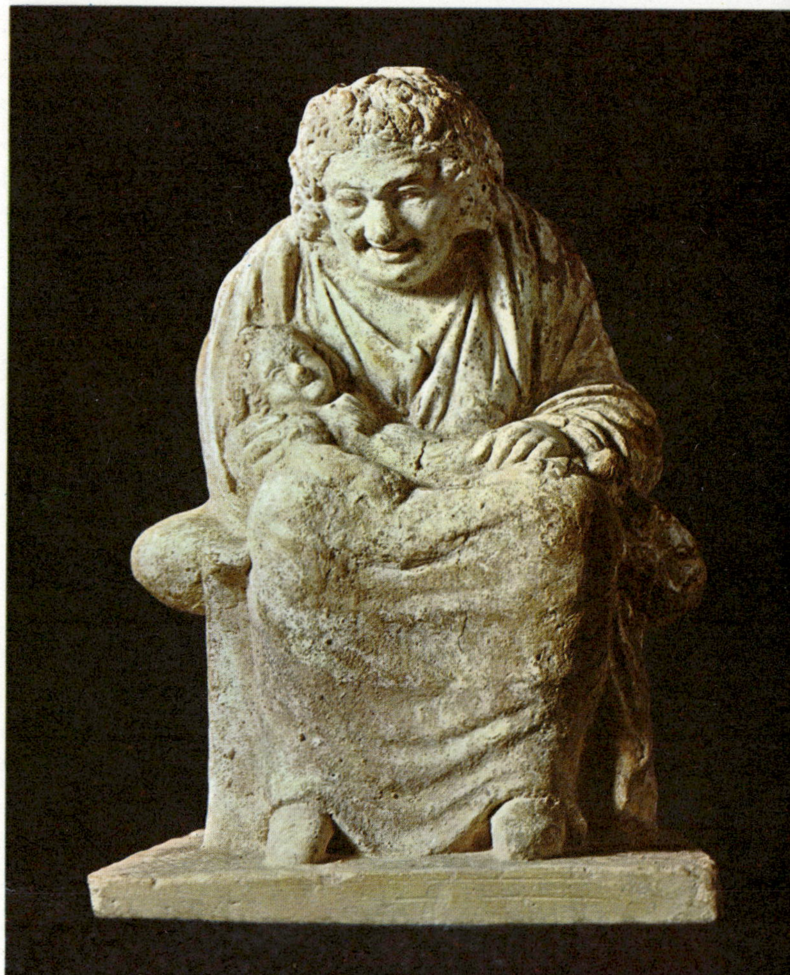

Alte Amme. Terrakotta-Statuette. Ende des 4. Jh. v.Chr. *British Museum, London. Vgl. Seite 4*

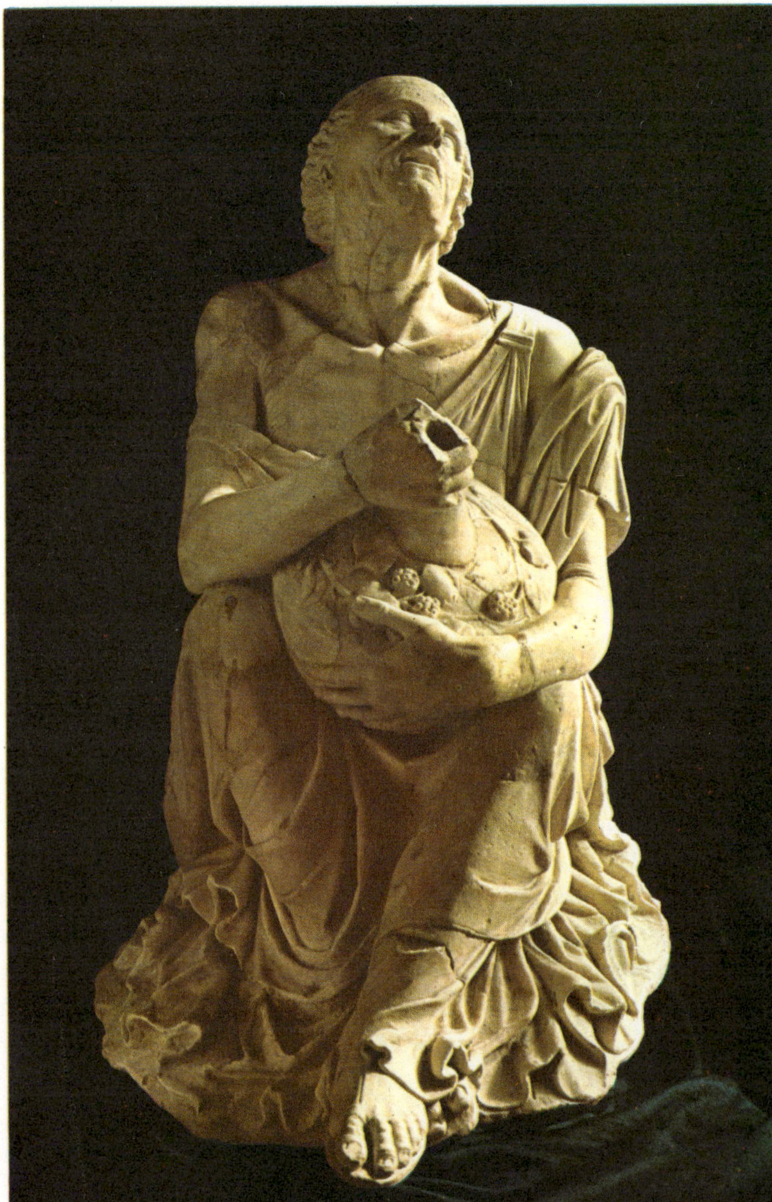

Trunkene Alte. Römische Kopie nach einem verschollenen Original, möglicherweise des frühen 2. Jh., von Myron von Pergamon. Marmor, Höhe 32 cm. *Staatliche Antikensammlung, München.*
Vgl. Seite 40

Fig. 6 – Rekonstruktion des Choregeions unterhalb des Theaters von Thasos. Quadratischer Raum von 10,90 m Seitenlänge. Eine Seite ist zu einem halbkreisförmigen Raum mit Statuen erweitert; in der Mitte eine überlebensgroße Darstellung des Dionysos. 300–275 v.Chr. Vgl. Seite 45

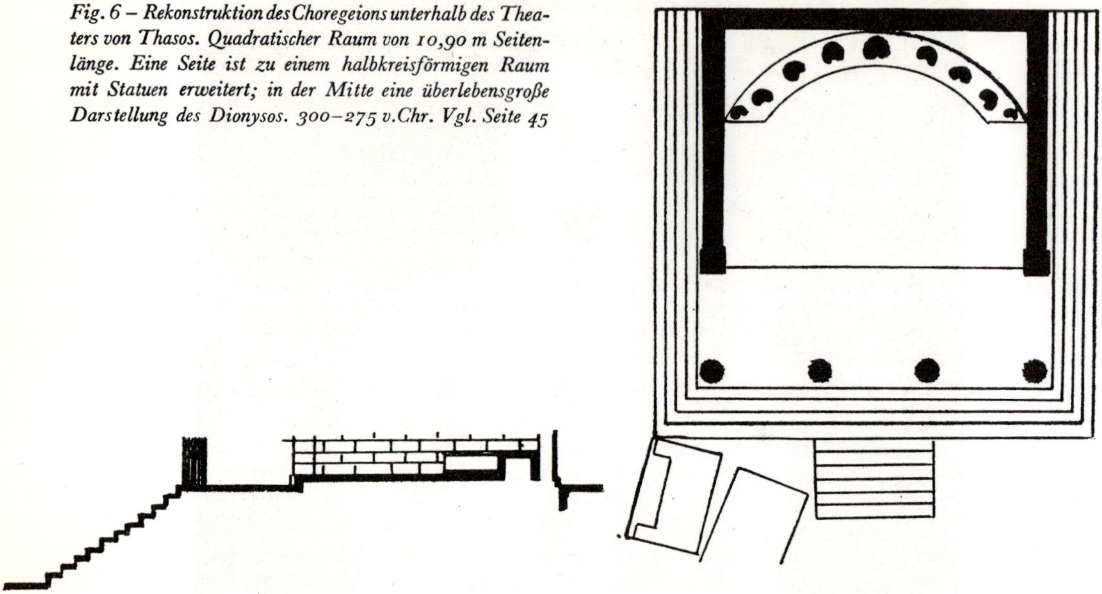

sche athenische Stücke handelte, zum Beispiel von Euripides und Menander, und nicht um neue lokale Schöpfungen. Nur je ein tragischer und ein komischer Schauspieler werden genannt, weil er für das Engagieren seiner beiden Gehilfen verantwortlich zu sein pflegte. Für die Choraufführungen waren die begleitenden Flötenspieler die wichtigsten und kostspieligsten Personen; die Chöre werden von Bewohnern von Thasos dargestellt worden sein.

Theater Die Vorstellungen auf Thasos zeigen die Doppelfunktion des griechischen Theaters: sowohl Dramen als auch Choraufführungen wurden dort inszeniert. In alter Zeit enthielten die Stücke selber, Tragödie wie auch Komödie, einen Chor als einen zum Ganzen gehörigen Teil der Aufführung, und zeitweise war eine enge Verbindung zwischen Chor und Schauspielern wesentlich. Das ganze 5. Jahrhundert hindurch wurde die Bühne daher meistens als niedrige Plattform ausgebildet, und diese Plattform war – wenn auch seitwärts so erweitert, daß sie durch drei Eingänge erreicht werden konnte – in den Umbau des Theaters zu Athen um 330 v.Chr. einbezogen. Jetzt in den neuen Stücken jedoch sang der Chor nur Interludien und spielte keine Rolle in Handlung und Dialog; die Schauspieler wurden daher, damit man sie besser sehen und hören konnte, auf eine hohe Bühne gebracht, und der Chor wurde auf die runde Orchestra oder den Tanzplatz verwiesen, der auch für reine Chor-aufführungen wie den Dithyrambos benutzt wurde. Bei den Wieder-aufführungen klassischer Tragödien, bei den seltenen Gelegenheiten, wo die Verbindung zwischen Chor und Schauspielern wesentlich war, wurden anscheinend Holzleitern benutzt, um Bühne und Orchestra zu verbinden.

Das Theater mit der erhöhten Bühne tritt im 3. Jahrhundert an verschiedenen Orten in zwei verschiedenen Formen auf. Es steht heute fest, daß das sehr schöne Theater zu Epidauros im 3. Jahrhundert mit einer hohen Bühne entworfen und gebaut wurde. Die erhöhte Bühne war von beiden Seiten durch eine Rampe zugänglich, die von der einen Seite eines Doppeltorbogens ausging. Die andere Hälfte führte an der Plattform entlang in die Orchestra. Bei

ABB. SEITE 54

Fig. 7 – Grundriß des Theaters von Epidauros. Um 300–250 v. Chr. Vgl. Seite 52

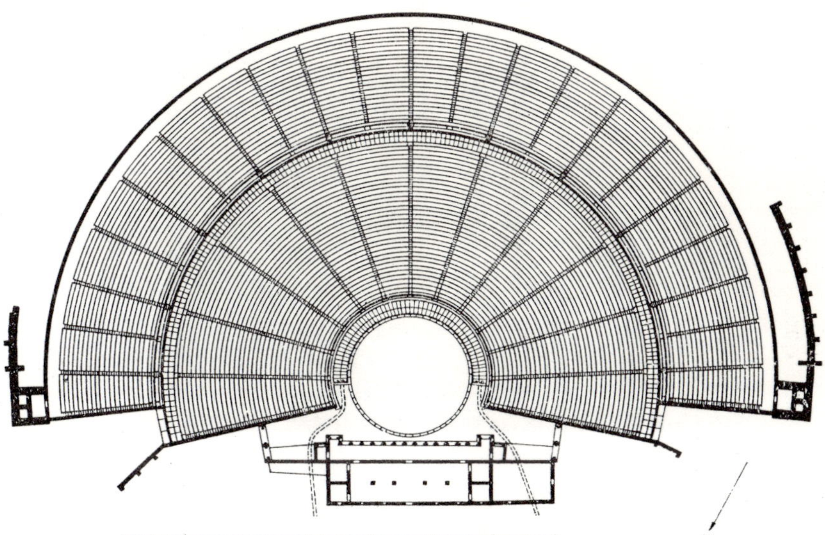

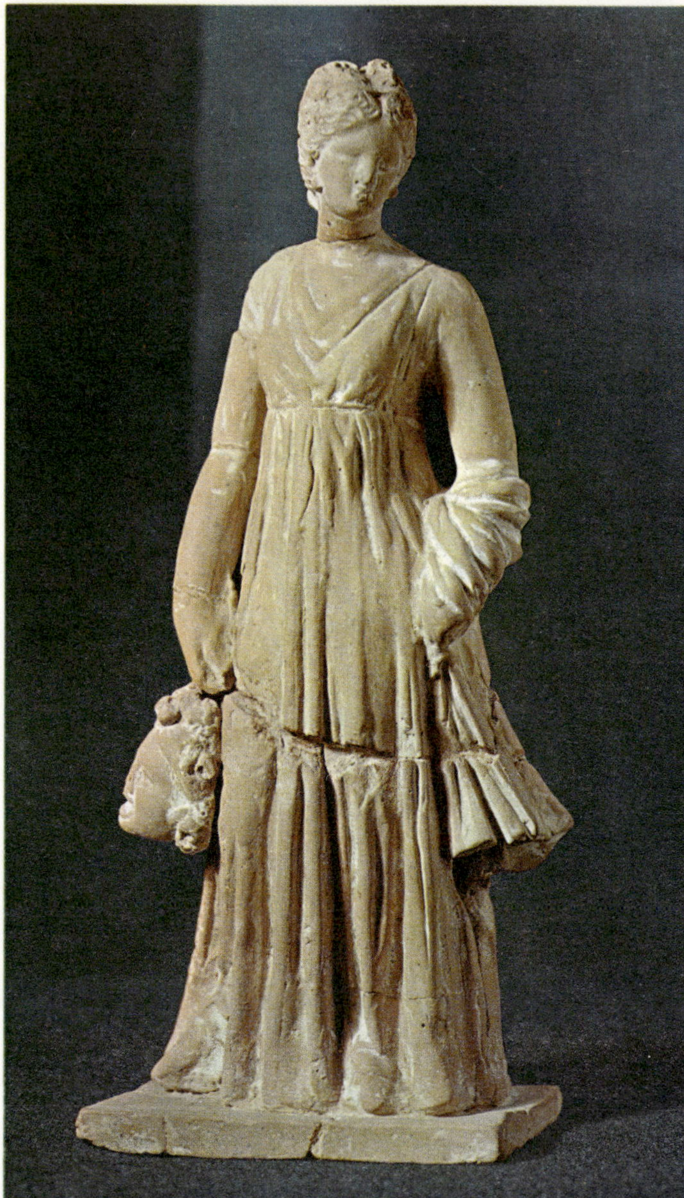

Mädchen mit Komödienmaske. Terrakotta-Statuette des späten 4. oder des frühen 3. Jh. v. Chr. aus Tanagra. *British Museum, London. Vgl. Seite 40, 44, 55, 58, 60, 61*

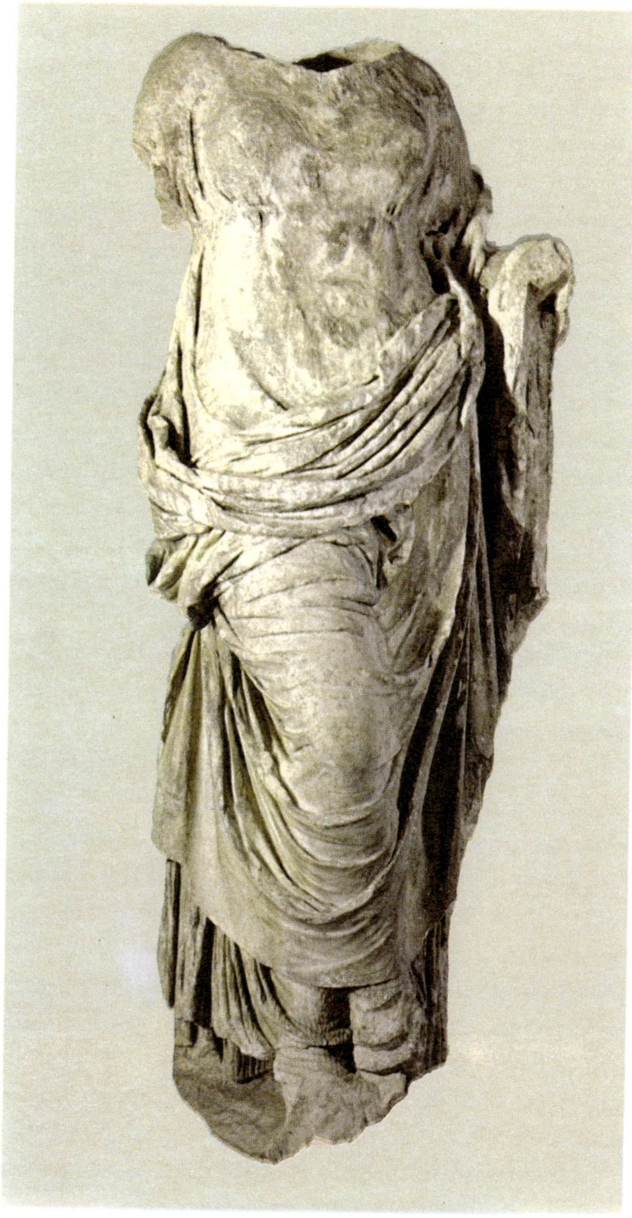

Lebensgroße Personifikation der Komödie, aus Thasos. Um 300/270 v. Chr. Marmor. *Museum in Thasos. Vgl. Seite 56*

FIG. 7 dieser Lösung konnte der Chor durch das eine Tor oder durch beide innere Tore in die Orchestra eintreten, und ein Schauspieler, der eine Figur darstellte, die von irgendwo außerhalb kam, vom Land oder aus der Stadt, konnte einen der äußeren Torwege benutzen, um auf die Rampe zu gelangen. Er befand sich im Blickfeld von mindestens einem Teil des Publikums, während er hinaufging. Diese Anordnung ist in mehreren anderen Theatern auf dem Peloponnes und in Euböa zu finden. Die Alternativlösung, die man in dem
B. A. 22 kleinen Theater zu Akrai (und auch in anderen Theatern, einschließlich Thasos, in Griechenland und im griechischen Asien) sehen kann, hat eine ähnliche vorspringende Bühne, aber keine Rampen. Auftritte von außerhalb fanden auf Bühnenhöhe statt, entweder um das Bühnenhaus herum, oder, wenn wie in Athen das Bühnenhaus Flügel hatte, durch Türen in den Flügeln. In jedem Falle konnte der Schauspieler schnell Kostüm und Maske im Bühnenhaus wechseln und wieder auftreten; er hatte nicht den beträchtlichen Gang, die Rampe hinauf oder hinunter und um die Rückseite herum. Die Rampe mag der erste Weg gewesen sein, der für Auftritte von außerhalb gefunden wurde, und sie mag in einigen Theatern für zeremonielle Auftritte von städtischen Würdenträgern und ähnlichen, wenn das Theater für öffentliche Versammlungen benutzt wurde, erhalten geblieben sein.

Der Architekt von Epidauros hat von einer natürlichen Senke im Berghang schönen Gebrauch gemacht. Das halbkreisförmige Auditorium bietet mehr als 14000 Zuschauern Platz. Es hat einen umlaufenden Gang am oberen Rand, und ein zweiter horizontaler Durchgang läuft etwa nach einem Drittel der Gesamthöhe rundum. Es ist vertikal durch dreizehn Treppen getrennt, die aus der Orchestra aufsteigen und die sich oberhalb des tieferen horizontalen Umgangs nach oben fortsetzen; zwölf Treppen laufen zusätzlich von dem tieferen zu dem oberen horizontalen Umgang. Die mittlere Sitzblockreihe unterhalb des tieferen Umgangs befindet sich auf einer Höhe mit dem oberen Rand des Torbogens und mit der erhöhten Bühne. Der Torbogen verbindet auf diese Weise das Auditorium mit dem Bühnenhaus.

Die Vorderwand der erhöhten Bühne war mit Halbsäulen ge-

Fig. 8 – Maske eines alten Mannes, aus dem Choregeion zu Thasos. Um 300–275 v.Chr. Höhe 32 cm. Museum in Thasos. Siehe unten

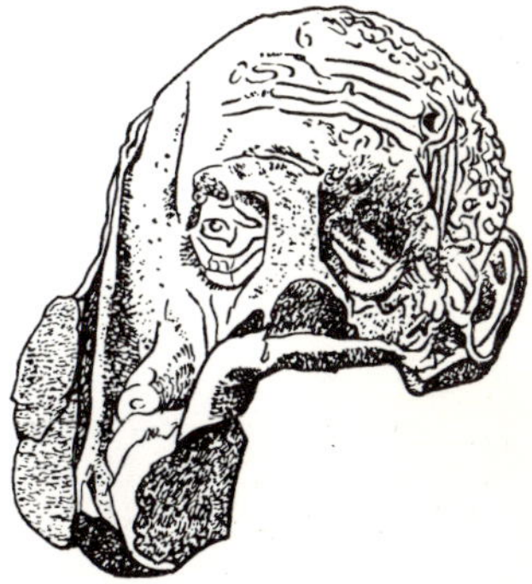

schmückt. Das Bühnenhaus besaß vermutlich drei Türen und war wahrscheinlich ebenfalls mit Säulen geschmückt, zwischen denen Paneele mit Szenerien für Tragödie, Satyrspiel und Komödie angebracht werden konnten. Es ist unwahrscheinlich, daß das Theater zu irgendeiner Zeit mehr als drei Bühnenbilder, eins für Tragödie, eins für Komödie und eins für Satyrspiel, gehabt haben sollte; aber das Satyrspiel-Bühnenbild konnte für eine Tragödien- oder Komödienszene, die im Freien spielte, ausgeliehen werden. Sogar heute, ohne Bühnenhaus und ohne die hohe Bühne zur Unterstützung der Stimme, ist die Akustik wundervoll, und es ist merklich weniger anstrengend und wirkungsvoller, von der Bühne aus als aus der Mitte der Orchestra zu sprechen.

Die als »Tragödie« beschriftete Figur in dem Gebäude zu Thasos hielt in der Hand die Maske eines alten Mannes, die erhalten ge- FIG. 8
blieben ist. Es ist ein sehr bemerkenswerter Kopf, kahl, mit gefurchter Stirn, eingesunkenen Wangen und tiefen Säcken unter blinden Augen. Der Bildhauer denkt in dieser Zeit (und es gibt Parallelen in Terrakotta) über die Maske hinaus an die Gestalt, er modelliert eher einen blinden alten Mann (wie die oben besprochenen »alten Verlassenen«) als die Maske eines blinden alten Mannes. Vielleicht war seine Wahl hier durch eine bestimmte, beim Dramenwettkampf inszenierte Tragödie angeregt worden. Dieser Mann kann nicht als König Ödipus identifiziert werden, weil er einen Turm von Haaren über der Stirn gehabt haben würde. Es könnte sich um Teiresias handeln, aber Teiresias kommt in mehreren Stücken vor. Ödipus in den »Phoinissen« von Euripides oder »Oedipus auf Kolonos« von

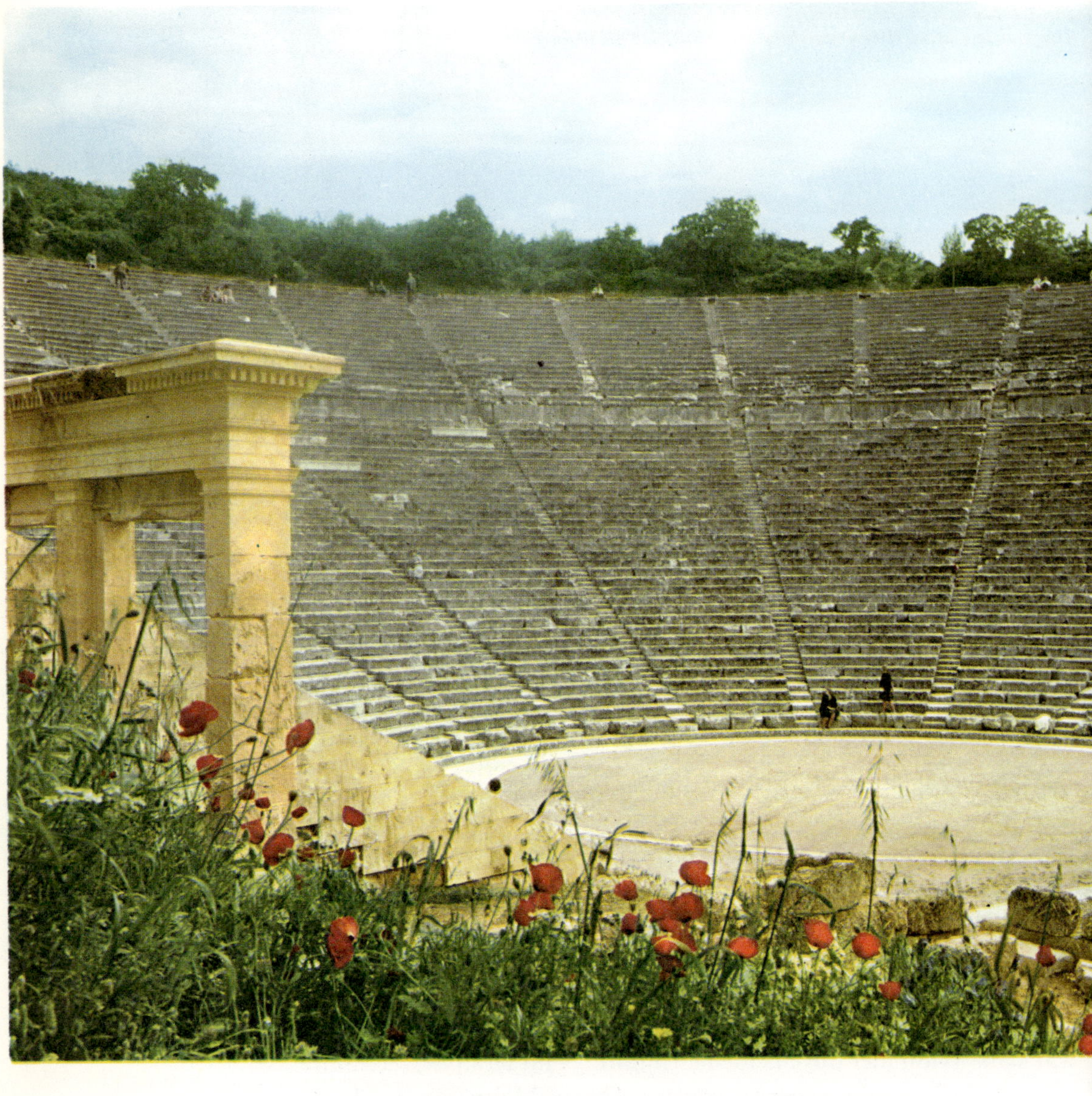

Theater von Epidauros. Frühes 3. Jh. v. Chr. Blick auf die Orchestra und den Stufenbau des Zuschauerraums. *Vgl. Seite 49*

Sophokles oder »Phineus« in dem gleichnamigen Stück von Sophokles konnten diese Maske tragen. Doch der alte Mann kann nicht mit Sicherheit identifiziert werden: wahrscheinlich gab eine Inschrift irgendwo auf dem Monument über Titel und Autoren der aufgeführten Stücke Aufschluß. Die Figur, die die Maske eines alten Mannes hält, ist »Tragödie« benannt, und die ihr entsprechende Figur ist als »Komödie« bezeichnet. Es müßte interessant sein zu erfahren, wie die »Tragödie« gekleidet war. Im 5. Jahrhundert er-

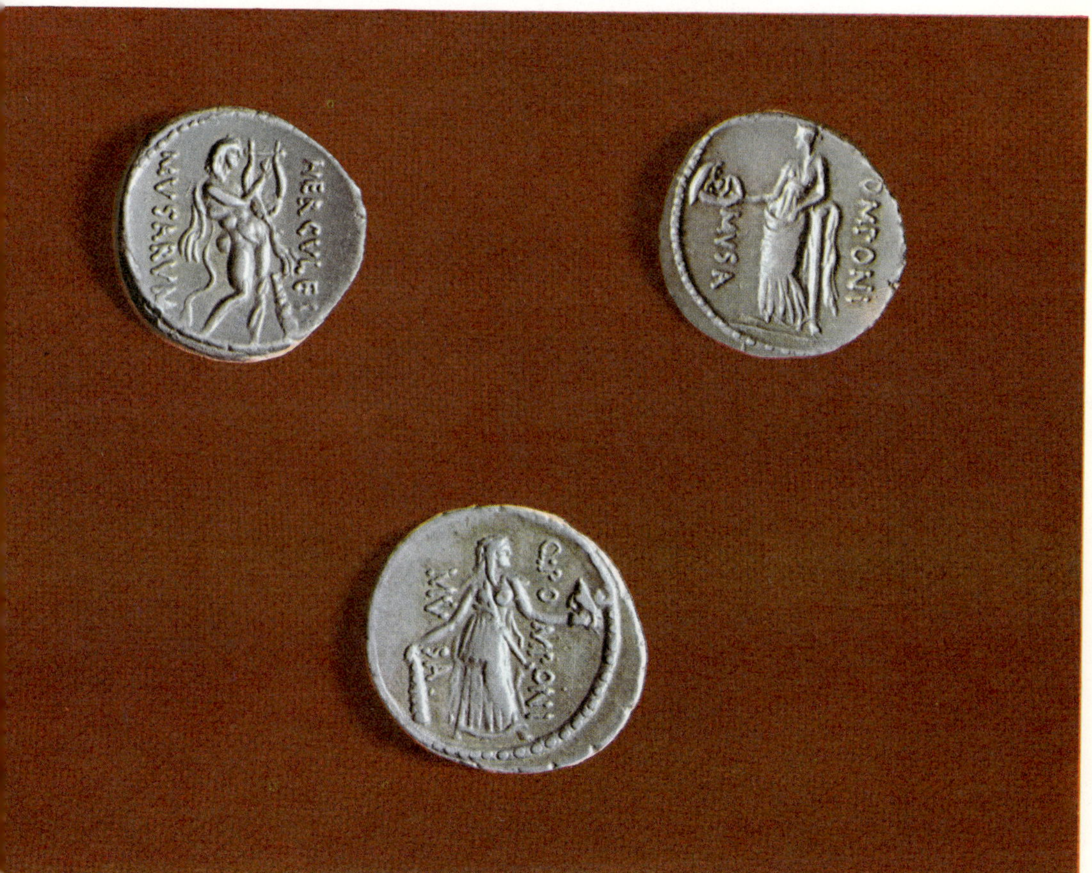

Römische Silbermünzen aus republikanischer Zeit. Oben links: Herakles, rechts: Komödie mit Maske, unten: Tragödie mit Maske. *British Museum, London. Vgl. Seite 56, 57f., 60, 130*

scheinen Tragödie wie Komödie auf rotfigurigen Vasen als Mänaden im Gefolge des Dionysos. Dies ist leicht verständlich: Tragödie und Komödie sind Produkte dionysischer Inspiration, und Mänaden B. A. 10 sind von Dionysos inspirierte Frauen. Im 2. Jahrhundert wird die Tragödie im tragischen Kostüm dargestellt, eine Maske und dicksohlige Schuhe tragend, und die Komödie sieht wie eine Frau in der ABB. SEITE 51 Komödie aus. Die Thasos-Figuren liegen chronologisch zwischen beiden. Weder die Thasos-Komödien-Figur noch die Terrakotte ABB. SEITE 50 des Britischen Museums, die die komische Maske hält, liefert die Antwort. Es gibt keine Möglichkeit zu bestimmen, wen sie darstellen: Mänaden sind im späten 4. Jahrhundert viel gefälliger gekleidet und ruhiger in der Anlage, so daß diese Figuren vielleicht Mänaden sein könnten.

Musen Doch die Komödienfigur von Thasos erinnert im Aussehen auffällig an eine Muse. Die Haltung mit gekreuzten Beinen kann man bei einer Gnathia-Muse von 340 v. Chr. sehen, und der elegante Faltenwurf ist eine Weiterentwicklung des Faltenwurfs bei den Musen der praxitelischen Basis zu Mantinea. Doch gibt es noch eine nähere ABB. SEITE 55 Entsprechung zu einer Muse der Komödie auf einer römischen Münze. Zweifellos ist die Thasos-Figur eine Verkörperung der Komödie und nicht eine Muse. Interessant ist aber, daß einerseits die Personifikation der Komödie einer Muse auffallend ähnlich sieht, und daß andererseits eine Muse der Komödie – unabhängig von den andern Musen – eingeführt wird und auffallend ähnlich aussieht wie eine Personifikation der Komödie.

Bei Homer haben die Musen zwei Funktionen: sie werden vom Dichter beschworen, weil sie ihm seinen Gesang eingeben, denn sie besitzen alle Kenntnisse, und sie sind der Chor, der mit Apollon auf dem Olymp singt. Sie waren also von Anfang an die Spenderinnen von Kenntnissen wie die Spenderinnen des Gesanges und selber Künstler. So ist es ganz natürlich, daß sie in Platons Akademie verehrt werden sollten und daß alexandrinische Wissenschaft an ihrem Platze, dem Museion, betrieben wurde. Aber als Schutzherrinnen von Dichtung, Tanz und Musik waren sie auch beteiligt an der großartigen neuen klassischen Literaturgattung, am Drama, trotz seines engen Zusammenhangs mit Dionysos. In den »Fröschen«

des Aristophanes ruft der Chor die Musen an, zu kommen und sich den Wettstreit zwischen den beiden Tragikern Aischylos und Euripides anzusehen; und Sophokles »sammelte zu Ehren der Musen einen Thiasos von Gebildeten« (oder »von jenen, die er ausgebildet hatte«); es ist nicht klar, ob dies eine Art literarischer Gesellschaft oder eine Vereinigung von Schauspielern war. Viel später wurde in Syrakus die Künstlergilde des Dionysos (Schauspieler, Musiker und Dichter) mit den Musen verbunden: die Grotte mit einem Quell oberhalb des Theaters war sicher den Nymphen geweiht, die, wie FIG. 9
wir sehen werden, eine enge Beziehung zu Dionysos hatten. Doch wurden in der Grotte sowohl Inschriften gefunden, die den Rat der Künstler und das Museion erwähnen, als auch sehr elegante Statuen der Musen in praxitelischer Tradition, aber aus dem 2. Jahrhundert v. Chr. stammend.

Aber in all dem gibt es kein Anzeichen für die Beschränkung der einzelnen Musen auf besondere Gebiete. Die Möglichkeit ist durch ihre Namen gegeben, die bis auf Hesiod zurückgehen. Wenn sie sich auf ein eigenes Gebiet beschränken, so befaßt sich natürlich Klio (Ruhm) mit der Vergangenheit, Thalia (Lebensfreude) mit der Komödie, Terpsichore (Freude an oder im Chor) mit dem Tanz, Urania (die Himmlische) mit der Astronomie. In der frühhellenistischen Periode benutzt Kallimachos die Fiktion, daß Klio und Kalliope seine Fragen über die Ursprünge von Kulten und anderen alten Bräuchen beantworten, so daß sie bereits die Musen der Geschichte und des Epos zu werden scheinen, und Apollonios Rhodios wählt Erato (deren Name mit Eros zusammenstimmt), als er im dritten Buch der Argonauten von der Liebe der Medea zu erzählen beginnt.

Die römische Münze, die eine der Komödienstatue aus Thasos ähn- ABB. SEITE 55
liche Muse der Komödie zeigt, hat eine seltsame Herkunft, die bis in die frühhellenistische Zeit zurückführt. Die Münze gehört zu einer Serie, die im Jahre 67 v. Chr. von Pomponius Musa mit den neun Musen und dem Lyra spielenden Hercules geprägt wurde. Es ist eine einleuchtende Vermutung, die sich auf die Ungewöhnlichkeit der Verbindung von Hercules und den Musen stützt, daß sowohl der Hercules als auch die Musen Reproduktionen der Statuen

M. Fulvius Nobilior

sind, die M. Fulvius Nobilior im Tempel Hercules Musarum aufgestellt hatte, den er 187 v. Chr. bei seiner Rückkehr nach Rom nach seiner ambrakianischen Kampagne baute. Der römische Epiker Ennius begleitete ihn bei seinem Feldzug, und Ennius war der erste römische Schriftsteller, der ausdrücklich verlangte, daß seine Zuhörer die griechische Dichtung kennen müßten, um ihn voll genießen zu können: er nannte sein Werk *poema* anstatt *carmen;* er verwendete griechische Metren anstatt römischer Saturnier; und er sprach die griechischen Musen anstatt die römischen Camenae an. Fulvius Nobiliors Weihe eines Tempels an die Musen paßte dazu vollkommen.

Pyrrhos

Fulvius Nobilior brachte die Statuen der Musen aus Ambrakia mit, wahrscheinlich aus dem Palaste des Pyrrhos, Königs von Epiros, der im Jahre 272 starb; doch keine Quelle deutet an, daß er den Herakles von dort her mitbrachte. Es gibt aber einen positiven Beweis, daß Pyrrhos statt der ungewöhnlichen Verbindung mit Herakles die normale Ideenverbindung eines Leier spielenden Apoll mit den Musen zog: Pyrrhos hatte einen Ring mit einem Achat, auf dem Apollon, eine Leier haltend, und die neun Musen mit ihren Attributen eingraviert waren. Vielleicht schuf der Künstler des Ringes noch einmal die Statuen der neun Musen, die Fulvius Nobilior ein Jahrhundert später fortschaffte. Jedenfalls spricht der Stil der Musen auf den Münzen vollkommen für eine Datierung in das frühe 3. Jahrhundert. Zudem stammt die Sklavenmaske, die die Muse der Komödie hält, ihrem Typus nach aus dem frühen 3. Jahrhundert und die Muse der Tragödie, die Tragödienkostüm trägt, hat nicht die dicksohligen Schuhe der Tragöden des 2. Jahrhunderts.

ABB. SEITE 50, 55

Die Muse der Tragödie auf der Münze trägt das Löwenfell des Herakles und hält in der einen Hand seine Keule und in der andern seine Maske. Herakles war eine der Schauspielerrollen im »Rasenden Herakles«, im »Augias«, in »Alkestis« und mehreren Satyrspielen des Euripides. Von nun an hält die Muse der Tragödie sehr oft Maske und Keule des Herakles, und wir wissen, daß der »Rasende Herakles« in hellenistischer Zeit populär war. Wie ein Schauspieler aussah, der in dieser Periode den Herakles spielte, zeigt eine Terrakotta-Statuette, die in der athenischen Agora gefunden wurde. Er

ABB. SEITE 62

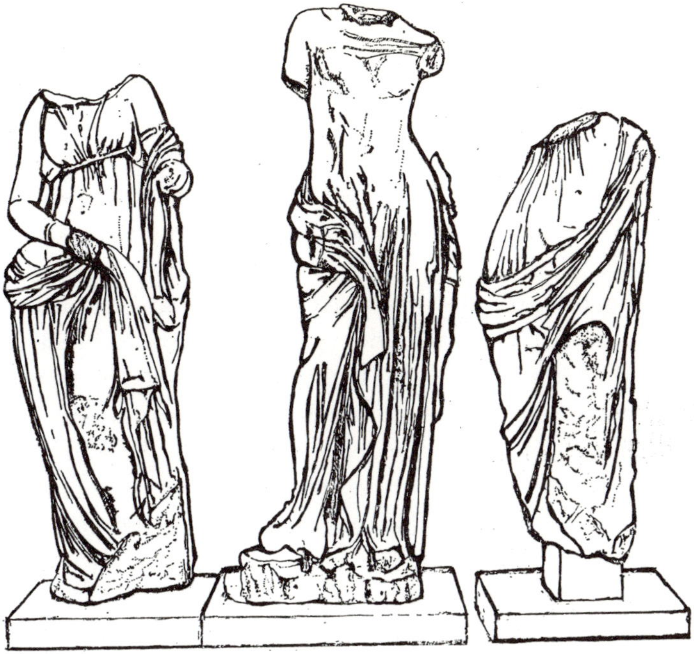

Fig. 9 – Statuen der Musen in einer Grotte oberhalb des Theaters von Syrakus. Marmor. Um 225–150 v. Chr. Vgl. Seite 57

trägt eine Maske mit hoch über der Stirn getürmtem Haar, wie die Achilles-Maske auf dem Gemälde aus Herculaneum. Doch hier ist das Haar zum Teil von Herakles' Löwenfell verdeckt, das er so trägt, daß der Rachen oben auf dem Kopf sitzt (wie bei der Muse der Tragödie auf der römischen Münze): die inneren Ränder des Löwenkiefers sind auf beiden Seiten dicht unter dem Bruch zu sehen. Der Bruch zeigt, daß eine beträchtliche Verlängerung nach oben verloren gegangen ist, und daß die Maske ursprünglich jener sehr ähnlich war, die von einem Tragöden aus Amisos getragen wurde. Dieser Künstler gestaltet – anders als der Künstler der tragischen Maske von Thasos – mehr die Maske selber als die Rolle. Geschwungene Brauen, Hakennase, gefurchte Stirn, geblähte Nasenflügel würden den Liebhabern der zeitgenössischen Pseudowissenschaft der Physiognomik erlaubt haben, auf Energie, Selbstvertrauen, Widerwillen und Kühnheit zu schließen. Diese Eigen-

ABB. SEITE 35, 39

FIG. 33

schaften hat Herakles in Euripides' Stück, als er vom Hades zurückkehrt und in das Haus stürmt, um den Tyrannen Lykos zu töten, der seinen Vater, sein Weib und seine Kinder bedroht hat. Er trägt ABB. SEITE 39 den gleichen hochgegürteten Chiton wie der Schauspieler auf dem Bild aus Herculaneum und darüber einen Mantel, der seine linke Hand bedeckt; sein rechter Arm war erhoben und hielt wahrscheinlich die Keule.

ABB. SEITE 55

Komische Masken

B. A. 4

Die Sklavenmaske, die die Muse der Komödie auf der römischen Münze hält, ist der Sklavenmaske auf einer Platte aus Amphipolis außerordentlich ähnlich, die aus frühhellenistischer Zeit stammt. Es ist ein heiteres und fesselndes kleines Stück und war wahrscheinlich die Seitenwand eines geschmückten Kastens. Amphipolis liegt auf dem Festland, Thasos schräg gegenüber; man hat dort kein Theater entdeckt, aber Aufführungen können sehr wohl stattgefunden haben. Auf jeden Fall waren die Masken der Komödie mittlerweile in der griechischen Welt allgemein verbreitet. Diese Masken sind 1) ein alter Mann mit geordnetem Haar, 2) ein Mädchen – die gleiche Maske wie die, welche die Tanagra-Figur ABB. SEITE 50 des Britischen Museums hält, 3) ein Sklave mit dreieckigem Bart – ABB. SEITE 55 wie die Maske, die die Muse der Komödie auf der römischen Münze hält; der Sklave spielte in der Neuen Komödie eine wichtige, manchmal die Hauptrolle; es sind mehr Darstellungen von Sklavenmasken als von irgendeinem anderen Typ erhalten, und die verschiedenen Bartformen geben einen sicheren Datierungshinweis, 4) ein junger Mann mit geordnetem Haar, 5) ein Mädchen mit kurzem Haar, 6) eine alte Frau mit unordentlichem Haar. Es ist sicher der Typ Komödie, in der ein ränkeschmiedender Sklave die treue Liebe unterstützt, aber es ist unnütz, näheres über die Handlung zu mutmaßen.

Je mehr wir nach und nach durch neue Entdeckungen über die Komödien Menanders erfahren, desto mehr staunen wir über die vielen Variationen, die er über das Thema der trotz Hindernisse triumphierenden Liebe zu erfinden wußte, über die Lebendigkeit seiner Charakterisierung und die geschmeidige Eleganz seines Verses, und desto besser begreifen wir die Beliebtheit seiner Komödie, die von der frühhellenistischen Archäologie in Amphipolis, Thasos,

Ambrakien, Tanagra, Tarent und vielen andern Orten in der griechisch-sprechenden Welt bezeugt und 240 v. Chr. nach Rom übertragen wird, um dort in lateinischer Übersetzung und Bearbeitung fortzuleben.

Die dritte der Tanagra-Figuren im Britischen Museum ist die reizendste, ABB. SEITE 63 *Praxitelische Frauen* zum Teil, weil das Blau ihres Chitons und das Rosa ihres Himation so gut erhalten sind (die Farbe der Terrakotten ist auf einen dünnen weißen Schlicker auf den Tonkörper aufgetragen, und dieser Schlicker platzt außerordentlich leicht ab). Die Linien des Faltenwurfs sind einfach und klar und bilden ein System sich wiederholender Dreiecke und Kurven mit dem linken Fuß, dem Fächer, der rechten Hand und dem Kopf als Schnittpunkten. Der Unterschied zwischen diesem Dreieckssystem und dem bei der Tyche von Antiochia angewendeten besteht darin, daß dort die Dreiecke in die Tiefe führen und das Volumen der Figur betonen, während B. A. 1 hier die Figur für einen einzigen Blickpunkt komponiert ist; sie ist mehr Relief als dreidimensionale Plastik. Das Mädchen hat einen Efeukranz auf dem Kopf und steht also sicher mit Dionysos in Zusammenhang; das muß nicht bedeuten, wie angenommen worden ist, daß sie eine Mänade ist, nichts weist sonst daraufhin; sie ist ein Mädchen, das zu einem Trinkgelage geht, vielleicht um die Gäste als Musikantin zu unterhalten. Der Efeukranz konnte vom einzelnen Teilnehmer am Gelage getragen oder, wie auf dem Dherveni-Krater, ABB. SEITE 15 um den Hals des Mischgefäßes oder an den Wänden des Eßraumes aufgehängt werden.

Im wesentlichen erscheinen die gleichen klaren Linien und die gleiche frontale Komposition bei einer zeitgenössischen Marmorstatue; B. A. 2 doch hier im Großformat in Marmor sind, wie bei der »Komödie« in Thasos, ABB. SEITE 51 viel mehr Details in den Falten, besonders den feinen des Chitons möglich. Doch diese Frau ist massiver gestaltet als die »Komödie« oder die Terrakotta und erinnert ein wenig an die großen sitzenden Frauen auf den Boscoreale-Fresken. ABB. SEITE 38 Sie ist das Werk eines sonst unbekannten Bildhauers namens Chairestratos. Sie wurde der Themis zu Rhamnus im Nordwesten von Attika von einem einheimischen Bürger geweiht, der mit einer Gruppe von Knaben und Männern erfolgreich gewesen war, als

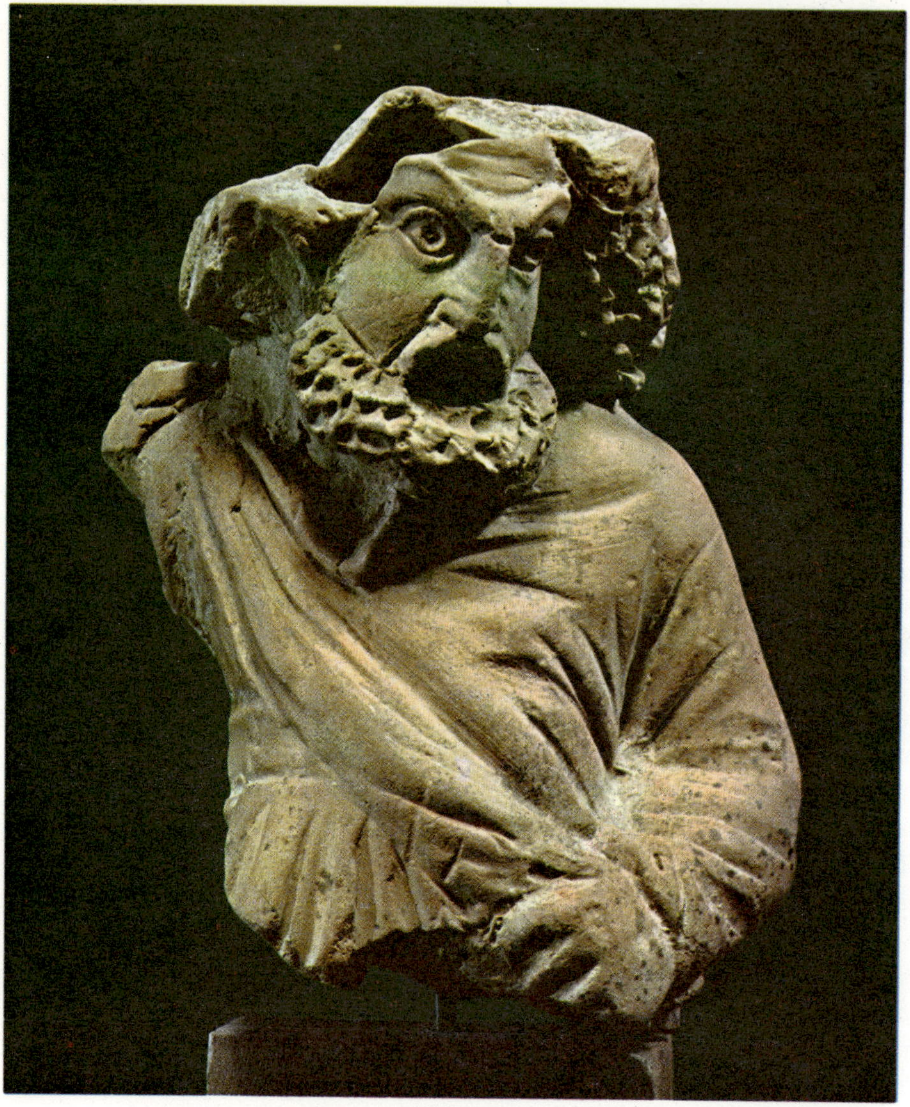

Rasender Herakles, von einem Schauspieler dargestellt. Terrakotta-Statuette. Um 250 v. Chr.
Von der Athener Agora. *Agora-Museum, Athen.* *Vgl. Seite 58*

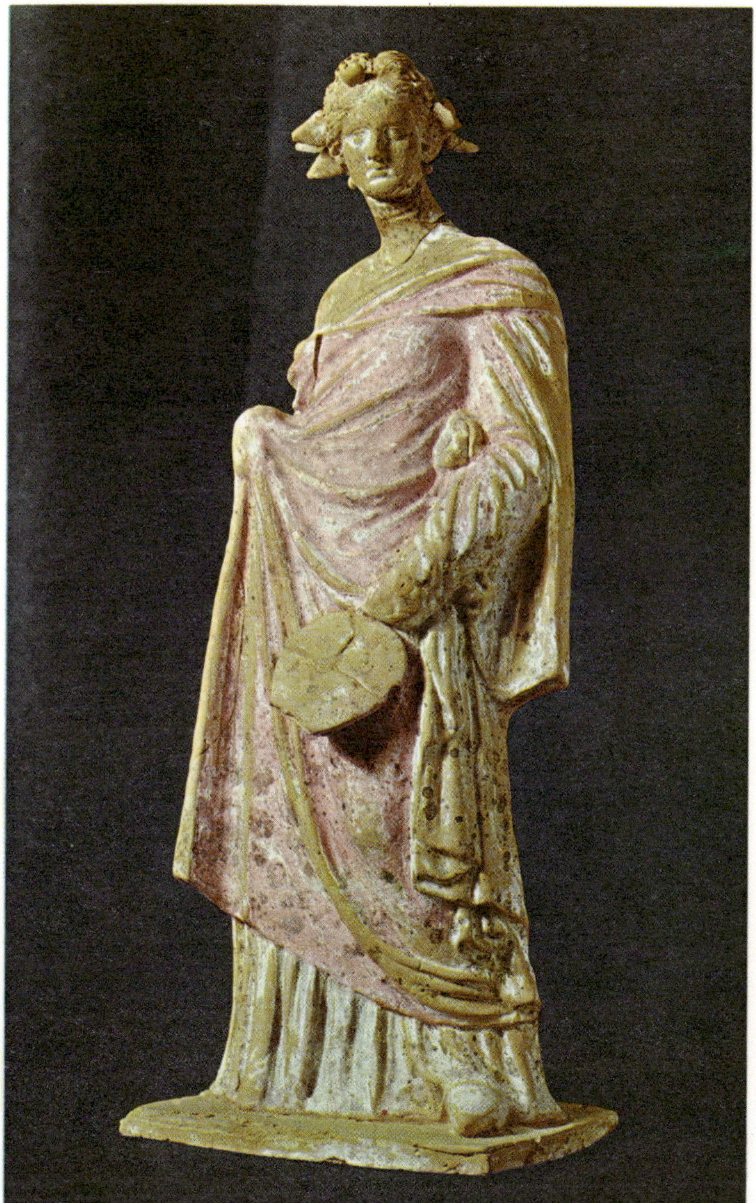

Dame mit Fächer. Terrakotta-Statuette aus Tanagra, aus dem späten 4. oder frühen 3. Jh.
British Museum, London. Vgl. Seite 40, 61

das Gymnasion unter seiner Obhut stand; später brachte er ebenfalls mit Erfolg im örtlichen Theater eine Komödie heraus und hat eine Aufzeichnung darüber auf dem Sockel der Statue hinzugefügt. Es ist keine Statue der Themis, sondern eine Kore, wie die archaischen Koren der athenischen Akropolis, die der Göttin als Dienerin beigegeben wurde.

Diese Figuren geben einen gewissen Begriff davon, wie ein Frauenbildnis von den Söhnen des Praxiteles aussehen würde. Einer von ihnen, Kephisodotos, tat sich mit Euthykrates von Sikyon, einem Lysippschüler, zusammen (eine interessante Kombination von zwei verschiedenen Traditionen), um eine Porträtstatue der Dichterin Anyte von Tegea zu machen. Ihre Lyrik ist verloren gegangen, aber eine Anzahl sehr hübscher Epigramme ist erhalten, von denen man einige als Hirtenpoesie bezeichnen kann: Ein solches ist als Inschrift für einen Becher entstanden, der Pan und den Nymphen von einem Hirten geweiht wurde, der im Sommer von einer Quelle getrunken hatte, die sich in einer dem Pan und den Nymphen heiligen Höhle befand. Ein anderes Epigramm ist als Inschrift für einen an einer Wegkreuzung stehenden Hermes gedichtet worden, der nahe einer Quelle stand, die müden Wanderern kühles Wasser schenkte. Anyte war in Alexandria bekannt, und ihre bukolischen Epigramme entstanden etwas früher als die Hirtengedichte Theokrits. Für uns steht sie am Anfang der Hirtenpoesie.

Anyte und die Hirtenpoesie

Das Aufblühen der Bukolik in Alexandria wirft die Frage auf, ob es eine entsprechende frühhellenistische Hirtenkunst gegeben hat. Anytes Dichtung beschwört eine ländliche Szene mit ländlichen Gottheiten. Theokrits Landschaft ist auch darauf angelegt, von Naturgottheiten bevölkert zu werden – in der »Ersten Idylle« eine Ulme, eine Priapos-Statue, Quellen, der Sitzplatz eines Hirten und Eichen, oder in der »Siebenten Idylle« Pappeln, Ulmen, Wasser aus der Höhle der Nymphen, Dornbüsche, Birnen, Äpfel und Schlehen. Die Landschaft ist ideal dargestellt und die Gestalten sind meistens mythische Hirten, die manchmal Satyrn und Nymphen sind. Die »Zehnte Idylle« ist das einzige vollständige Gedicht, das ein gemäßes Bild des zeitgenössischen Landlebens vermittelt, doch mag noch eine andere zeitgenössische Figur hinzugefügt werden,

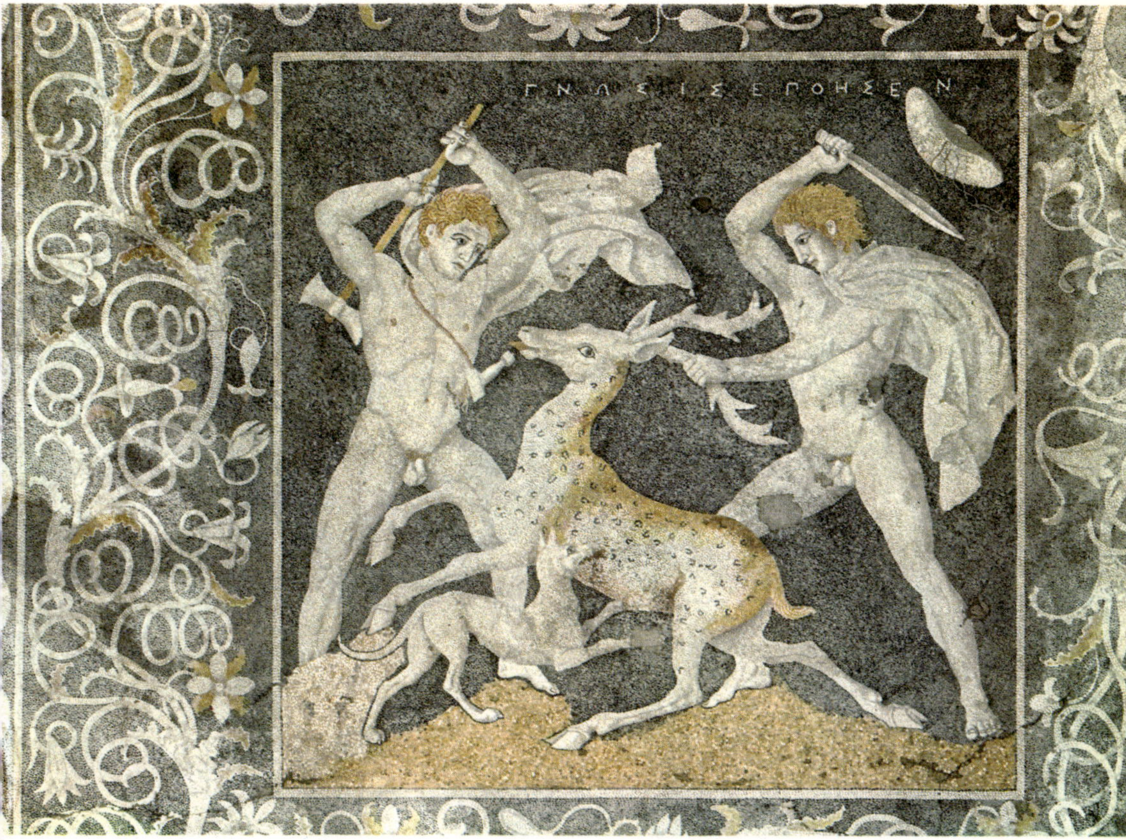

Mosaik aus Pella: Hirschjagd. Signiert von Gnosis. 320–300 v.Chr. *Vgl. Seite 17f., 68, 84*

der magere alte Fischer in der Beschreibung der hölzernen Schale der »Ersten Idylle«; er gehört deutlich zu jener Gruppe, die wir als »alte Verlassene« bezeichnet haben.

Ländliche Szenen

Gelegentliche Darstellungen von Landleuten kann man in der gesamten Geschichte der griechischen Kunst finden, doch sollte man einräumen, daß die Naturdarstellung hauptsächlich mit den Nymphen in Zusammenhang steht – mit den Quellnymphen in ihrer Höhle, manchmal mit Pan und Schafen draußen, oder mit den Hesperiden in ihrem Garten voll früchtetragender Bäume (aus dem die heilsamen Lüfte wehen) oder mit den Nymphen von Nysa, die

ABB. SEITE 77 das Dionysos-Kind in ihrer süß duftenden Höhle empfangen. In all diesen Szenen werden im 4. Jahrhundert die Naturelemente mehr betont als vorher. Eine Relief-Lekytos von der athenischen Agora, die aus der Zeit kurz vor dem Beginn unserer Periode stammt, zeigt das Dionysos-Kind in der Höhle der Nymphen stehend. Es hält eine Oinochoe in der rechten Hand und eine riesige Phiale in der linken, um zu Ehren seines Vaters Zeus ein Trankopfer darzubringen. Um die Höhlenöffnung rankt ein Weinstock, von dem Traubenbüschel herabhängen.

Die weinumrankte Grotte mit Dionysos bildet den Ursprung nicht nur der ländlichen Szenerie des Theokrit, sondern auch der künstlichen Laube, in der Trinkgelage abgehalten werden; das Wasser der Nymphen ist für ein Gelage so wichtig wie der Wein des Dionysos. Die einfachste Form der Laube sind die Ranken, entweder von Wein mit Blättern und Trauben oder von Efeu mit Früchten oder von beidem, die im Eßraum der Männer an der Wand befestigt oder darauf gemalt wurden. Doch manchmal wurden besondere Lauben

Ptolemaios' Symposion-Zelt

errichtet. Das glänzendste Beispiel ist das Symposion-Zelt von Ptolemaios II., das uns außerdem etwas von der Pracht des ptolemäischen Alexandria zeigt. Der Bericht des Kallixeinos von Rhodos ist detailliert genug, um eine teilweise Rekonstruktion zu erlauben. Das FIG. 10 Zelt konnte 200 Teilnehmer aufnehmen. Die Säulen waren 26 m hoch. Die Ecksäulen waren wie Palmbäume geformt und die inneren Säulen wie der dionysische Thyrsos-Stab (der aus einem Fenchelstock mit einem Efeubündel oben gebildet war). Die Akroterien wurden durch goldene Adler ersetzt – dem Vogel des Zeus, des Königs der Götter, mit dem Theokrit Ptolemaios II. verglich. So hatte die Mittelhalle das Aussehen einer großartigen Laube, auf der sich Vögel niedergelassen hatten; eine Säulenhalle umgab sie, wo die Diener standen. Draußen befand sich ein Garten, der zum Teil durch Myrten- und Lorbeerzweige und andere geeignete Pflanzen überdacht und dessen Boden mit allen Arten von Blumen bedeckt war. Daraus wurden Kränze für die Festgäste geflochten, und die Blumen streute man auf den Fußboden des Bankettsaales, »so daß er wie eine göttliche Wiese aussah«. Adler des Zeus, Thyrsosstäbe des Dionysos, Rosen und Veilchen im tiefen Winter – die Gäste

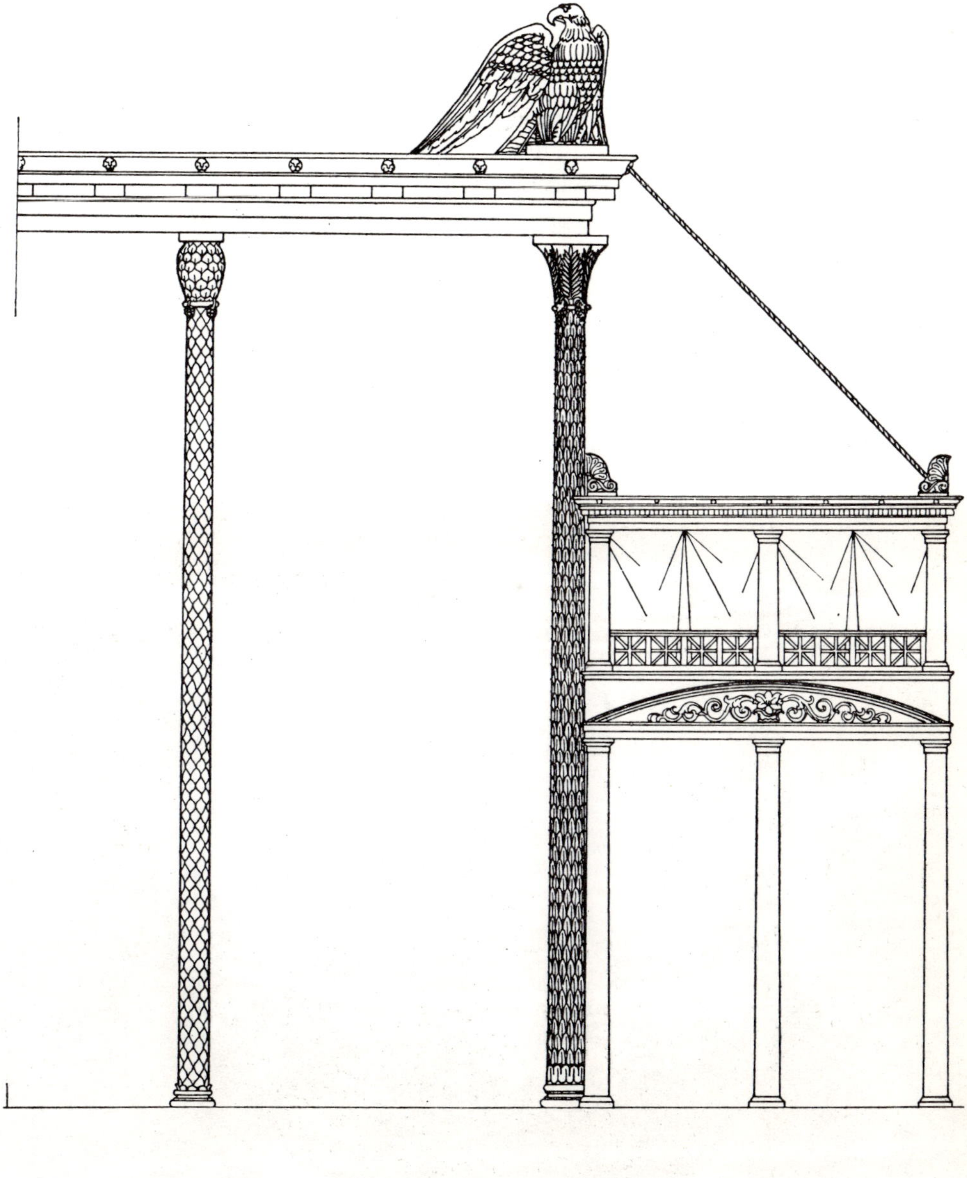

Fig. 10 – Rekonstruktion eines Symposion-Zeltes unter Ptolemaios II. in Alexandria. Höhe der Säulen 26 m, die Ecksäulen sind in ägyptischer Tradition als Palmbäume gebildet. Der Zeusadler, der als Akroter dient, aus Gold. Eine niedrigere Säulenhalle umgab den Hauptraum. Um 275–270 v. Chr. Vgl. Seite 66

fühlten sich wie im Himmel oder im Garten der Hesperiden: diese Art Illusion hatte Gnosis in bescheidenerem Maßstab mit dem viel-
ABB. SEITE 65 gestaltigen Blumenrand seines Mosaiks in Pella zu schaffen versucht. Die allgemeine Pracht zeigt sich in den hundert von den besten Künstlern geschaffenen Marmorstatuen, die an den Säulen des Portikus standen; zwischen den Säulen waren Gemälde sikyonischer Künstler aufgehängt (sie waren also bereits in Alexandria bekannt, ehe Aratos begann, für Ptolemaios III. zu sammeln); sie wechselten ab mit Wandteppichen, manche mit Bildnissen der königlichen Familie, manche mit mythischen Szenen. Theokrit beschreibt zwei Frauen, die den Palast von Ptolemaios II. besuchen und in Rufe

Trinkgefäß von der Athener Agora mit Szenen aus der Artemis-Sage. Um 300–275 v. Chr. Ton.
Agora-Museum, Athen. Vgl. Seite 69

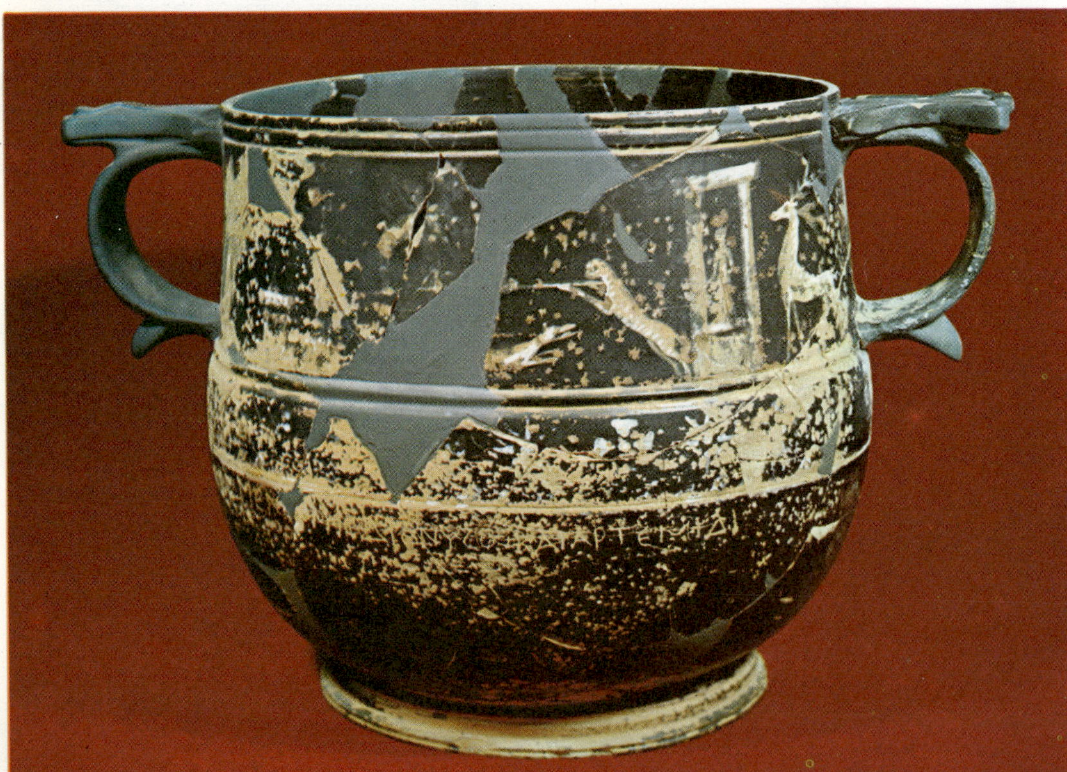

über einen naturgetreuen Wandteppich mit Adonis auf einem Ruhebett ausbrechen. Dies ist eine mythische Szene; doch denkt er an die Darstellung der königlichen Familie (entweder auf einem Wandteppich oder auf einem Gemälde oder als plastische Gruppe), wenn er Herakles beschreibt, der, vom Nektar trunken, von Alexander und Ptolemaios I. heimgeleitet wird. Die Ruhebetten im Symposion-Zelt waren golden mit Sphinxfüßen. Jeder Gast hatte ein goldenes Tischchen; je zwei Gäste hatten ein silbernes Waschbecken und einen silbernen Krug. Die Trinkschalen waren aus Gold und teilweise noch mit Edelsteinen eingelegt.

Das Grottenmotiv kehrt im oberen Geschoß der umlaufenden Säulenhalle wieder. Hier befanden sich 4,5 m hohe Grotten; in ihnen spielten sich »Symposien von tragischen, komischen und satyrischen Figuren in echten Kleidern und mit goldenen Bechern« ab. Daß diese Gestalten aus Stücken stammten, ist schwerlich anzunehmen. Doch können es Dichter und Schauspieler und vielleicht auch Personifikationen der drei Dramenformen gewesen sein. Und von Weinranken hängende Masken (wie häufig auf Symposion-Dekorationen) rund um die Grotten mögen die Bedeutung jeder Gruppe klar gemacht haben.

Die Gelegenheit für die Errichtung des Zeltes scheint ein Winterfest des Dionysos gewesen zu sein, das den athenischen Anthesterien entsprach. Es war daher natürlich, daß dabei dionysisches Bildwerk wie bei der großen Prozession vorherrschte, die in der folgenden Passage von Athenäus beschrieben wird. Ptolemaios' Zelt ist eine königliche Vergrößerung der künstlichen Laube, die der gewöhnliche Sterbliche für ein Symposion haben mochte, und die Grotten, mit denen das obere Geschoß geschmückt ist, sind der Höhle der Nymphen verwandt, wo der junge Dionysos aufwuchs. Seine Ver- ABB. SEITE 77
ehrer, Dichter und Schauspieler, trinken seinen Wein in seiner Höhle, nachdem sie diesen mit dem Wasser der Nymphen vermischt haben.

Wir kommen den mythischen Hirtengedichten Theokrits über ein ABB. SEITE 68
sehr großes Trinkgefäß näher, das in der athenischen Agora gefunden wurde. Es war Dionysos und der Artemis geweiht. Der Dekor ist in zusätzlicher Farbe auf der schwarzen Glasur aufgetragen –

die attische Entsprechung zu süditalienischer Gnathia-Ware. Das Bild zeigt Artemis, die von einem hohen Pfeiler links kommt, um einen Panther zu durchbohren, an dem ein Jagdhund hochspringt; dann ein ländliches Heiligtum, ferner einen großen Hirsch, der vielleicht durch Artemis' Eingreifen vor dem Panther gerettet worden ist. War Menokles ein erfolgreicher Jäger, der diesen Kantharos eigens für ein Symposion nach der Jagd malen ließ und dann der Göttin der Jagd und dem Gott des Symposions weihte? Der Kantharos ist so groß, daß er eine Art Liebesbecher gewesen sein muß, in dem Wein und Wasser gemischt wurden, so daß kein Krater benötigt wurde; der Gebrauch eines solchen Gefäßes bei einem Symposion in der Höhle der Nymphen zu Phyle in Attika wird in Menanders *Dyskolos* beschrieben.

Der große Zwischenraum zwischen dem hohen Pfeiler links und dem Hirsch rechts macht dieses Bild so bemerkenswert. Diese Reduktion der Maße der Figuren im Verhältnis zu dem sie umgebenden Raum kennzeichnet den Beginn einer Tendenz, die schließlich zu den esqulinischen Landschaften führt.

ABB. SEITE 146, 147

Ein frühhellenistischer Dichter läßt diese spätere Liebe für weite Landschaften vorausahnen, die natürlich schon früher als wir wissen in der Kunst dargestellt worden sein können. In seinen *Argonauten* (1, 1112) schickt Apollonios Rhodios Jason und seine Mannschaft auf den Berg Dindymon an der Südküste des Marmarameers:

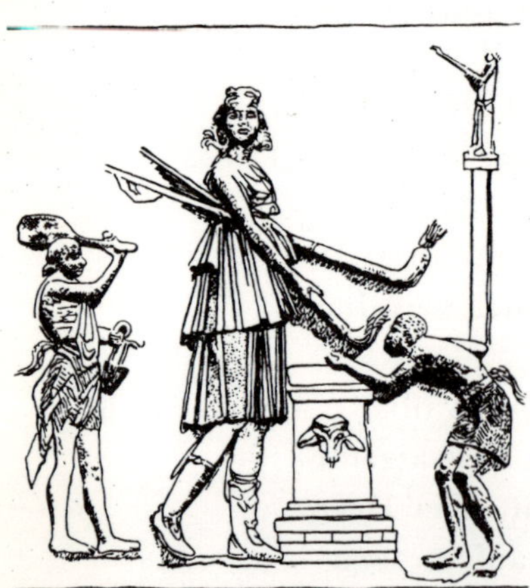

Fig. 11 – Bronzerelief aus Delos mit Darstellung der Artemis, die von Satyrn bedient wird. Um 270 v.Chr. Höhe 50 cm. Museum Delos. Vgl. Seite 71, 79

Fig. 12 – Fragment einer Fayence-Oinochoe mit dem Reliefbild einer Königin neben einem Altar. Um 270 v.Chr. Museum Istanbul. Vgl. Seite 72

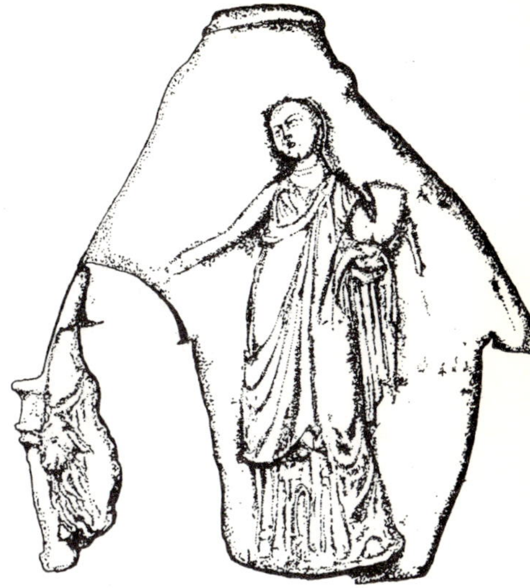

»Und da sahen sie nun die makrischen Höhen, und jenseits
Lagen weit entfaltet vor ihnen die thrakischen Lande;
Bosporos' Mündung erschien im Blau der dämmernden Ferne
Und die mysischen Hügel, und drüber des Stromes Aisepos
Lauf und Adrasteia, die Stadt und Nepeias Gefilde.«

Sie können über das Marmarameer bis zur europäischen Küste sehen, nach Osten zum Bosporus und westwärts beinahe bis zu den Dardanellen – ein großartiger Blick, um seiner selbst willen beschrieben, was etwas Neues in der griechischen Dichtung bedeutet. Ein Bronzerelief in Delos ist eine abgekürzte Darstellung eines Opfers. Es hat den gleichen weiten Zwischenraum und eine hohe Säule mit einer archaistischen Statue darauf. Artemis benutzt eine Fackel, um ein Feuer am Altar anzuzünden, während der Satyr rechts die Flamme anbläst; der Satyr links trägt eine Kornschwinge (mit verschiedenen Gegenständen darin) auf dem Kopf und eine Oinochoe in der linken Hand, um ein Trankopfer zu spenden. Diese mythische ländliche Szene ist schwierig zu interpretieren. Warum wird Artemis von Satyrn bedient? Und warum werden die Opfergaben in einer Kornschwinge gebracht, die wiederum ausdrücklich zu den Dionysos-Mysterien gehört? Ist es vielleicht ein gemeinsames Heiligtum der Artemis und des Dionysos? Nachdem wir so weit gefragt haben, sehen wir, daß Artemis Arsinoe II., der Gemahlin

FIG. 11

Ptolemaios' II., sehr ähnlich sieht und daß die Satyrn keine Satyrn, sondern als Satyrn verkleidete Männer sind. In der römischen Periode wurde eine Gruppe von Eingeweihten in die Dionysischen Mysterien zu Pergamon *seilenoi* (ältere Satyrn) genannt, und dieser Gebrauch mag alt und weit verbreitet gewesen sein; er verbindet sich mit der Verwendung von Satyrn für die Darstellung von Seligen im Jenseits. Theokritleser kennen diese Art des Gleitens aus der zeitgenössischen in die mythische Welt nur zu gut, und dasselbe ist bei Kallimachos vermutet worden.

ABB. SEITE 73 Arsinoe II. und andere frühptolemäische Königinnen erscheinen auf einer Gruppe von Fayence-Oinochoen, die in Alexandria geschaffen, aber an verschiedenen Orten der griechischen Welt gefunden worden sind: vermutlich wurden sie bei einem königlichen Fest von Gästen benutzt und später mit heimgenommen. Da die Form sich von der Form der Kanne herleitet, die bei den Anthesterien in Athen benutzt wurde, mögen diese Kannen bei jenem Fest gebraucht FIG. 12 worden sein, für das Ptolemaios II. einmal sein Zelt baute. Die Königin steht schön drapiert (auf einigen Exemplaren kann das Wort »archaistisch« zu Recht für die Falten angewendet werden) mit einem doppelten Füllhorn in der linken und einer Trankopferschale in der rechten Hand. Sie verkörpert wahrscheinlich Glück und Segen. Hinter ihr befindet sich eine hohe Säule, um die sich eine lange Ranke windet und die vielleicht eine gewisse Analogie zu dem »Maibaum« der athenischen Anthesterien bildet. Die Gestalt spendet ein Trankopfer auf einem Altar, der nach links herausgerückt ist. Auf einigen Exemplaren kommt eine zottige Ziege hinter dem Altar hervor, für das Opfer bereit. Der Zusammenhang mit Dionysos wird ferner durch die Paposilenen- und Satyrmasken oben und unten auf den Henkeln dieser Krüge deutlich; sie wiederholen zeitgenössische alexandrinische Satyrspiel-Masken. Die hohe Säule und der weite Zwischenraum verbinden diese mythischen ländlichen Szenen mit dem Delos-Relief und dem athenischen Kantharos; und wie auf dem Delos-Relief hat die Göttin die Züge der Königin von Ägypten. Im gebildeten Alexandria ist die ländliche Szene mythisch, aber die Gestalten im dargestellten Mythos können auch durch zeitgenössische Sterbliche vertreten werden.

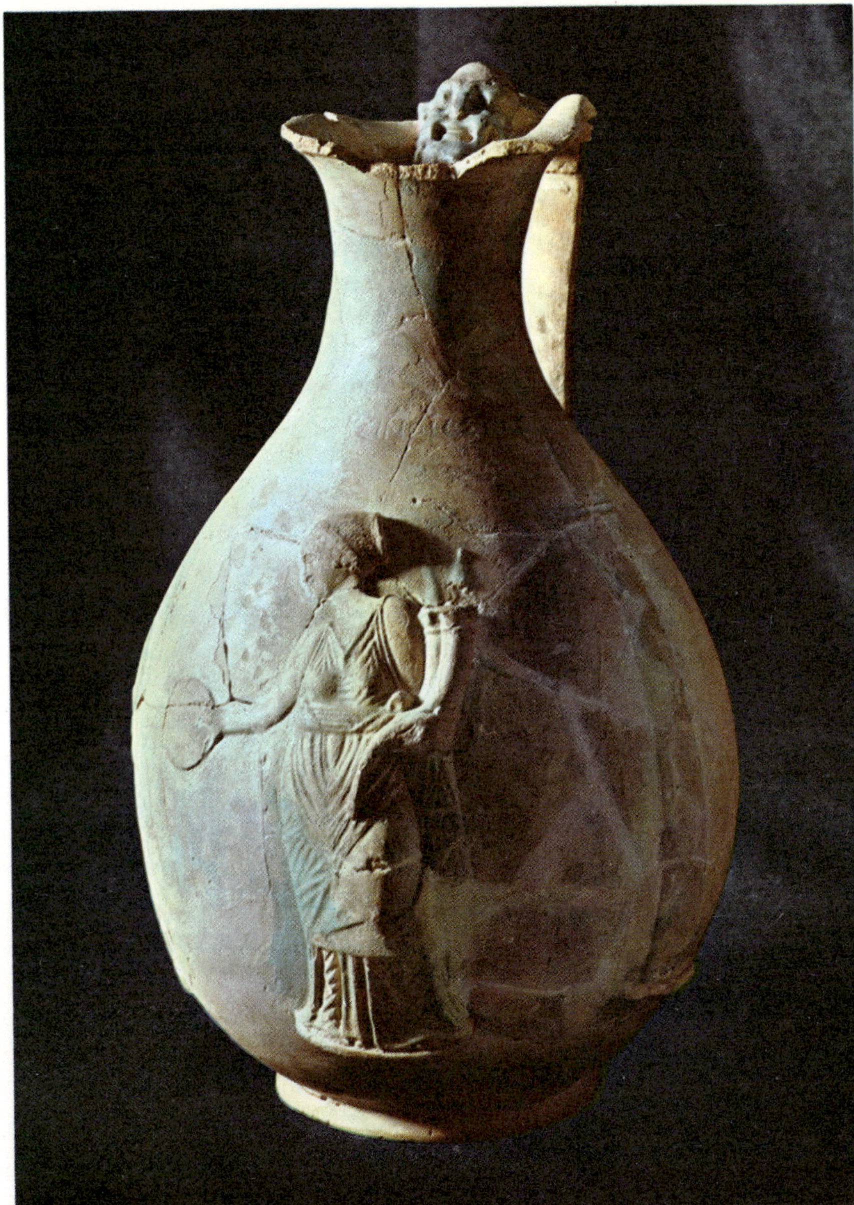

Oinochoe (Weinkanne) mit der Darstellung einer ptolemäischen Königin mit Füllhorn und Trankopferschale. Aus Alexandria. Um 280–270 v.Chr. Fayence. *British Museum, London. Vgl. Seite 72*

FIG. 13 Es ist jedoch nicht notwendig, ein bezauberndes Marmorrelief aus Tralles in Kleinasien, das aus stilistischen Gründen in das 3. Jahrhundert datiert worden ist, mythisch zu interpretieren. Ein Mann im kurzen Chiton eines Bauern knüpft unter einem Planerenbaum ein Seil an einem Ring fest; Laub, Stamm und Frucht des Baumes sind schön dargestellt. Mit dem Seil war ein Tier vor dem Opfer an einem ländlichen Heiligtum gefesselt. Die weiten Zwischenräume verbinden diese mit alexandrinischen und attischen Hirtenszenen, aber hier endlich scheinen wir eine einfache ländliche Szene ohne komplizierte Obertöne vor uns zu haben.

Ptolemaios II., der die neue, von seinem Vater ins Leben gerufene alexandrinische Kultur glänzend weiter entwickelte, war in Kos geboren, und zu seinen Lebzeiten war Kos eine Art Anhängsel alexandrinischer Kultur. Kos war der Geburtsort des bedeutenden Arztes des 5. Jahrhunderts Hippokrates und hatte bereits zu seiner Zeit einen Asklepios-Tempel, von dem jetzt nichts mehr erhalten ist. Der Bezirk des Asklepios wurde in hellenistischer Zeit mit einem Altar des 4. Jahrhunderts, einem Tempel des 3. Jahrhunderts und zwei Tempeln des 2. Jahrhunderts sowie zahlreichen anderen Gebäuden großartig ausgebaut.

Asklepios-Tempel zu Kos

FIG. 14 Der Tempel aus dem frühen 3. Jahrhundert war ein einfacher ionischer Bau, der innen in eine Vorhalle und ein inneres Heiligtum unterteilt war, welches einen tief eingelassenen Schatz umschloß. Der Altar, der etwa 12 m von der Front des Tempels entfernt stand, war einer Anzahl von Göttern geweiht, die mehr oder weniger mit Asklepios in Zusammenhang standen. Auf dem Altar befand sich die Plattform, auf der Opfer dargebracht wurden; unten war er von einem Säulengang umgeben, in den Weihgaben gelegt werden konnten. Der Altar und der frühhellenistische Tempel bilden die Szene für Herondas' »Vierte Mimiambe«, die uns ein wertvolles Bild von den Reaktionen zweier gewöhnlicher hellenistischer Frauen, die einen Tempel besichtigen, gibt. Herondas' Gedichte bilden mit einigen Gedichten Theokrits und den beiden letzten Hymnen des Kallimachos eine Gruppe kurzer Gedichte, die eine realistische und etwas beißende dramatische Darstellung einer Alltagsszene geben, aber archaische Metren und recht verkünstelten Dialekt benutzen.

Die Frauen sind gekommen, um Asklepios einen Opferhahn darzubringen, da eine von ihnen, Kokkale, krank gewesen ist; die andere, Kynno, nimmt für sich in Anspruch, sich in Tempeldingen gut auszukennen. Kynno verrichtet am Altar stehend das Gebet an alle möglichen einschlägigen Götter und Heroen. Sie weist Kokkale an, ihre Tafel rechts von dem Standbild der Hygieia (Gesundheit) aufzuhängen. Die Tafel ist aus Ton oder Holz, entweder mit einem Bericht über die Heilung oder einer Darstellung des kranken Körperteils oder mit einer Darstellung von etwas oder jemand, der mit Asklepios zusammenhängt, versehen.
Die Statue der Hygieia bildete mit Asklepios eine Gruppe und stand vermutlich an der Altarwand, an die Kokkale ihre Tafel hängen soll. Die Frauen bewundern die Statuen und lesen die Inschrift, die besagt, daß sie von den Söhnen des Praxiteles geschaffen und von Euthias, Sohn des Praxon, geweiht seien. Fragmentarische Statuen des nachpraxitelischen Stils sind in der Nähe des Altars gefunden

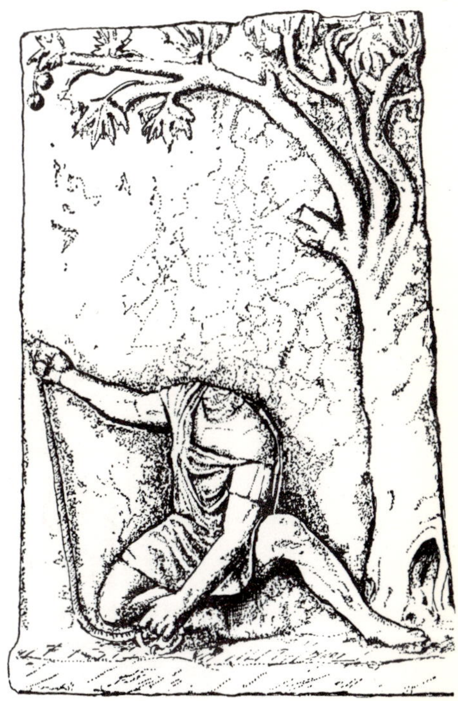

Fig. 13 – Marmorrelief mit der Darstellung eines Mannes, der ein Opfertier festbindet. 300–200 v.Chr. Aus Tralles in Kleinasien. Vgl. Seite 74, 79

worden und als eine Tochter des Asklepios, Hygieia, und Aphrodite, die auch mit Asklepios in Zusammenhang gebracht wird, identifiziert worden.

Dann betrachten die Frauen, ehe sie den Tempel selber betreten, vier weitere Weihgaben. Es ist nicht klar, ob diese auch vor dem Altar, ob sie zwischen Altar und Tempel oder auf den Sockeln entlang der Südwand des Tempels standen. Kokkale ruft aus: »Sieh das Mädchen, das zu dem Apfel hinaufstarrt. Könnte man nicht sagen, sie stirbt, wenn sie ihn nicht bekommt? Und dieser alte Mann! Bei den Parzen, der Junge erwürgt die Gans. Wenn es nicht offensichtlich Stein wäre, könnte man glauben, er wird gleich anfangen zu sprechen. Bald werden die Menschen imstande sein, dem Stein Leben zu geben. Siehst du jene Statue der Batale, der Tochter der Myttes, diese Haltung? Jemand, der Batale noch nicht gesehen hat, brauchte nur ihr Bildnis anzuschauen, um sie kennenzulernen.« Kokkales Maßstab ist Realismus, und der alte Mann, vermutlich ein Porträt, muß einer der »alten Verlassenen« gewesen sein. Das

Fig. 14 – Grundriß und Fassade des Tempels B zu Kos. 300–270 v.Chr. Vgl. Seite 74

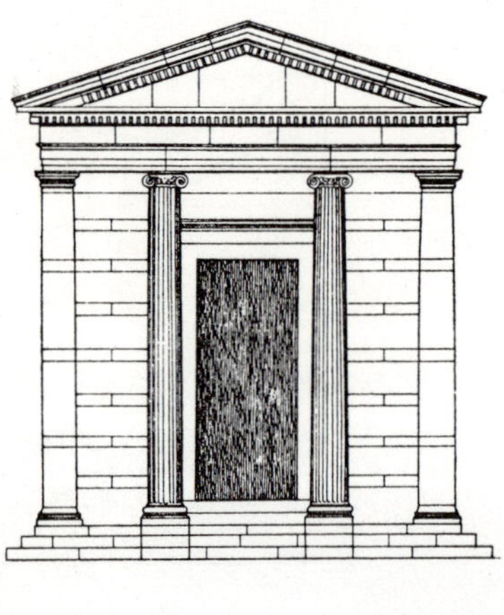

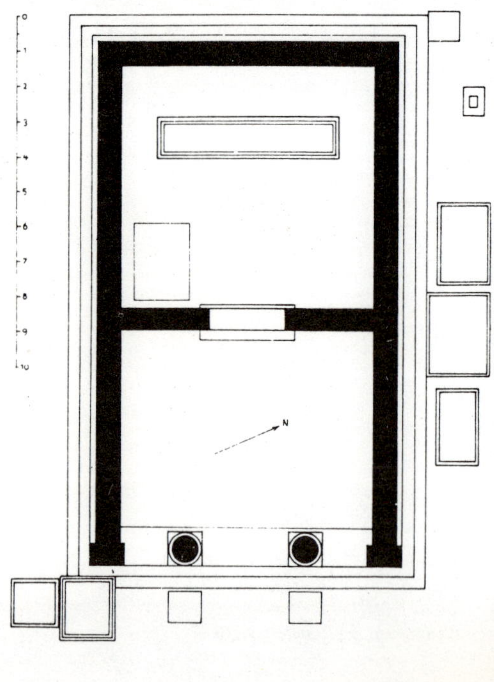

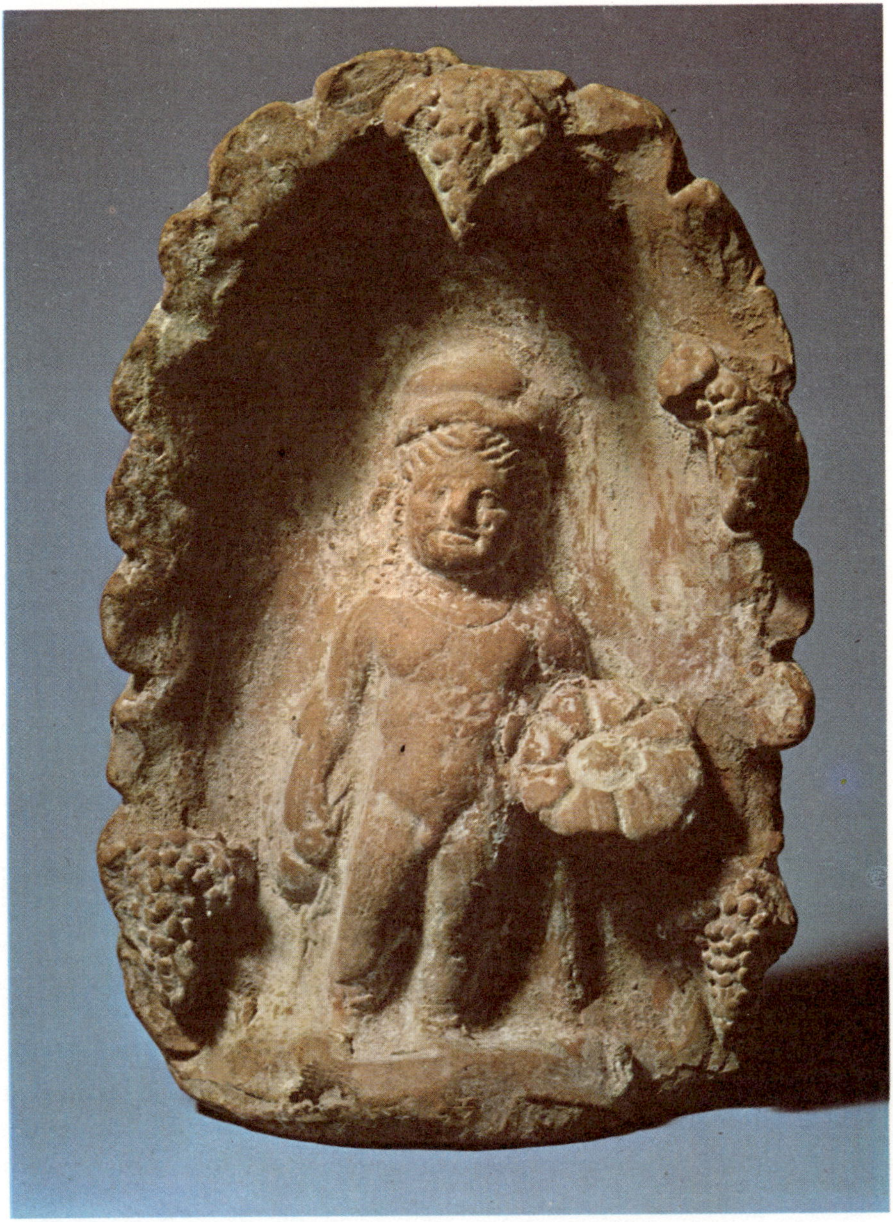

Dionysos in der Höhle der Nymphen. Um 300–275 v. Chr. Von der Athener Agora. Tonvase.
Agora-Museum, Athen. Vgl. Seite 66, 69, 78

Mädchen, das den Apfel anblickt, ist verschieden gedeutet worden. Wahrscheinlich ist es ein Relief mit einem Mädchen, das nach oben greift, um einen Apfel von einem Baum zu pflücken; das Thema kommt auf einem späteren Grabrelief aus Ephesos vor. Dies ist ländliche Kunst im gleichen Sinne wie das Relief aus Tralles. Der Junge mit der Gans könnte die Gruppe sein, die von einer römischen, in
FIG. 15 Ephesos gefundenen Kopie her bekannt ist; der Bildhauer war Boethos von Karthago. Diese beiden Weihgaben benötigen keine komplizierte Erklärung; sie sind einfach Weihgeschenke von Eltern aus Dankbarkeit für die Genesung zweier Kinder von einer Krankheit. Eine Seite des hellenistischen Realismus ist die realistische Dar-
ABB. SEITE 77 stellung von Kindern: der pausbäckige Dionysos in der Höhle der Nymphen ist ein vorzügliches Beispiel, und es gibt viele bezaubernde kindliche Eroten in Terrakotta aus verschiedenen Gegenden.

Das Bildnis der Batale ist aufgrund des Namens als Porträt einer Hetäre gedeutet worden, und Kallimachos schrieb ein Epigramm auf eine ältere Hetäre, die ihr Bild der Aphrodite weihte. Doch die männliche Form, Batalos, ist der Name des Flötenspielers des Nykterinos auf dem Thasos-Monument; und da Namen oft mit Berufen übereinstimmen, könnte Batale eine Unterhalterin gewesen sein. Gewiß kann ihre lebensechte Haltung trefflich durch die Bronze-
B. A. 13 statuette einer Tänzerin in der Baker Collection veranschaulicht werden. Sie stammt aus dem späten 3. Jahrhundert und wirkte wahrscheinlich bei einem Dionysos- oder Demeter-Kult mit; doch die Grenze zwischen Kult und Unterhaltung war nicht sehr klar: schließlich könnte man das Symposion als einen Dionysos-Kult ansehen. Sie trägt langen Chiton, gesäumtes Himation und Schuhe; außerdem hängt ihr ein dünner Schleier über das Gesicht. Die Statuette ist wahrscheinlich in Alexandria entstanden, doch dahinter steht die Tradition der auf Praxiteles zurückführenden Tanagra-Statuetten; der komplizierte Faltenwurf und die Durchsichtigkeit
ABB. SEITE 50, 63 des Himations, das die Chitonfalten durchscheinen läßt, weist sie in ein fortgeschrittenes Stadium dieser Linie. Andererseits gehört die vollendet ausgeführte Komposition von Dreiecken in verschiedenen Ebenen in die Tradition der Tyche von Antiochia und von Lysipp. Doch die Möglichkeit der Überschneidung dieser beiden Traditio-

nen wurde bereits im späten 4. Jahrhundert realisiert, als ein Sohn des Praxiteles und ein Schüler des Lysipp gemeinsam ein Bildnis der Anyte schufen. Die Tänzerin der Baker Collection ist ein kleines Meisterwerk. Sie gehört eigentlich mehr in die mittel- als in die frühhellenistische Periode, doch die Verbindungen zurück zu Praxiteles und Lysipp sind so deutlich, daß es berechtigt erscheint, sie hier einzuordnen.

Nach den Ausrufen über Batale betreten die beiden Frauen bei Herondas den Tempel: »Es herrscht Tageslicht, und das Gedränge wird größer; die Tür ist offen und wir können in das Heiligtum gehen.« Sie werfen einen zustimmenden Blick auf die Plastik, doch Kokkale ist von einem Bild gefesselt: ein nackter Knabe mit warmer, zarter Haut; eine silberne Feuerschale, die die Habgier eines Einbrechers entzünden könnte; ein Rind, von einem Mann geführt, neben ihm eine Frau, ein Mann mit Hakennase, ein stumpfnasiger Mann – alle voller Leben und das Rind mit erschreckend rollendem Auge. Kynno erzählt ihr, daß dies ein Werk des Apelles sei, der »eilte, die Götter zu erreichen«, und daß jeder, der ihn nicht wertschätzte, gehängt werden sollte.

An diesem Punkt verkündet ein Tempeldiener die Annahme ihres Opfers, und Kynno weist Kokkale an, einen Kuchen in die Höhle der Schlange zu legen, ohne zu sprechen. Die Schlangenhöhle ist die unterirdische Schatzkammer, die auf dem Tempelplan im inneren FIG. 14
Heiligtum zu sehen ist. Zu jener Zeit war der Kuchen kein Kuchen mehr, sondern eine Geldspende. In Ptolemais hatte der Asklepiostempel eine ähnliche Schatzkammer und der Deckel hatte die Form einer aufgerichteten Schlange mit offenem Maul, um die Münzen in Empfang zu nehmen. In Kos jedoch befand sich im Deckel nur ein einfaches Loch; die Schlange würde Kokkale sicher erschreckt haben, und Kynno sagt nur »die Schlangenhöhle«. Die Schlange war Asklepios nicht nur heilig, der Gott konnte auch selber in Schlangengestalt erscheinen.

Das Bild des Apelles, das Kokkale bewundert, gehört zu einer langen Tradition von Opferbildern, die bis zu den Anfängen der griechischen Kunst zurückverfolgt werden kann. Das Bronzerelief in Delos ist ein vorzügliches Beispiel, und das Tralles-Relief gibt als Frag- FIG. 11, 13 ment eine ähnliche Szene wieder; die erhaltene Figur entspricht auf Apelles' Bild dem Mann, der das Rind führt. Der Knabe mit zarter, warmer Haut entzündet das Feuer auf dem Altar wie einer der Satyrn auf dem Delos-Relief; er benutzt die silberne Feuerschale; die Frau trägt wahrscheinlich den Korb auf dem Kopf, der Opfermesser, Opferkorn und Weihrauch enthält; ihr Platz wird auf dem Delos-Relief von dem Satyr mit einer Kornschwinge auf dem Kopf eingenommen. Der hakennasige Mann dürfte der Herr der Familie sein, die das Opfer darbrachte und das Bild weihte. Der stumpfnasige Mann ist vermutlich ein Sklave.

ABB. SEITE 83 Ein zeitgenössisches Werk ist erhalten, das Kokkales Aufregung über die silberne Feuerschale erklärt. Eine Gruppe von Hydrien, nach der Nekropole, in der viele von ihnen gefunden wurden, unter dem Namen Hadra-Ware bekannt, wurde im 3. Jahrhundert in Alexandria hergestellt; die sparsame Dekoration auf dem Vasenbauch ist oft interessant. Eine zeigt das Bild einer Silberschüssel; es ist schwierig zu erkennen, aber der Maler war offensichtlich an den Lichtwirkungen auf glänzendem Metall interessiert, und »es scheint sogar ein Glanz von reflektiertem Licht auf der Kante der beschatteten Seite zu liegen.« Ein alexandrinischer Maler, Antiphilos, malte einen feueranblasenden Knaben so, daß das Licht auf den Wänden des Raumes und dem Gesicht des Knaben reflektiert wurde. Die wiedergegebene Szene muß nicht unbedingt ein Opfer gewesen sein, obwohl es ein Opfer im Innern eines Tempels gewesen sein könnte. Es ist unser erstes Beispiel für Lichteffekte in einer Interieurszene. Von den alexandrinischen Dichtern ist Apollonios Rhodios offensichtlich am meisten an Lichtwirkungen interessiert. Das zeigt sich in seinen Beschreibungen und in seinen Vergleichen: Medeas aufgewühltes Herz wird verglichen mit einem Sonnenflimmern, das

»die Wände des Hauses umzittert,
widergestrahlt vom Wasser, das man soeben in Eimer
Oder in tiefe Becken gefüllt; nun flimmert der Lichtstrahl
Hier und dort umher und springt in schnellem Gezitter.«
Und Jason hält das Goldene Vlies in den Händen,
»wie auf dem zarten Gewande die Maid des gerundeten Mondes

Vollen Glanz herab vom Dache ihres Gemaches
Unten empfängt.«

Hier wie in seiner Liebe für Landschaftsblicke ist er der Malerei mindestens ebenbürtig.
Bei Herondas sagt Kynno, daß Apelles »die Götter erreichte« und zitiert damit praktisch Apelles' eigene Behauptung, daß Werke, die Zauber besitzen, »den Himmel erreichen«. Man kann daher mit Recht annehmen, daß Herondas zwei viel berühmtere Bilder in Kos ausließ – die aus dem Meer aufsteigende Aphrodite und das Bildnis des Antigonos – weil die Alltagsszene des Opfers mehr Elemente enthielt, um die Ausbrüche der Frauen hervorzurufen. Diese Frauen waren Vertreterinnen des einfachen Volkes, das Apelles für achtsamere Kritiker als sich selber hielt; Herondas muß diesen Ausspruch sicher gekannt haben.
Als Kynno einen Fluch auf Apelles' Kritiker herabruft, denkt sie an Antiphilos, den alexandrinischen Rivalen, der versuchte, Apelles in den Bann zu bringen, indem er ihn des Verrates beschuldigte; Ptolemaios erfuhr die Wahrheit und Apelles wurde gerettet. Er versinnbildlichte seine Erfahrung in einem allegorischen Bild. Wieviel davon wahr ist, wissen wir nicht; mindestens können wir die Rivalität zwischen den beiden Malern und die Existenz von Apelles' allegorischem Bild als Tatsachen ansehen. Auf ihm erschienen die Unwissenheit, der Argwohn, die (wie eine Furie ausgerüstete) Ver-

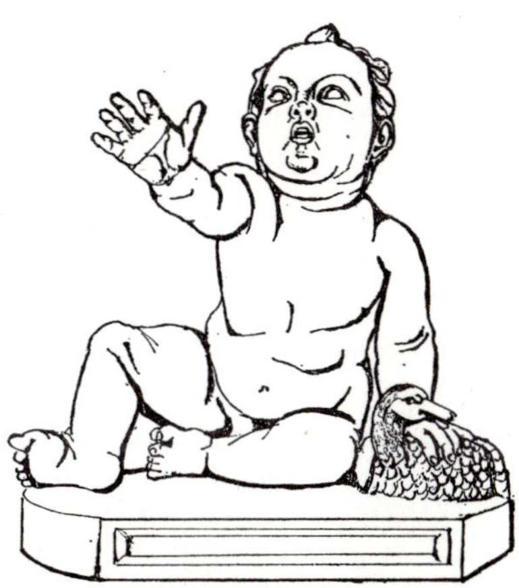

Fig. 15 – Knabe mit Gans. Aus Ephesos. Römische Kopie. Marmor. Höhe 55 cm. Kunsthistorisches Museum, Wien. Vgl. Seite 78

leumdung, der Neid (ein bleicher, häßlicher Mann mit stechenden Augen, von Krankheit aufgezehrt), die Tücke und der Betrug, die Reue (eine weinende Frau mit schwarzen zerfetzten Kleidern) und die Wahrheit. Hier arbeitete Apelles wieder in einer alten Tradition, Geisteszustände durch Personifikationen darzustellen: wir haben auf ein anderes frühhellenistisches Beispiel, die »Rasende Eifersucht« (Oistros, im Unterschied zu Apelles' Phthonos), auf der ABB. SEITE 21 tarentinischen Medea-Vase hingewiesen, und im späten 5. Jahrhundert waren den Dionysos begleitenden Mänaden die Namen von Geisteszuständen gegeben, die aus dionysischer Inspiration hervorgingen wie etwa Heiterkeit, Lebensfreude und Fröhlichkeit. Doch die Tradition bleibt lebendig, weil sie eine geeignete Methode bedeutet, um die genau zu unterscheidenden Geisteszustände, wie sie von Aristoteles und seinen Nachfolgern beschrieben worden waren, in der Kunst darzustellen. Apelles zeigte die psychologischen Faktoren im Bewußtsein eines Mannes, der einem Betrug erlag und ihn dann als unwahr entlarvte. In der gleichen Art konnte Menander Personifikationen von psychologischen Faktoren, die seine Charaktere beeinflußten, als Prologfiguren auf die Bühne bringen, wenn er glaubte, das Publikum bedürfe einer Anleitung, um die Handlung zu erfassen. Die Prologfigur der *Perikeiromene* ist die personifizierte Unwissenheit, weil das Nichtwissen einer wesentlichen Tatsache die Handlung in Gang bringt – der Held gerät in Raserei und schneidet seiner Geliebten die Haare ab, weil er nicht weiß, daß der junge Mann, der sie umarmt, ihr Bruder ist.

ZUSAMMENFASSUNG

Traditionelle Bindungen haben in der frühhellenistischen Epoche eine große Bedeutung. Die alten Städte hielten an Überkommenem fest, weil die hellenistischen Könige, so griechisch sie auch sein mochten, eine wiederkehrende Bedrohung für ihre ererbten Ideale und Institutionen bedeuteten. Die neuen Städte wie Alexandria wollten ihre Verbindung mit dem alten Ruhme Griechenlands betonen: dieses Anliegen zeigt das Beispiel der Exedra des Sarapieions sehr deutlich – ein neuer Gott und um ihn herum die Standbilder griechischer Dichter und Denker von Orpheus bis zur Gegenwart: dies ist die passende Atmosphäre für die gelehrte alexandrinische

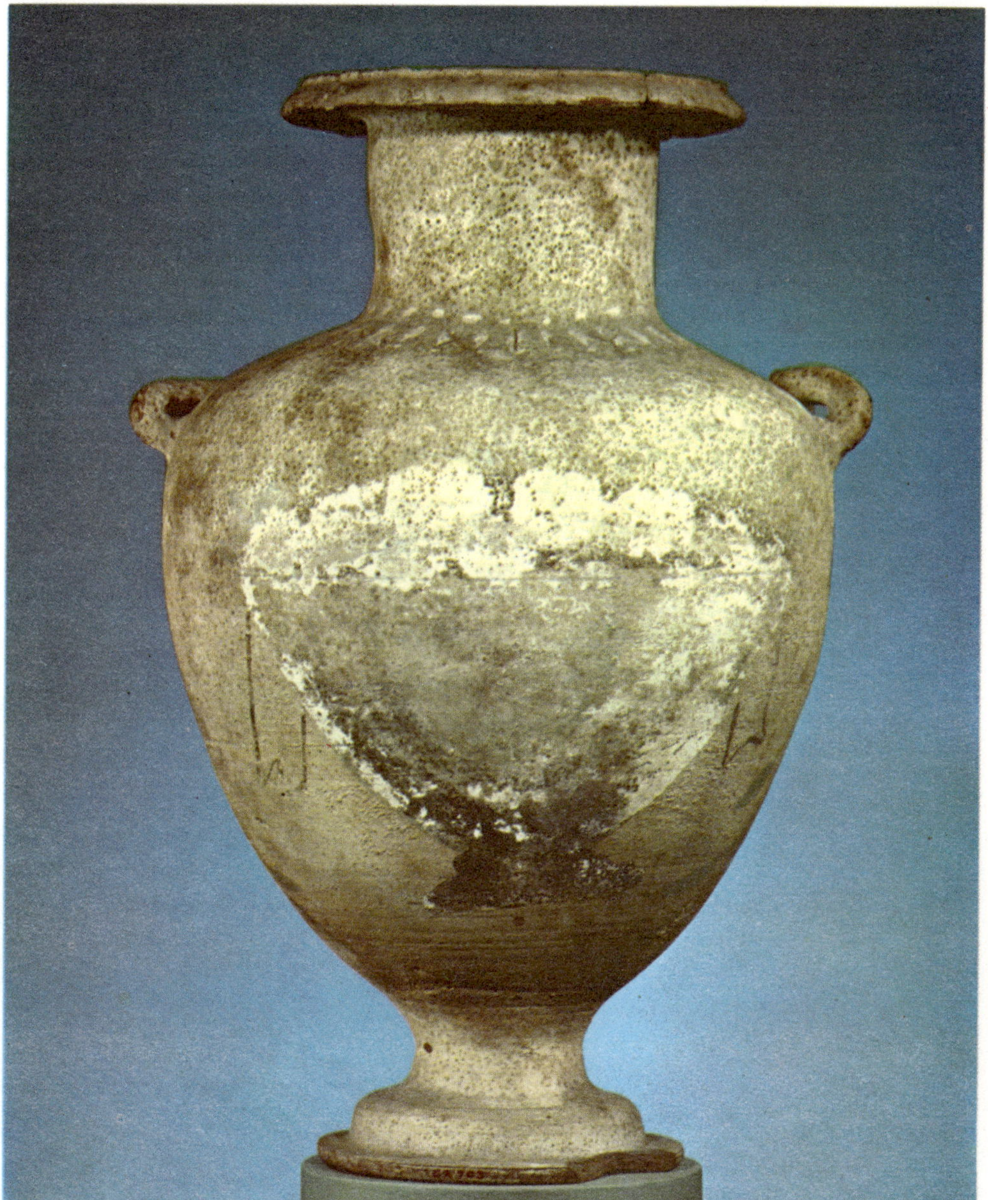

Tönerne Hydria aus der Nekropole von Hadra bei Alexandria (sog. Hadra-Ware). Um 270 v. Chr. *Metropolitan Museum, New York. Vgl. Seite 80*

Dichtung in archaischem Metrum und Dialekt. Der Archaismus ist in der Kunst weniger offensichtlich, doch die Eleganz nachpraxitelischer Posen und Faltenwürfe könnte leicht archaistisch werden. Der Gehalt vieler alexandrinischer Dichtungen ist dennoch trotz des Archaismus der Form realistisch und hat im Realismus der frühhellenistischen Porträtkunst eine Parallele. Hirtenpoesie und Hirtendarstellung in der Kunst entwickeln sich in einer neuen Weise und haben sowohl am Mythischen als auch am Zeitgenössischen teil; die Hirtenkunst zeigt die Möglichkeit der Entwicklung zu einer neuen Landschaftskunst, die der neuen Sehweise der Dichter entsprechen möchte. Dionysos ist eine zentrale Figur. Manche der neuen Könige identifizieren sich selber mit Dionysos. Er gab alten und neuen Griechen in gleicher Weise Hoffnung auf Unsterblichkeit. Dionysos war der Gott des Symposions, bei dem viel hellenistische Dichtung vorgetragen wurde, bei dem die in den Tanagra-Statuetten dargestellten schönen Frauen die Männer unterhielten, für das hellenistische Künstler Geräte wie Trinkgefäße, Mosaiken, Wandteppiche, Bilder und Statuen schufen. Dionysos war der Gott der Tragödie und Komödie, die jetzt ihre beiden eigenen Musen von Apoll beanspruchten; für Dionysos wurden Theater gebaut oder umgestaltet, Dramatiker schrieben und Spielleiter inszenierten mit neuen Kostümen und Masken für ihn, Chorgesänge wurden ihm zu Ehren geschrieben und aufgeführt, so daß das Theater, neben dem Symposion und dem Hof, ein bedeutender Förderer und Anreger der Kunst wurde. Die Verbindung von Dionysos mit den Nymphen und von Pan und Priapos mit Dionysos bringt ihn auch in die Hirtendichtung und -kunst; der Satyr, ob Hirte oder nicht, verbindet offensichtlich Hirtengedicht, Drama und Hoffnung auf Unsterblichkeit.

ABB. SEITE 65 Ein Teil der Kunst ist höfisch. Die Mosaiken von Pella und das Monument von Thasos wurden für einen reichen oder gar sehr reichen Förderer der Kunst geschaffen. Der Medea-Krater und die Menokles-Schale waren wahrscheinlich besondere Aufträge, werden aber nicht sehr teuer gewesen sein; ein reicher Mann würde beide in Bronze bestellt haben. Die Terrakotten wurden, wenn einmal das Original geschaffen war, in Mengen hergestellt und dienten als

Hausschmuck, Tempelweihgaben und Grabbeigaben der Armen. Der Unterschied zwischen der Kunst der Reichen und der Kunst der Armen beschränkt sich mehr auf Maßstab und Material als auf den Stil.

Die Stile der frühhellenistischen Kunst verfolgen Richtungen, die in der Mitte des 4. Jahrhunderts eingeleitet und ausgebildet wurden. Es war zweckdienlich, diese Richtungen gesondert zu behandeln. Das uns vorliegende Material unterscheidet sich beträchtlich in den verschiedenen Richtungen. Lysipps Schüler sind bekannt und der Einfluß der sikyonischen Malerei ist ziemlich deutlich. Praxiteles' Söhne tragen seine Kunst in das 3. Jahrhundert, und eine Weiterentwicklung ist in den Tanagra-Statuetten ganz deutlich. Der Stil, der mit Nikias, Euphranor und Bryaxis zusammenhängt, weist nach seinen Anfängen keine Belege auf: doch scheint ein erkennbares gemeinsames Element in jenen großen ernsten Figuren vorhanden zu sein, die oft direkt mit dem Beschauer in Beziehung treten – ob sie nun in Pella, Centuripe oder Alexandria gefunden worden sind. Künstler und Kunstwerke reisen so frei umher, daß die Stilrichtungen sich untereinander verflechten und die neuen Zentren wie Alexandria keinen eigenen Stil entwickeln.

Es wäre falsch, die frühhellenistische Kunst nur konservativ zu sehen. Sie ist traditionell, doch zeichnen sich, am deutlichsten in der Porträtkunst und in der Hirtenkunst, neue Entwicklungen ab.

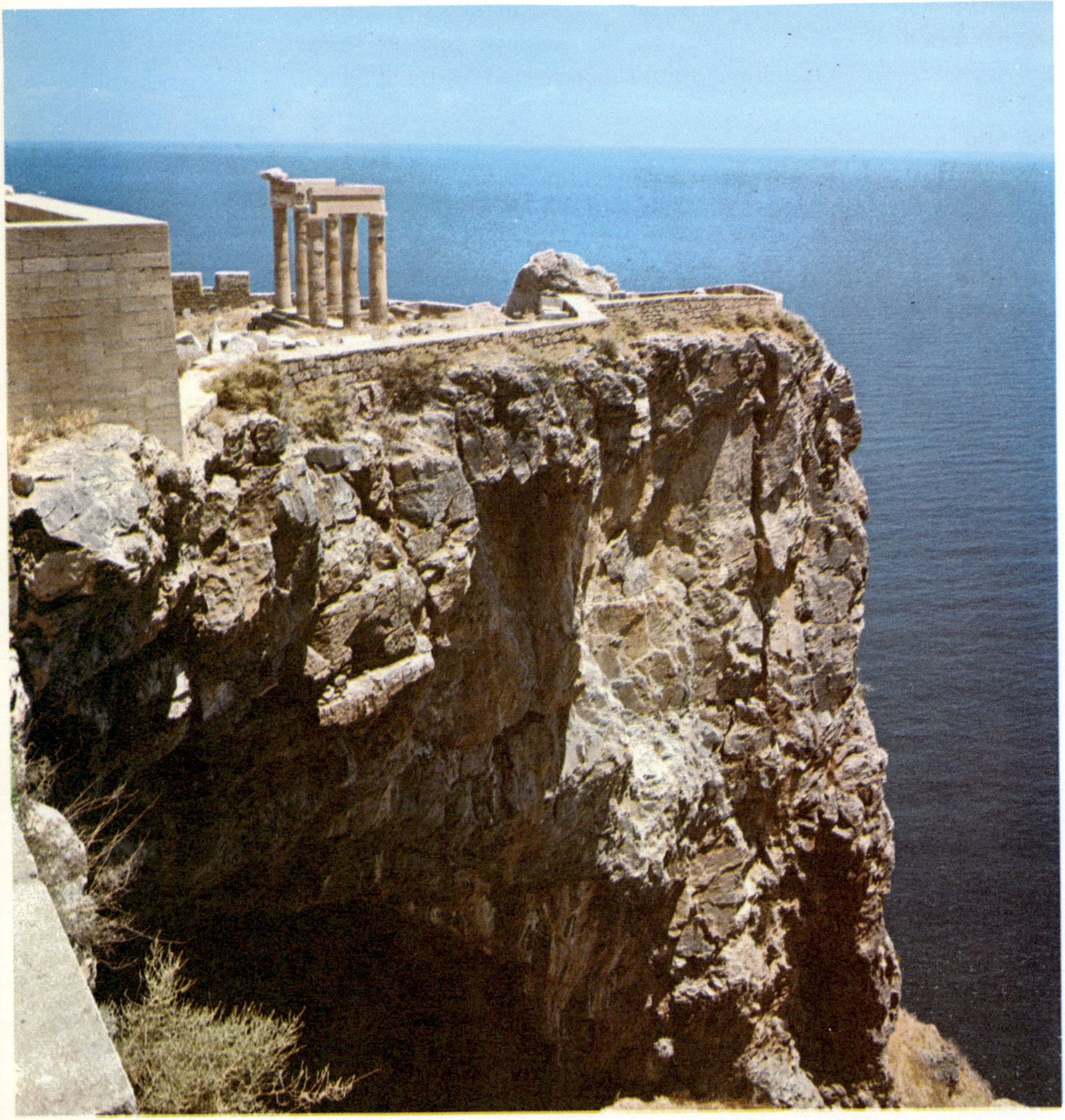

Die Akropolis von Lindos auf der Insel Rhodos. *Vgl. Seite 87f.*

II. DIE MITTELHELLENISTISCHE PERIODE

In der mittelhellenistischen Periode scheint uns die Plastik eine dramatische Qualität zu haben, die ihr früher fehlte. Dies liegt zum Teil daran, daß unsere Vorstellung von mittelhellenistischer Plastik vom Pergamon-Altar bestimmt ist; doch ist es eine Qualität, die ebenso in der Architektur wie in der Plastik auftritt. Sie ist nicht auf Pergamon und auf Gebiete unter dem Einfluß von Pergamon beschränkt, und in Wirklichkeit liegen ihre Anfänge vor der mittelhellenistischen Periode – in der Plastik bei Leochares, und in der Städteplanung zeigt sich ein Beispiel in der zentralen Anlage des *Architektur* Athena-Tempels zu Priene, der den Gitterplan der neuen Stadt beherrschte, die 350 v.Chr. erbaut wurde. Der Tempel selber wurde 334 v.Chr. geweiht, ist aber offenbar nicht vor dem 2. Jahrhundert beendet worden. Der klare und schön proportionierte ionische Tempel wurde von Pythios entworfen, der vorher das Mausoleum zu Halikarnassos gebaut hatte; er schrieb darüber ein Buch, das Vitruv bekannt war. Vitruvs zahlreiche Hinweise auf ihn zeigen, daß er im hellenistischen Zeitalter einen beträchtlichen Einfluß hatte.

Dramatik in der Architekturplanung erfordert weite Treppenfluchten und lange Säulenhallen. In Kos wurde die Anlage des Asklepios-Heiligtums im 2. Jahrhundert umgestaltet, so daß der frühhellenistische Tempel und Altar, den die Frauen bei Herondas besuchten, nur mehr zur Einleitung eines gewaltigen Treppenaufganges wurden, der durch ein Tor auf halber Höhe zu einem großen dorischen Tempel auf der oberen Terrasse führte; der neue Tempel stand in der Mitte eines riesigen Hofes, der auf drei Seiten von einer Säulenhalle umgeben war. Dieser Hof wiederholte in umgekehrter Richtung einen entsprechenden dreiseitig umschlossenen Hof, der den Eingang zu dem gesamten Bezirk – eine Terrasse unterhalb des frühhellenistischen Tempels und Altars – bildete.

Zwei rhodische Städte, Lindos und Kamiros, wurden ebenfalls im ABB. SEITE 86 2. Jahrhundert architektonisch dramatisiert, und die Wirkung ist noch heute sichtbar. Lindos hat eine außerordentlich schöne Akropolis mit einem Steilhang nach der Seeseite. Der alte Tempel auf der Höhe des Südwestrandes wurde um 330 v.Chr. durch einen neuen dorischen Tempel ersetzt. Ein zweiter Tempel wurde um 300 v.Chr. auf dem tieferen Nordwestrand erbaut. Etwa um die gleiche Zeit wurde der Zugang zu dem höheren Tempel mit einem edlen, säulengeschmückten Propylon nach dem Vorbild der Propyläen, die auf die Akropolis von Athen führen, versehen. Im 2. Jahrhundert wurde die weite Treppenflucht, die zu diesem Propylon führte, auf beiden Seiten durch Säulenhallen flankiert. So mußte man, wenn man die Akropolis aufsuchen wollte, zunächst zum unteren Tempel; dann drehte man sich um und erblickte die Stufen, die zu dem durch die untere Säulenhalle gebildeten Hof führten. Durch die untere Säulenhalle erreichte man die breite Treppe, die auf den durch das Propylon entstandenen Hof führte. Durch das Propylon gelangte man in einen anderen säulenumgebenen Hof mit dem oberen Tempel in der äußeren linken Ecke. Die Umbauten hatten die Wirkung einer Verschleierung des oberen Tempels durch aufeinanderfolgende Säulenvorhänge.

Kamiros war eine anziehende hellenistische Stadt. Sie zieht sich ein Tal hinauf, auf dessen Sohle sich eine Agora mit Tempeln befindet. Quer über die Höhe wurde im 2. Jahrhundert eine herrliche Säulenhalle gebaut, und diese verdeckte wiederum die Tempel, die sich hinter und über ihr befanden, so daß sie den Blick des Besuchers unerwartet trafen, wenn er die Säulenhalle durchschritten hatte.

Ehe wir auf Pergamon, die bewegteste und vom kunstgeschichtlichen Standpunkt aus bedeutendste mittelhellenistische Akropolis eingehen, mögen einige andere mittelhellenistische Bauten kurz be-
FIG. 16 trachtet werden. Priene hat ein gut erhaltenes Versammlungshaus, das über 600 Personen faßte; vermutlich wurde es eher für den Rat als für die Volksversammlung entworfen. Heute sind hauptsächlich die Sitzplätze erhalten. Eine Tür führt auf eine Straße zur Rückseite, eine zweite auf eine Seitenstraße linker Hand. Die Lage ist abschüssig und der Durchgang unten am Rathaus ist auch mit der dortigen Seitenstraße verbunden. Der quadratische Altar in der Mitte ist mit Stierschädeln, die Blumengewinde tragen, geschmückt.

Diese Art Dekoration wurde von der Mitte des 4. Jahrhunderts an üblich; sie paßt sowohl für einen Eßraum als auch für einen Altar; ursprünglich waren es Schädel von Opfern, die zu Ehren des Gottes und zur Speise seiner Anbeter getötet worden waren, und die Girlanden mögen Opfer wie Anbeter geschmückt haben. Das Opfer fand auf dem Altar statt, ehe der Rat zusammentrat. Das Merkwürdigste an dem Gebäude ist die Anordnung einer Bank an der Rückwand derart, daß die Würdenträger, die sie benutzten, ihre Füße im Raum und ihre Köpfe und Körper im Freien hatten: die Bank springt durch einen Torbogen hinter die Rückwand vor. Die Sitzenden befanden sich nicht in der Sonne, da die Wand sie abschirmte. Sie konnten durch den Gang hinter ihnen Botschaften empfangen und schicken, ohne den Hauptkörper des Rates zu stören.
Es ist interessant, hier den Bogen als architektonisches Element anzutreffen. Die Griechen waren in der üblichen Tempelarchitektur mit flachen Bauelementen, die Säulen verbanden und Eingänge überbrückten, so befangen, daß sie bis ins 3. Jahrhundert Bögen und Tonnengewölbe nur da benutzten, wo sie nicht in Erscheinung traten. Vielleicht angeregt durch die Kenntnis der Bögen des Ostens, setzte man sie jetzt gelegentlich an sichtbare Stellen; in Priene wurde im 2. Jahrhundert noch ein anderer Bogen, der den Eingang zur Agora bildete, errichtet.

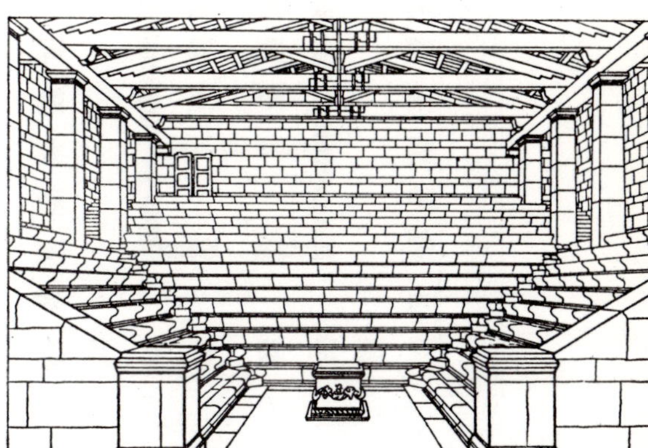

Fig. 16 – Versammlungshaus (Ekklesiasterion) von Priene. Um 200 v.Chr. Rekonstruktion. Vgl. Seite 88

FIG. 17, 18

Eine von Vitruvs bevorzugten Quellen ist der Architekt des 2. Jahrhunderts Hermogenes von Alabanda, der standhaft die dorische Ordnung zugunsten der ionischen zurückwies wegen der Schwierigkeiten, die Triglyphen in Beziehung zu den Säulen anzuordnen. Er baute den Tempel der Artemis Leukophryene zu Magnesia am Maeander. Sie war wahrscheinlich eine alte asiatische Muttergottheit, die hellenisiert und nun wegen ihrer Epiphanien berühmt war. Der Tempel stand auf einer Plattform, die über Stufen zugänglich war. Vor ihm befand sich ein großer Altar, der von Säulen mit Statuen dazwischen umgeben war, dem Altar zu Kos nicht unähnlich, der zu jener Zeit prachtvoller neu gestaltet wurde. Das eigentliche Tempelgebäude war in einen Vorraum, das Heiligtum und einen rückwärtigen Raum unterteilt und war von Säulen umgeben; doch anstatt die Säulen nahe an die Tempelwände zu setzen, rückte

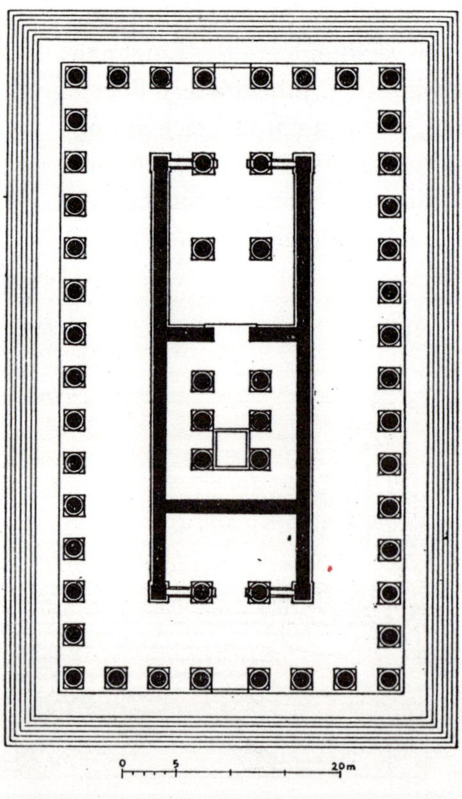

Fig. 17 – Grundriß des Artemis-Tempels in Magnesia. 200 v.Chr. Siehe oben

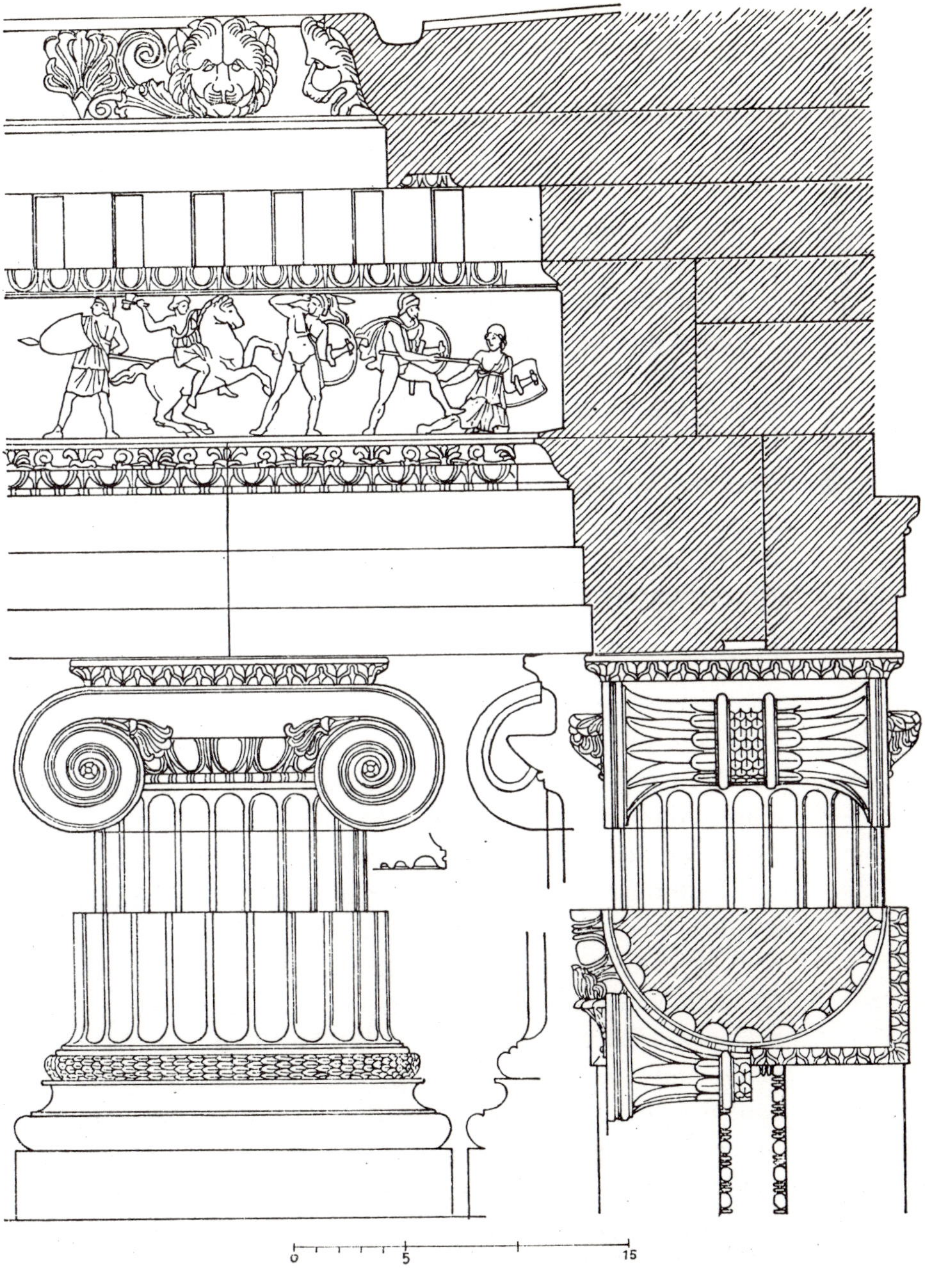

Fig. 18 – Säulenordnung, Fries und Gebälk des Artemistempels in Magnesia. Um 200 v.Chr. Vgl. Seite 90

Hermogenes sie weiter hinaus, so daß die Breite des den Tempel umlaufenden Durchgangs verdoppelt wurde. »Wenn«, sagt Vitruv, »ein unerwarteter Sturm eine große Menschenmenge an den Tempel fesselte, hatte sie viel Platz, um dort bequem zu verweilen.«

Die Giebel hatten keine Skulpturen, sondern große Blumenakroterien. Die Säulen hatten fein gearbeitete ionische Kapitelle und Basen. Der Fries war mit Reliefs von Kämpfen zwischen Griechen und Amazonen geschmückt. Der griechische Artemis-Tempel zu Ephesos war laut Kallimachos Nachfolger eines offenen Artemis-Heiligtums, das die Amazonen errichtet hatten; die Griechen besiegten die Amazonen, übernahmen aber ihre Göttin, und dies mag hier eine Anspielung darauf sein. Der Fries wiederholt Themen früherer Amazonomachien, besonders des Frieses vom Apollon-Tempel zu Bassai; selbst der kantige Stil ist nachgeahmt, doch ist das Relief viel höher. Hier ist schwerlich die Art der beabsichtigten Anspielung zu erkennen, die in der pergamenischen Gigantomachie zu finden ist; es scheint eher, daß der Entwerfer des Frieses, vielleicht Hermogenes selber, die Bassai-Plastik kannte und den Entwurf wiederholte.

B. A. 24 In Athen wurde der Tempel des olympischen Zeus, der von Peisi-
FIG. 19 stratos im 6. Jahrhundert begonnen worden war, im 2. Jahrhundert einen Abschnitt weiter gebracht, als Antiochos Epiphanes von Syrien zu den Kosten beitrug. Dies war eine großartige Geste an das kulturelle Zentrum der griechischen Welt. Ähnliche Gesten wurden, wie wir sehen werden, von den Königen von Pergamon und Ägypten gemacht. Diese Schenkung förderte den Bau des Tempels anscheinend bis zum Dachsims; er wurde im 2. Jahrhundert n. Chr. von Hadrian zu Ende geführt. Der Tempel hatte riesige Ausmaße und war von einer doppelten Säulenreihe umgeben. Die Säulen waren korinthisch, und dies ist ein frühes Beispiel für die Anwendung der korinthischen Ordnung bei einem großen Tempel. Die Kapitelle sind interessant, weil die den unteren Teil umgebenden Akanthosblätter von rankenartigen Voluten mit einer lilienähnlichen Blume darüber gekrönt werden. Dies ist die gleiche Art von Jelängerjelieber-Pflanze, die lange vorher auf dem Pella-Mosaik zu sehen war. Hier ist die Symbolik noch lebendig, die

Fig. 19 – Kapitelle und Gebälk am Olympieion in Athen. Um 170 v.Chr. Vgl. Seite 92

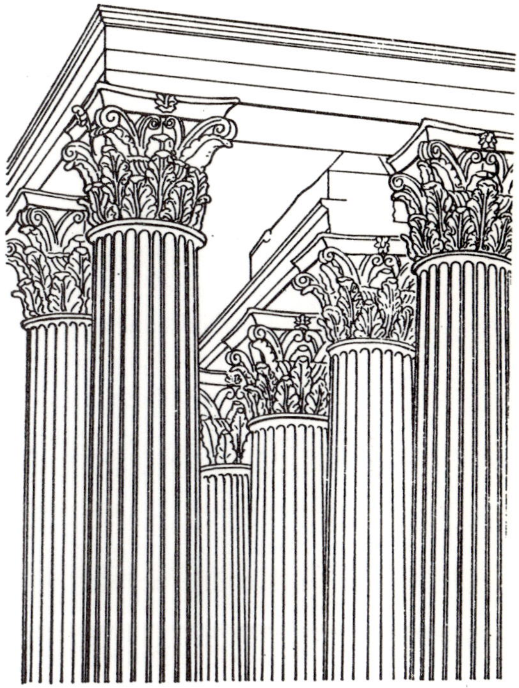

Pflanze deutet auf die himmlische Flora des Olymp hin, wo der olympische Zeus lebt. Der Architekt dieses Tempels wird von Vitruv *civis Romanus Cossutius,* römischer Bürger Cossutius, genannt. Das bedeutet nicht, daß er mehr Römer als etwa der hl. Paulus gewesen wäre; Vitruv würde nicht *civis Romanus* dem Namen von jemand hinzugefügt haben, der Römer im gewöhnlichen Sinne des Wortes war. Es ist interessant festzustellen, daß ein sehr berühmter griechischer Architekt römisches Bürgerrecht erhielt, wie auch immer er dazu gelangt sein mag. Die Information stammte vermutlich von der Inschrift auf einem Statuensockel, der am Tempel gefunden wurde. Der Name taucht wieder bei den Signaturen mehrerer Künstler des späten 1. Jahrhunderts v.Chr. auf, und es ist möglich, daß sie Nachkommen sind.

PERGAMON

Die glänzendste und einflußreichste mittelhellenistische Stadt war Pergamon, und der letzte König von Pergamon, Attalos III., hinterließ im Jahre 133 sein Königreich Rom; so kam eine sehr große Anzahl von Kunstwerken nach Italien, als sein Besitz versteigert wurde. Pergamon liegt auf einem Berg, der 300 m hoch steil über der Küstenebene gegenüber der Insel Lesbos aufsteigt. Einer von Alexanders Kampfgenossen, Lysimachos, der sich selber zum König von Thrakien und dem nördlichen Kleinasien machte, deponierte einen großen Schatz in der natürlichen Feste Pergamon und setzte einen Offizier, Philetairos, zum Befehlshaber ein. Philetairos fiel 282 v. Chr. von Lysimachos ab, und von dieser Zeit an befand sich Pergamon unter der Oberherrschaft von Seleukos; Philetairos errang 278 v.Chr. einen Sieg über die einfallenden Galater oder Gallier. Sein Neffe, Eumenes I., machte sich 263 v.Chr. unabhängig; ihm folgte sein Neffe Attalos I., der bis 197 v.Chr. regierte. Er besiegte 230 v.Chr. wieder die Gallier und ging ein Bündnis mit den Römern ein. Diese westliche Politik wurde von seinem älteren Sohn Eumenes II. und seinem jüngeren Sohn Attalos II. fortgeführt. Schließlich vermachte Attalos III., Sohn von Eumenes II., dem er 138 v.Chr. auf den Thron gefolgt war, sein Königreich testamentarisch an Rom.

FIG. 20 Attalos I. plante seine Hauptstadt als ein Zentrum der Kultur und begann mit dem Bauen, das von seinen Nachfolgern fortgesetzt wurde. Wie die Alexandriner gründete er eine Bibliothek und war damit so erfolgreich, daß Ptolemaios V. versuchte, ihre Entwicklung anzuhalten, indem er eine Sperre für den Export von Papyros aus Ägypten verhängte. Eumenes II. antwortete darauf mit der Einführung des Pergaments. Die Bibliothek und das Theater (das jedoch später bis zu einem gewissen Umfang neu gestaltet wurde) waren frühe zusätzliche Bauten zu der äußerst hohen Akropolis, deren beherrschender Teil der Athena-Tempel war, ein dorischer, von Säulen umgebener Bau, anscheinend zur Zeit des Lysimachos erbaut. Eumenes II. gab dem Athena-Tempel durch den Bau des großen Zeus-Altars im Süden ein Gegengewicht und schuf ein neues Propylon oder Tor, um einen seitlichen Blick auf den Athena-Tempel von der Landseite her zu ermöglichen. Attalos II. vervollständigte den Plan durch den Bau von Säulenhallen, die einen dreiseitigen Hof rund um den Athena-Tempel bildeten.

Pergamon sollte das Athen des Ostens werden. Attalos' Sieg über die Gallier sollte als ein Triumph der Griechen über die Barbaren,

Fig. 20 – Plan der Akropolis von Pergamon mit Bibliothek, Theater, Athenatempel, Zeusaltar und Dionysostempel. 200–150 v.Chr. Vgl. Seite 94

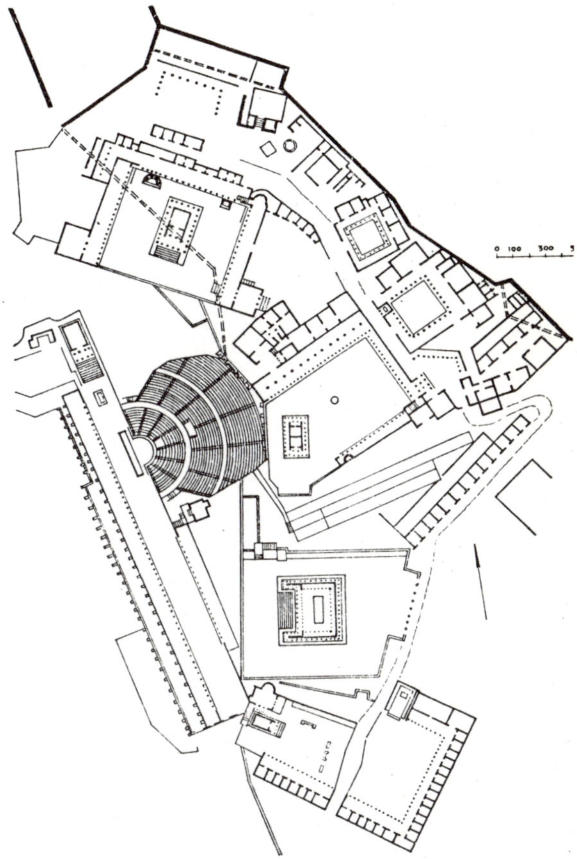

wie der athenische Triumph über die Perser, gewertet werden. So war der Zeus-Altar der Parthenon der Pergamenen; und der Athena-Tempel, der diese Symbolik nicht tragen konnte, erhielt durch den Bau des Propylon etwas Ähnlichkeit mit dem Parthenon, weil der Betrachter einen ähnlichen Blick schräg zur Seite vor sich hatte, wie wenn er aus dem Parthenon-Tor auf der athenischen Akropolis hinaustrat.

Attalos I. begründete diese großartige Entwicklung, die uns später beschäftigen wird. Er war der Begründer der Bibliothek, er errichtete auf der Akropolis zu Athen ein Monument zum Andenken an seinen Sieg über die Gallier, und er mag seinen jüngeren Sohn zum

Attalos I.

Gallier

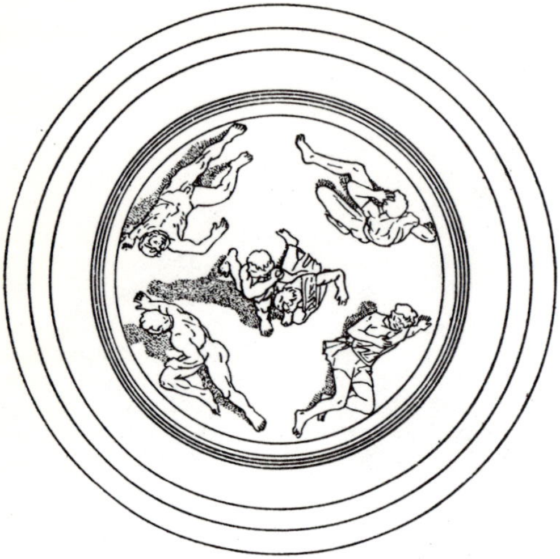

Fig. 21 – Monument zum Andenken an den Sieg von Attalos I. über die Gallier. Blick von oben auf die Grundrißdisposition des auf runder Basis stehenden Denkmals. Siehe unten

Studium nach Athen geschickt haben. Das Monument, das er in Pergamon zur Erinnerung an seinen Sieg über die Gallier errichtete, ist durch römische Kopien bekannt und kann rekonstruiert werden. Es stand im Athena-Heiligtum. Auf einer großen runden Basis mit einer Inschrift wurde die Mitte von der gewaltigen Gestalt des

FIG. 21, 22 Galliers eingenommen, der sich sein Schwert in den Hals stößt, nachdem er sein Weib getötet hat; um dieses Paar herum waren vier sterbende Krieger gruppiert, von denen der bekannteste der sogenannte »sterbende Gallier« des Capitolinischen Museums ist. Die schrägen Körper der sterbenden Gallier führen das Auge aufwärts zu der lodernden Flamme der Mittelgruppe.

Was dieses Monument so fesselnd macht, ist teils die Charakterisierung der Figuren und teils die Komposition. Hier wurden die Sieger genialerweise weggelassen, die Macht des Sieges sollte durch die Großartigkeit und den Todeskampf der Besiegten gewürdigt werden. Die Agonie wird in ihrer äußersten Niederlage gezeigt, doch sterben sie stolz und trotzig in der Pracht ihrer herrlichen Körper, mit ihrem wilden dicken Haar und den goldenen Torques um den Hals. Hier ist der Realismus der »alten Verlassenen« der frühhellenistischen Zeit auf diese großartigen Nichtgriechen übertragen. Sie Barbaren zu nennen, hieße, den Geist der Weihung verfehlen; die Künstler mögen sich erinnert haben, daß Alexander jene

Fig. 22 – Vorderansicht des Monuments zum Andenken an den Sieg von Attalos I. über die Gallier. Eine Kopie des Sterbenden Galliers aus römischer Zeit (Figur links) wird im Museo Capitolino in Rom aufbewahrt; seine Höhe beträgt 93 cm. Vgl. Seite 96

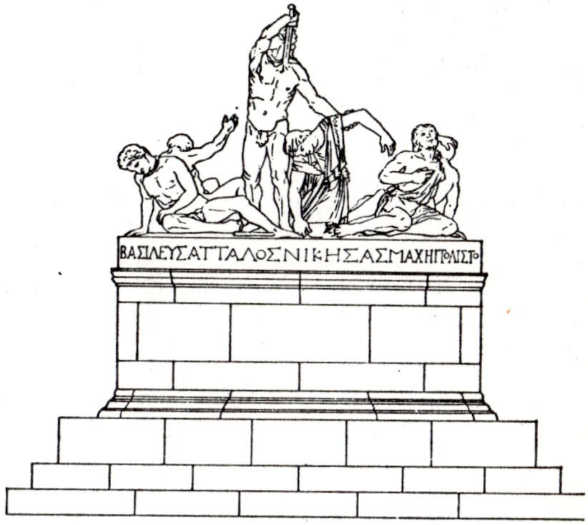

anderen Nichtgriechen, die Perser, so schätzte, daß er edle Griechen veranlaßte, edle Perserinnen zu heiraten: die Gallier mochten unzivilisiert und ungebildet sein, doch sie standen für etwas, das die Griechen respektieren konnten.

Das auf der Akropolis zu Athen errichtete Monument hatte nicht diese Beschränkung. Pausanias schreibt, daß Attalos den Kampf mit den Giganten, die Schlacht der Athener gegen die Amazonen, die Schlacht bei Marathon gegen die Perser und die wilde Flucht der Gallier in Mysien weihte. Da wir von Plutarch wissen, daß der Kampf mit den Giganten einen Dionysos einbezog, erscheint es wahrscheinlich, daß zu allen Gruppen sowohl Sieger als auch Besiegte gehörten. Attalos I. wollte in Athen (wie später sein Sohn in Pergamon, als er den Zeus-Altar baute) klar machen, daß sein Sieg über die Gallier den gleichen Rang wie Marathon oder die legendären Siege hatte, mit denen die Griechen des 5. Jahrhunderts Marathon verglichen hatten.

Hinter dem Hauptpaar des Monuments in Pergamon steht selbstverständlich die Tradition der griechischen Plastik. Die tiefliegenden wilden Augen erinnern an Skopas, die dramatische Pose des gespreizten Schrittes an Leochares, die Komposition mit ihrer Betonung der dritten Dimension und dem Fehlen eines einzelnen Blickpunktes erinnert an Lysipp; doch diese Elemente sind zu einer neuen herrlichen Einheit verbunden. Die dreidimensionale Kom- FIG. 23

position kann andernorts durch die Tyche von Antiochia zu Beginn des 3. Jahrhunderts v. Chr. und die Tänzerin der Baker Collection veranschaulicht werden, die gleichzeitig mit der pergamenischen Gruppe entstanden ist.

Andere Gruppen

Einige andere Gruppen und Figuren spiegeln den Stil der Mittelgruppe der Gallier wider. Die Komposition wird am deutlichsten in den Gruppen wiederholt, die Menelaos, den Leichnam des Patroklos, und Achill, den Leichnam der Amazonenkönigin Penthesileia tragend, darstellen. Die Originale müssen Werke eines Künstlers gewesen sein, der dem des Gallierpaares sehr nahe stand. Es ist selbstverständlich möglich, daß auch diese Gruppen von sterbenden Gestalten umgeben waren. Menelaos rettete nach einer größeren Schlacht nur den Leichnam des Patroklos; und das große klassische Bild des Achill, der Penthesilea tötet, zeigte eine zweite Amazone zu ihren Füßen. Es ist natürlich ebenso gut möglich, daß

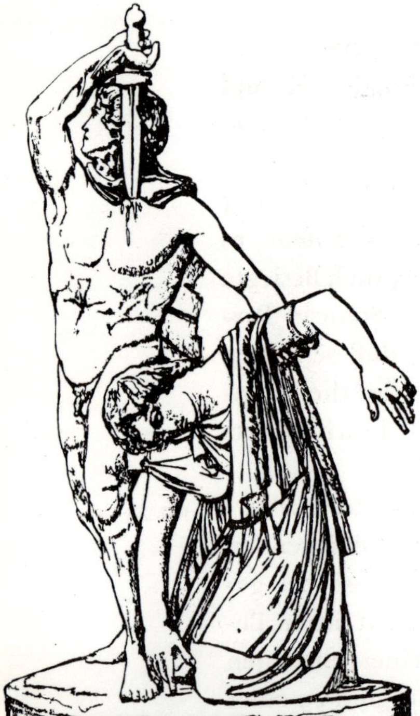

Fig. 23 – Marmorgruppe des Galliers, der sein Weib und dann sich selbst tötet. Römische Kopie. Höhe 2,11 m. Thermen-Museum, Rom. Vgl. Seite 97

Fig. 24 – Artemis und Iphigenie. 220–200 v.Chr. Aus Rom. Marmorgruppe. 1,22 m hoch. Ny Carlsberg-Glyptothek, Kopenhagen. Siehe unten

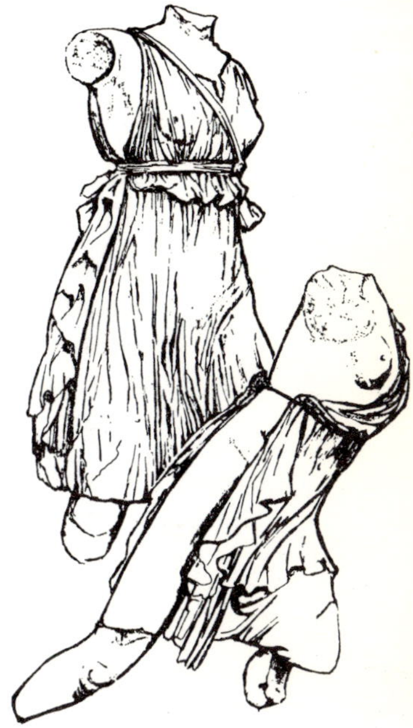

diese Gruppen auch zu Attalos' Monument in Pergamon gehörten. Träfe das zu (und der einzige Beweis dafür ist die gemeinsame Kompositionsweise), so waren sie auf eigene runde Basen gestellt, und die Gallier verloren nichts Wesentliches durch den Vergleich mit früheren griechischen Siegen.

Weniger nahe verwandt, doch auf der gleichen Grundidee einer fallenden Figur, die eine sinkende stützt, beruhend ist die originale Gruppe mit Artemis, Iphigenie und dem Hirsch (Ny Carlsberg Glyptothek, Kopenhagen), von der es heißt, sie bestehe aus kleinasiatischem Marmor mit Restaurierungen in italienischem Marmor; sie wurde in den Horti Sallustiani zu Rom gefunden. Die ihr gegebenen Datierungen haben von 340 bis zum 1. Jahrhundert v. Chr. geschwankt. Die Komposition spricht für das späte 3. Jahrhundert; doch der Formalismus der hängenden Falten könnte sie weiter bis ins frühe 2. Jahrhundert weisen, da sie eine enge Parallele bei datierten Terrakotten aus Myrina finden. Die Gruppe führt geradeaus nach hinten in die Tiefe mit Artemis hinter Iphigenie und dem Hirsch hinter Artemis; gleichzeitig ist eine starke diagonale Bewegung geschaffen, die von dem Altar in der vorderen rechten Ecke FIG. 24

Nike von Samothrake. Frühes 2. Jh. v.Chr. Marmor, Höhe fast 2 m. *Musée du Louvre, Paris.* *Vgl. Seite 102, 126*

zu dem Kopf des Hirsches verläuft. Doch trotz der Komposition in die Tiefe ist die Gruppe für eine Betrachtungsweise von vorne angelegt und kann nicht wie die Gallier auf einer runden Basis gestanden haben. Iphigenie sinkt zu Boden, als die Priesterin sie gerade töten will; in diesem Augenblick erscheint Artemis, zieht sie fort und setzt an ihre Stelle den Hirsch, so daß die Priesterin ihn und nicht Iphigenie tötet.

Laokoon Eine andere Tiefenkomposition mit sehr starker diagonaler Bewe-
FIG. 25 gung ist die Laokoon-Gruppe. Die Behandlung des Rumpfes und besonders des Kopfes von Laokoon rückt sie in die Nähe der per-

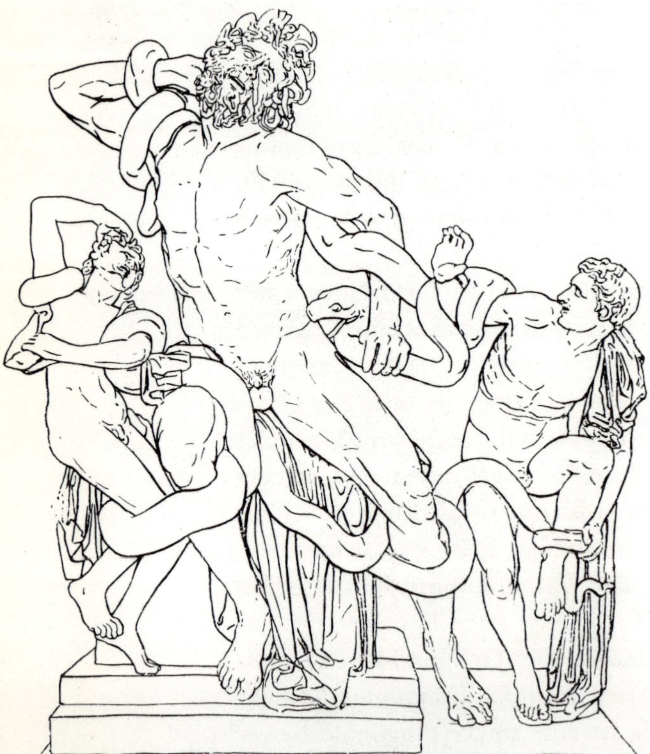

Fig. 25 – Laokoon-Gruppe. Werk der Bildhauer Hagesandros, Polydoros und Athenodoros aus Rhodos. Vermutlich römische Kopie. Marmor, Höhe 2,42 m. Vatikanische Museen, Rom. Siehe oben

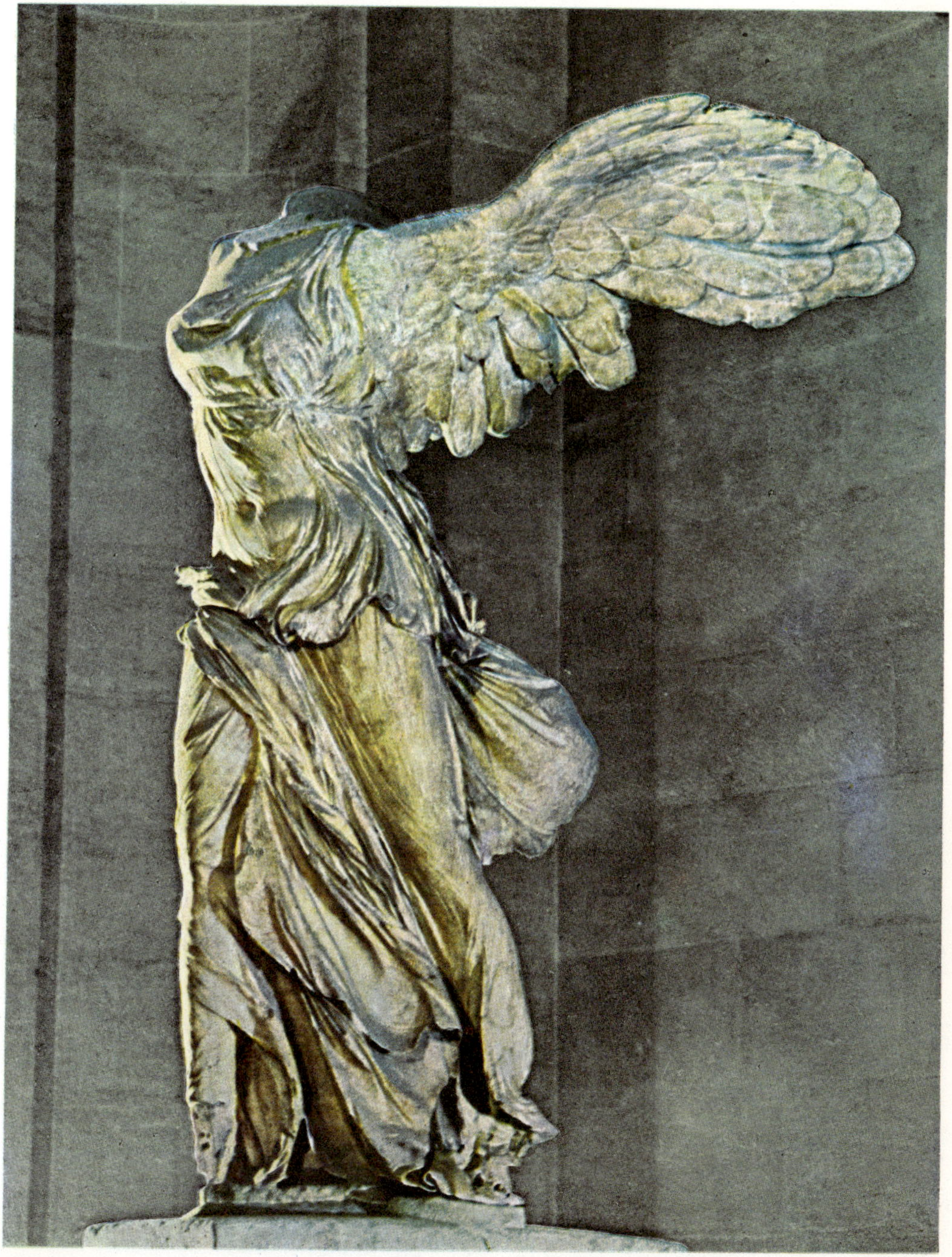

gamenischen Gallier und noch näher an die etwas späteren Giganten des Zeus-Altars, so daß der Stil in das frühe 2. Jahrhundert v. Chr. datiert werden kann. Die neue Rekonstruktion macht die Gruppe viel kompakter und unterstreicht die Gewißheit, daß Laokoon und der Sohn links vernichtet werden, während der Sohn rechts eine Möglichkeit zu entkommen hat. Laokoon war ein trojanischer Priester, der sich der Bereitwilligkeit widersetzte, das Hölzerne Pferd als Opfergabe für Athena anzunehmen; die Götter sandten zwei Schlangen über das Meer, um ihn zu töten; nach Arktinos, der eine »Plünderung Trojas« im späten 8. Jahrhundert v. Chr. schrieb, entkam der eine Sohn; der Künstler spielt auf diese Version an. Plinius beschreibt die Gruppe, die er im Palast des römischen Kaisers Titus sah, als »allen anderen Werken der Malerei und Plastik vorzuziehen« und nennt als die Künstler Hagesandros, Polydoros und Athenodoros von Rhodos. Signaturen von Künstlern dieser Namen sind vom 1. Jahrhundert v. Chr. an und später bekannt, und die vatikanische Gruppe kann also eine Kopie sein, doch wahrscheinlicher ist es, daß sie ein Original von Künstlern ist, die die Vorfahren einer langen Reihe rhodischer Bildhauer waren.

Nike von Samothrake

ABB. SEITE 101

Ein anderes berühmtes Original, das man lange wegen seines Stils und seiner dramatischen Komposition mit den pergamenischen Skulpturen in Verbindung bringen wollte, ist die Nike, die geflügelte Siegesgöttin, von Samothrake im Louvre. Ausgrabungen auf der Insel haben die Datierung ins frühe 2. Jahrhundert v. Chr. bestätigt und haben die ursprüngliche Stellung der Statue erhellt. In einem Wirbel von Falten landet sie auf einem Schiffsbug, der in einem Becken errichtet war, das von einem Aquädukt mit Wasser gespeist wurde, so daß es die Nike widerspiegelte. Die Farbe einer solchen Statue, die durch die wenigen Spuren, die sich auf alten Marmorfiguren erhalten haben, unzulänglich wiedergegeben wird, ABB. SEITE 104 kann man sich nach einer etwas späteren Terrakotta-Nike aus Myrina vorstellen, auf der die Farben sogar bis hinunter zu den winzigen weißen Seetieren, die den Saum ihres Chitons schmücken, gut erhalten sind. Diese Nike hat ihre Flügel verloren, doch die Schlitze, in die sie eingesetzt waren, sind auf dem Rücken zu sehen, und zwischen ihnen befinden sich die Löcher zum Aufhängen, die zeigen, daß sie schwebend gedacht war. Ein zweites Exemplar aus der gleichen Matrize hat die Maske eines Sklaven der Komödie in der einen Hand und eine Papyrosrolle in der andern; sie war also vermutlich ein Geschenk für einen siegreichen Komödiendichter. Solche Siegesgöttinnen wurden manchmal bei prunkvollen Darbietungen gebraucht. 97 v. Chr. verherrlichte Mithradates von Pontos, der sich selber (wie mehrere andere hellenistische Könige) der Neue Dionysos nannte, seine Macht im Theater zu Pergamon, und eine Siegesgöttin, die einen Kranz hielt, wurde mit einem Kran auf seinen Kopf heruntergelassen; die Siegesgöttin brach in Stücke und der Kranz fiel ins Theater. Diese Nike war vermutlich eine lebensgroße Figur. Die Grundidee ist bei der Myrina-Terrakotte wie bei der Marmorfigur aus Samothrake, die einen Flottensieg verherrlicht, die gleiche.

Kunst und Gelehrsamkeit

Die Themen Laokoon, Iphigenie, Achilles und Penthesileia, Menelaos und Patroklos, zeigen Interesse an der Mythologie. Zwei andere bekannte Gruppen, die den gleichen Gesamtstil und auch die Grausamkeit mancher pergamenischen Plastik haben, sind der »Apollon und Marsyas« und die »Bestrafung der Dirke«. Apollon sitzt lässigbequem, während ein skythischer Sklave sein Messer wetzt, um den Satyr Marsyas zu schinden, der in qualvoller Todesangst an einem Baum hängt. Die andere Gruppe stützte sich auf einen Botenbericht in Euripides' *Antiope* und zeigte Zethos und Amphion, die Dirke an einem Stier festbanden, damit sie anstelle ihrer Mutter Antiope in Stücke gerissen werden sollte. Die späte Kopie hat viele Ergänzungen und Rekonstruktionen, gibt aber noch eine Vorstellung von der ungeheuren Kraft der ursprünglichen pyramidalen Komposition; das Original in Rhodos stammte nach Plinius von Apollonios und Tauriskos von Tralles, die Adoptivsöhne des Menekrates von Rhodos waren, der Bildhauer und vielleicht auch Architekt des Zeus-Altars zu Pergamon war.

Der Laokoon spielt auf eine einzelne Version der Geschichte an, in der einer der Söhne entkam. Der Helm des Menelaos ist mit einem Leoparden und mit einem Adler geschmückt, dessen Schwanz in Schlangen endet. Diese sind als symbolisch für Menelaos' Irrfahrten nach Libyien und Äthiopien gedeutet worden. Diese Details gehen

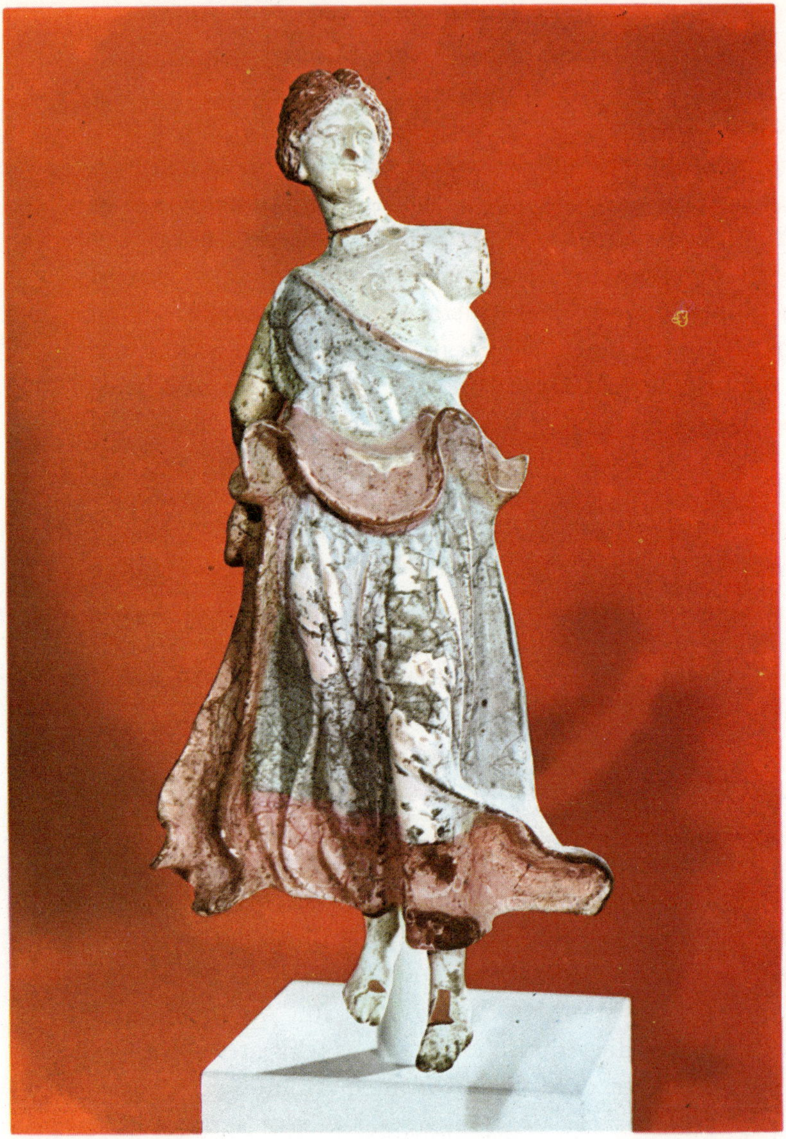

Fliegende Nike aus Myrina. Um 150–130 v. Chr. Terrakotta-Statuette. *Leland Stanford Jr. Museum, Stanford University, California. Vgl. Seite 102*

über das populäre Interesse an Mythologie hinaus; sie zeigen ein Interesse an der Gelehrsamkeit. Sie besagen nicht notwendigerweise, daß die Künstler selber Gelehrte waren, und es besteht kein Grund, die Werke Antigonos von Karystos zuzuschreiben, wenn er auch Skulpturen in Pergamon schuf und laut Plinius Bücher über seine Kunst schrieb; jeder Künstler konnte von einem Gelehrten Details erfragen.

Bibliothek

Wie in Alexandria war in Pergamon die Wissenschaft in der Bibliothek zuhause; diese war von Attalos I. begründet worden. Die Bibliothek bestand aus vier großen Räumen oberhalb des Theaters und nördlich des Athena-Tempels. Die Rollen wurden auf hölzernen Regalen aufbewahrt, die die Wände entlang liefen. Eumenes II., der das Pergament einführte, um der Papyros-Einfuhrsperre aus Ägypten zu begegnen, schmückte die Bibliothek auch mit Statuen, und Attalos II. verband die Bibliothek mit dem Athena-Tempel durch den Bau der zweigeschossigen Säulenhalle, die um den Tempelhof herumlief. Die Bibliothek führte auf das Obergeschoß der nördlichen Säulenhalle.

FIG. I

Eumenes II. betonte die Verbindung pergamenischer Wissenschaft mit Athen durch die Aufstellung einer Marmorkopie der Athena Parthenos des Phidias als Schirmherrin der Bibliothek. Es war unmöglich, eine mechanische Kopie der Kolossalstatue in Gold und Elfenbein anzufertigen; die Marmorstatue ist weniger als halb so groß wie das Original. Der Kopist hat den Helm vereinfacht, die Augen pathetischer und den Faltenwurf komplizierter gemacht. Da die Statue aus pentelischem Marmor ist, ging er vermutlich, um sie anzufertigen, nach Athen, wie die Maler, die von Attalos II. ausgeschickt wurden, nach Delphi gingen, um Polygnots Gemälde zu kopieren.

Die Athena war nicht nur ein Symbol für Pergamons Verbindung zu Athen, sondern konnte auch von den Künstlern als ein – wenn auch leicht modernisiertes – Beispiel klassischer Kunst betrachtet werden. Wie die Kopien klassischer Fresken aus Delphi befand sie sich in den königlichen Sammlungen zusammen mit Originalen, zu denen die Grazien des archaischen Bildhauers Bupalos und der Apollon des frühklassischen Bildhauers Onatas gehörten. Diesen

Kunstwerken, die auf die pergamenischen Künstler befruchtend wirkten, ist es zum großen Teil zu verdanken, daß die pergamenische Kunst nicht klassizistisch wurde. Die Kunstwerke früherer Zeiten bildeten eine Quelle der Inspiration und der Anspielungen, die der Betrachter verstehen konnte.

Eumenes II. stellte auch Standbilder von Dichtern im gleichen Raum mit der Athena auf. Homer, Sappho, Alkaios und Timotheos (der Chordichter des späten 5. und frühen 4. Jahrhunderts) waren darunter. Dieser Raum war wahrscheinlich ein Beratungs- und Vorlesungsraum, so daß die Gelehrten von Pergamon, wie die von Alexandria, im Beisein der großen Dichter der Vergangenheit und buchstäblich unter der Ägis der Athena zusammentrafen. Das Epigramm auf der Basis der Statue der Sappho schrieb einer der besten zeitgenössischen Dichter, Antipater von Sidon: »Ich heiße Sappho. Ich übertraf im Gesang alle Frauen, wie Homer alle Männer übertraf.« Der Hinweis auf Homer besagt, daß die Sappho-Statue nahe der Homer-Statue aufgestellt war. Der Homer kann das Original des bekannten blinden Kopfes gewesen sein, der in römischen Kopien erhalten ist; im Stil ist er dem Laokoon und dem Fries des Zeus-Altars verwandt.

Die Gelehrsamkeit zeigt sich in vielen mittelhellenistischen Kunstwerken. Eumenes II. und Attalos II. bauten zu Kyzikos ein Heiligtum zu Ehren ihrer Mutter Apollonis, die von dort stammte. Sie errichteten auf Pfeilern neunzehn Reliefs, die pflichtgetreue Söhne und ihre Mütter zeigten. Zwei waren historisch; eins war römisch (Romulus, Remus und Servilia) – ein interessantes Kompliment an ihren großen westlichen Verbündeten. Der Rest war der griechischen Mythologie entnommen, und zehn davon (einschließlich Antiope und ihrer Söhne, wie in der Dirke-Gruppe) stammten aus Tragödien. Kenntnis haben wir von diesen Reliefs lediglich durch die Epigramme, die unter den Darstellungen eingraviert waren und mit einer kurzen Prosa-Beschreibung in der Antologia Palatina erhalten sind.

Tauben-Mosaik

ABB. SEITE 108

Ein erstaunlicheres Beispiel für die in der Kunst auftretende Gelehrsamkeit ergibt sich durch eine kürzlich vorgeschlagene Interpretation des bekannten Taubenmosaiks. Zwei Kopien mit geringen

Abweichungen sind erhalten, und sie stimmen genau genug mit einer Beschreibung bei Plinius übercin, um Sosos von Pergamon zugeschrieben werden zu können. Sie sind äußerst gelungen, besonders in der Wiedergabe von Licht und Schatten auf der Metallschüssel, auf der die Tauben sitzen. Eine seltsame Eigentümlichkeit dieser Schlüssel ist die schattenhafte Figur eines nackten Mannes, der sich vom Fuß der Schüssel aufrichtet, wie um mit seinen erhobenen Armen die Henkel zu stützen. Der neue Vorschlag ist nun der, daß das Mosaik eine heitere Interpretation von Nestors Becher im 11. Buch der *Ilias* sei. Dieser Abschnitt stellte der alten wie der modernen Wissenschaft ein schwieriges Problem. War ein *depas* ein Becher oder etwas viel größeres? Wo waren die »Ohren« und die Tauben? Was waren die beiden *pythmenes?* Sosos interpretierte die Tauben als wirkliche, anstelle modellierter oder geschnitzter Tauben; es sieht so aus, als ob er die »Ohren« als Füße darstellte. Die rätselhaften *pythmenes* (die in Wirklichkeit ein doppelter Boden gewesen sein können, damit die Flüssigkeit heiß gehalten werden konnte) sind für ihn die beiden stützenden Figuren unter den Henkeln. Diese Interpretation ist zum mindesten verführerisch.

Hierons Schiff

Die Begeisterung für Homer war ungeheuer groß. Hieron II. von Syrakus, der von 265–215 v. Chr. regierte, baute ein riesiges Schiff; einer der Eßräume hatte einen Mosaikfußboden, auf dem die gesamte Geschichte der Ilias dargestellt war. Als man das Schiff beladen hatte, bestimmte Hieron, daß es als Geschenk an Ptolemaios IV. geschickt werden sollte. Dieser war ebenfalls Homer-Verehrer. Er gründete zu Ehren Homers ein Heiligtum, in dem sich die Statue eines sitzenden Homer befand (die, wie wir gesehen haben, den Entwurf von Bryaxis' Sarapis wiederholte), umgeben von Personifikationen der Städte, die in Anspruch nahmen, sein Geburtsort zu sein. Der Maler Galaton malte für das Heiligtum ein Bild, auf dem er Homer als Flußgott darstellte, der aus seinem Munde Wasser fließen ließ, das andere Dichter in Krügen sammelten – ein nicht sehr glücklicher Einfall, der natürlich zur Verhöhnung verführen mußte.

Das Homereion kann wie das Sarapieion sehr wohl für Gastmähler von Gelehrten und Dichtern benutzt worden sein. Die sogenannten

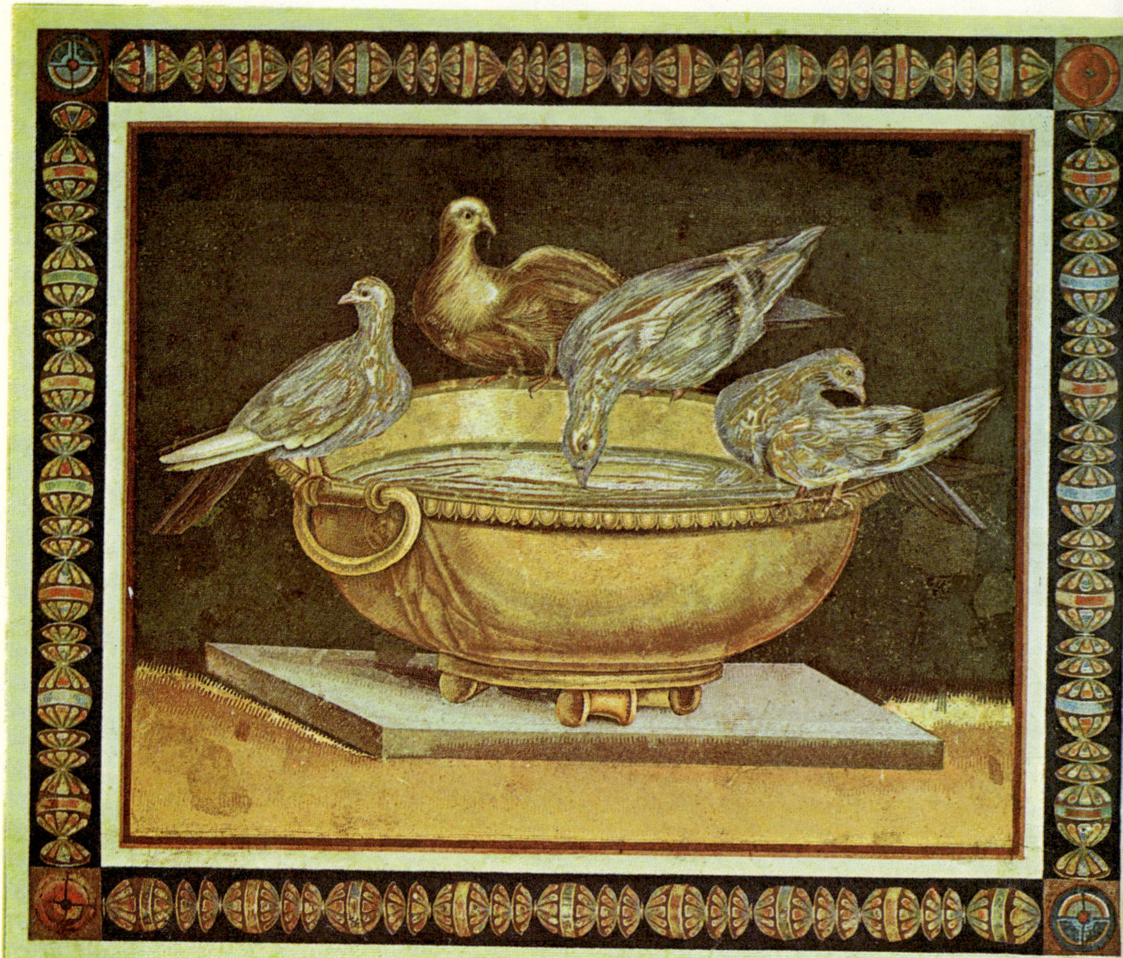

Taubenmosaik aus der Hadriansvilla in Tivoli. Original um 170 v. Chr. *Capitolinisches Museum, Rom. Vgl. Seite 106*

Homerische Becher

homerischen Becher können möglicherweise damit in Zusammenhang gebracht werden und sogar durch die homerischen Mosaiken von Hierons Schiff inspiriert worden sein. Unermeßliche Mengen von Gold- und Silberbechern werden in der Beschreibung des Symposion-Zeltes und des Umzuges unter Ptolemaios II. erwähnt. Ptole-

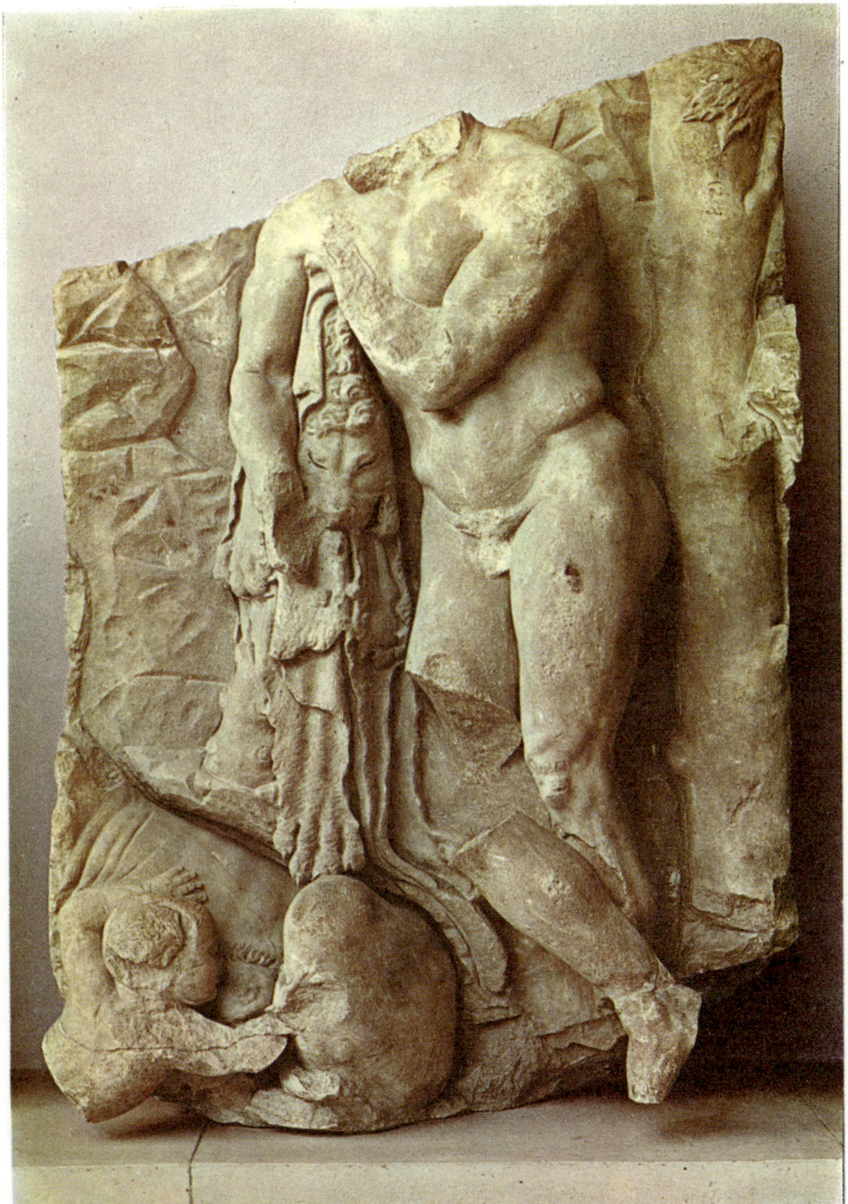

Pergamon-Altar, Ausschnitt aus dem Telephosfries: Herakles mit Telephos als Kind. Um 160 v. Chr. Höhe 1,08 m. *Staatliche Museen, Antikenabteilung, Berlin.* *Vgl. Seite 123f.*

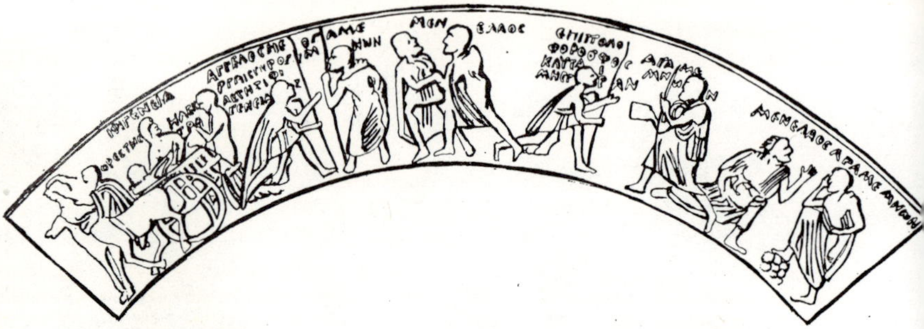

Fig. 26 – Abrollung eines Tonbechers mit Darstellungen aus dem Drama des Euripides »Iphigenie in Aulis«. Nach einem Original. Um 200 v. Chr. Metropolitan Museum, New York. Vgl. Seite 111

maios IV. kann sehr wohl eine besondere Serie von Bechern für ein Symposion im Homereion in Auftrag gegeben haben. Die sogenannten homerischen Becher sind halbkugelförmige Tonschalen, die hauptsächlich in Böotien, aber auch in Athen gefunden worden sind und zwischen 170 und 130 v. Chr. datiert werden; doch ist man sich einig, daß sie sich von alexandrinischen Silberbechern von etwa 200 v. Chr. herleiten. (Einige von ihnen wurden in Matrizen geformt, die direkt von den Originalen abgenommen waren, doch andere stammten von Matrizen, in die Stempel einzelner von den früheren Originalen abgenommener Gestalten geprägt waren.) Stilistisch sind sie der alexandrinischen Malerei des späten 3. Jahrhunderts nahe verwandt. Irgendwie muß eine Auswahl von Matrizen, die von etwas über vierzig alexandrinischen Bechern abgenommen waren, nach Böotien gelangt sein und dem literarischen Geschmack der Böotier entsprochen haben, die sie in Ton nachschufen. (Wir haben aus dem hellenistischen Zeitalter Belege für dramatische und andere dichterische Wettkämpfe an verschiedenen Orten Böotiens.) Die Themen der erhaltenen Becher sind zwölf Büchern der Ilias, fünf Büchern der Odyssee, sechs nachhomerischen Epen, einem Drama von Aischylos, einem von Sophokles und fünf Dramen von Euripides entnommen. Zwei der Odyssee-Becher haben Inschriften mit den entsprechenden Homer-Zeilen neben ihren Bildern, und diese haben zu der Theorie Anlaß gegeben, daß die Bilder auf den Bechern sich ursprünglich von illustrierten Texten der Epik und

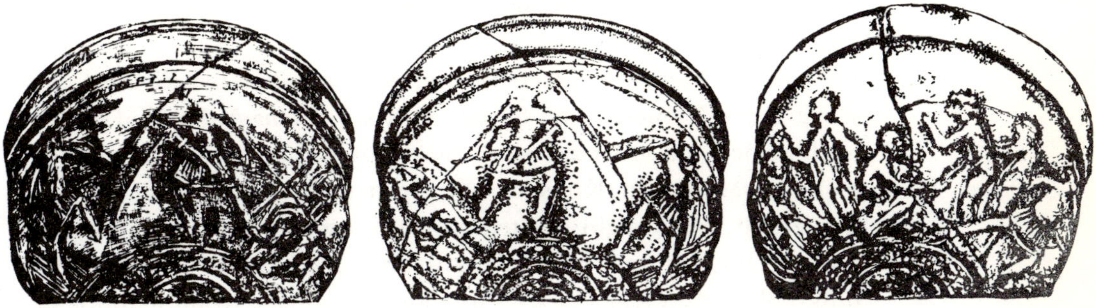

Fig. 27 – Tönerner Becher mit Darstellungen aus dem Drama des Euripides, »Die Phoenissen«. Nach einem Original. Um 200 v.Chr. British Museum, London. Vgl. Seite 112

des Dramas herleiteten. Doch haben wir kein Zeugnis für eine Buchillustration vor dem christlichen Zeitalter, und die Becher würden eine Illustration aller dreißig Zeilen unterstellen, was ein sehr langes Buch ergeben haben würde. Überdies haben die übrigen vierzehn beschrifteten Becher Prosaüberschriften, die gelegentlich Aufschlüsse geben, die im Text aber nicht enthalten sind. Die Künstler hatten also Zugang zur Wissenschaft, und von den Trinkenden wurde erwartet, daß sie ihre Texte kannten.

Ein Becher in New York illustriert den ersten Teil von Euripides' *Iphigenie in Aulis*. Die Szenen sind 1) Agamemnon übergibt dem alten Mann den Brief, der die Ankunft Iphigenies hinausschieben sollte, 2) Menelaos entreißt dem alten Mann den Brief, 3) Agamemnon empfängt »den Boten wegen der Ankunft der Iphigenie«, wie die Inschrift sagt, 4) Menelaos versucht, Agamemnon zu beschwichtigen, 5) die Ankunft der Iphigenie. Es gibt hier zwei Merkwürdigkeiten. Der Künstler hat die Szenen nicht in der euripideischen Reihenfolge gegeben; die Reihenfolge rund um den Becher ist 1, 4, 5, 3, 2. Es ist natürlich möglich, links herum zu lesen 1, 2, 3 und dann auf 1 zurückzugehen und rechts herum 4, 5 zu lesen. Doch andere Becher (einschließlich des Bechers, der den übrigen Teil von »Iphigenie in Aulis« illustriert) zeigen eine ähnliche Verwechslung. Sie muß auf die Originale zurückgehen. Es sieht so aus, als ob der leitende Künstler die Szenen und Texte entworfen und sie dann an die Handwerker für die Anbringung auf den Bechern

FIG. 26

verteilt habe, und daß diese manchmal die Reihenfolge durcheinanderbrachten.

Die andere Merkwürdigkeit ist die, daß die über die Figuren geschriebenen Namen in der Szene von Iphigeniens Ankunft »Orest«, »Iphigenie« und »Elektra« sind. Elektra wird im Text des Euripides nicht erwähnt. Der Künstler hat Orest und Iphigenie im Wagen dargestellt, aber nicht Klytemnästra, möglicherweise aus Raummangel. Elektra steht hinter dem Streitwagen bereit, Iphigenie herunterzuhelfen. Vielleicht wies irgendein gelehrter Kommentator in Alexandria nach, daß Elektra nicht zuhause geblieben sein konnte, als ihre Mutter und ihre Familie nach Aulis gingen, und daß sie den jungen Orest betreut haben könnte.

FIG. 27 Einer der Becher, die die »Phoenissen« illustrieren, führt auch einen Namen ein, der im Text nicht vorkommt: das Mädchen, das Teiresias begleitet, ist als Manto bezeichnet. Bei Euripides sagt Teiresias: »Führe mich, meine Tochter«, und der antike Kommentator der Zeile merkt an, daß sie Manto hieß. Die Szenen auf diesem Becher, die in der Mitte des Stückes einsetzen, sind die folgenden: 1) Kreon ruft Teiresias um seine Hilfe an, 2) Polyneikes kämpft mit Eteokles, der aus einer sitzenden Personifikation der Stadt Theben herauskommt. Die Göttin der Stadt sitzt, die Hand am Kinn, wie die Tyche von Antiochia auf ihrem Felsen, 3) ein Bote ruft Iokaste, die ihrerseits Antigone herbeiruft. Im Drama berichtet der erste Bote nur, daß Polyneikes und Eteokles miteinander kämpfen werden, doch vielleicht meint das vorhergehende Bild auch nicht mehr. Überraschender ist die Auslassung der Szene zwischen Kreon und seinem Sohn Menoikeus und der Selbstopferung des Menoikeus. 4) Antigone appelliert an Kreon. Im Drama berichtet der zweite Bote vom Tod der Söhne, dem Selbstmord der Iokaste und der wilden Flucht der Eindringlinge (die auf einem zweiten Becher dargestellt werden); Antigone kehrt zurück und ruft Oedipus aus dem Hause. Antigone

Herakles und Telephos. Großes Wandbild aus der Basilika von Herculaneum. Die allegorische ▶ Frauengestalt, die majestätisch auf einer Felsenbank thront, personifiziert das Land Arkadien. Originalfresko um 200–150 v. Chr. *Museo Nazionale, Neapel.* *Vgl. Seite 127*

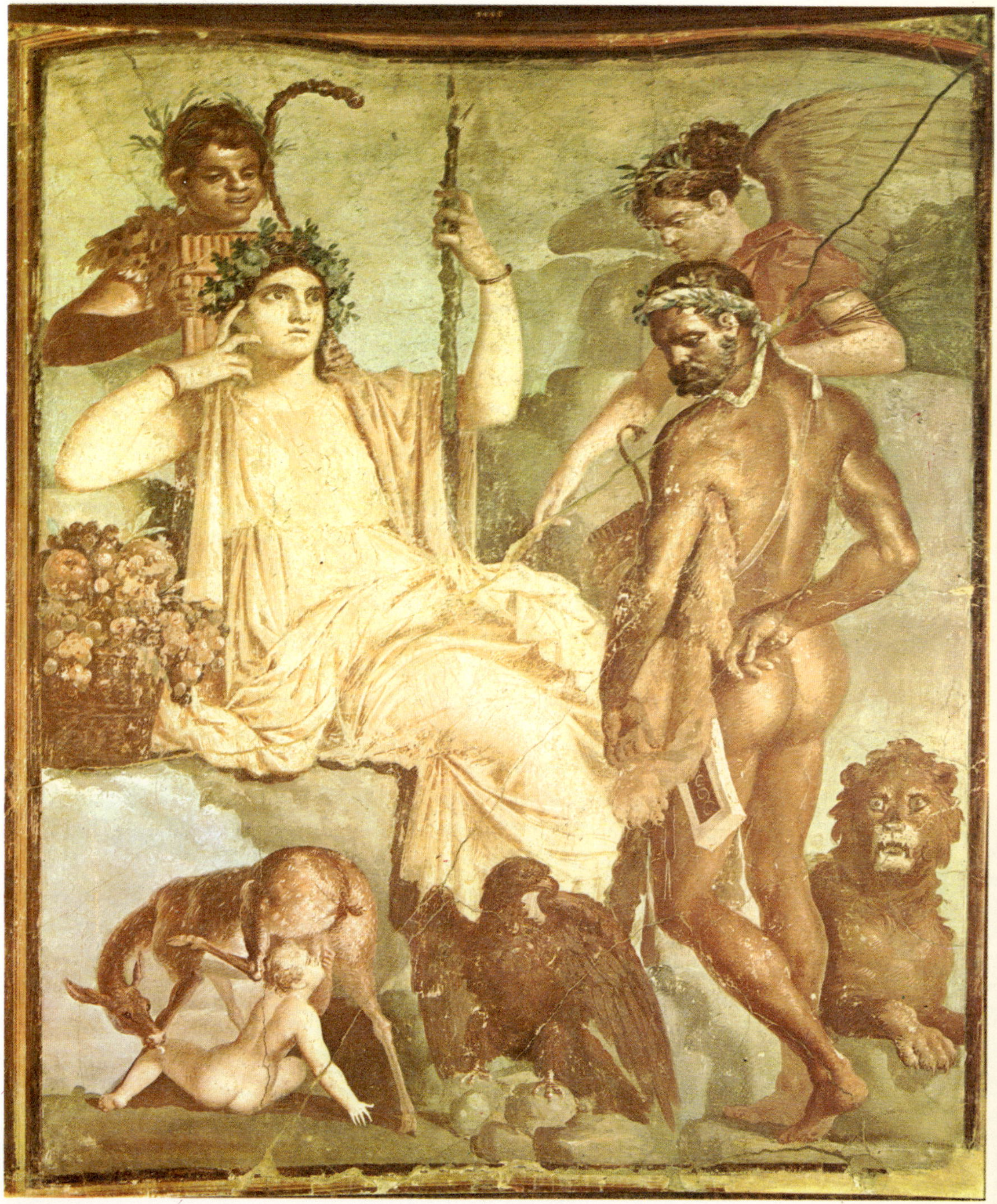

appelliert nur an Kreon, als er vorschlägt, Oedipus zu verbannen und Polyneikes ein Begräbnis zu verweigern. Daher gehört alles auf dem zweiten Becher zwischen die Szenen 3 und 4 dieses Bechers. Ein Fragment eines dritten Bechers illustriert einen späteren Teil dieser Szene; ihre Inschrift lautet: »Oedipus befiehlt, zu den Leichnamen seiner Mutter und Frau und seiner Söhne geführt zu werden.« Dies ist der Schluß des Dramas und man wüßte gern, ob der Künstler zu einem andern Drama über- oder auf den Beginn der »Phoenissen« zurückging.

Die ganze Serie könnte sehr wohl eine bestimmte Reihenfolge gehabt haben, um irgendein Fest im Homereion zu verherrlichen. Wir haben einen Beleg für einen poetischen Wettkampf im Home-

B. A. 6 reion durch ein Marmorrelief (im Britischen Museum), das aus dem dritten Viertel des 2. Jahrhunderts stammt. Vitruv erzählt eine amüsante Geschichte über einen alexandrinischen Dichterwettstreit im späten 3. Jahrhundert. Ptolemaios (wahrscheinlich Ptolemaios IV.) fand sechs Richter und brauchte einen siebenten; die Bibliotheks-Autoritäten schlugen Aristophanes von Byzanz vor. Die sechs Richter stellten die Dichter in einer Anordnung auf, die die Menge des Beifalls widerspiegelte, den sie erhalten hatten. Aristophanes setzte den Dichter an die erste Stelle, der den wenigsten Applaus gehabt hatte. Er rechtfertigte diesen unpopulären Urteilsspruch damit, daß dieser Dichter der einzige wäre, der nicht gestohlene Dichtung vorgetragen habe, und bekräftigte dies, indem er die entsprechenden Bücher aus der Bibliothek herbeiholte und die Dichter zwang, ihre Diebstähle einzugestehen.

Apotheose des Homer

Das Relief im Britischen Museum wurde in Bovillae in Italien gefunden. Sein Zusammenhang mit dem Homereion ist durch die unterste Zone gegeben. Hinter dem sitzenden Homer sehen wir die »Zeit« und die »Welt«, doch die »Zeit« hat die Züge von Ptolemaios IV. und die »Welt« die der Königin Arsinoe. Der Künstler will sagen, daß sie durch die Gründung des Homereions Homer in der ganzen Welt Unsterblichkeit verschafft haben. Die Identifikationen geschehen im gleichen Sinne wie die Identifikation der frü-

FIG. 11 heren Arsinoe mit Artemis. Der Künstler signiert selber (unter dem sitzenden Zeus oben) als Archelaos von Priene, und der Vergleich der Inschriften mit datierten Inschriften aus Priene macht eine Datierung zwischen 150 und 125 v. Chr. wahrscheinlich. Die Figur ganz rechts in der zweiten Zone von unten ist ein Dichter; er steht auf einem Sockel, eine Rolle in der rechten Hand, und hinter ihm ist ein Dreifuß dargestellt. Dies soll natürlich bedeuten, daß er einen Wettkampf im Homereion gewonnen hat, mit dem Dreifuß als Preis belohnt wurde und daß seine Mitbürger ihm zu Ehren eine Statue errichteten; die Tatsache, daß er eine Rolle und keine Leier hält, bedeutet wahrscheinlich, daß er eher in Hexametern als in einem lyrischen Versmaß schrieb. Es ist unmöglich zu bestimmen, ob das Relief in seiner Heimatstadt oder in Alexandria errichtet wurde; er kann selber Alexandriner gewesen sein und einen Künstler beschäftigt haben, der aus Priene kam; die Musen in den oberen Zonen sind Kopien einer Gruppe von Musen, die wahrscheinlich in Kleinasien hergestellt wurde, aber der Künstler kann sie gesehen haben, ehe er nach Alexandria kam; andererseits heißt es von dem Buckelstier in der untersten Reihe, er sei aus Karia. Es ist für uns nicht sehr wichtig, wo das Relief ursprünglich aufgestellt war, da wir den Künstler und das, was er verherrlicht, kennen.

Es ist verführerisch anzunehmen, daß das Relief den Inhalt des erfolgreichen Gedichtes wiedergibt. Der Anfang beschwor natürlich die Musen. Oben lehnt Zeus mit Adler und Szepter am Olymp; er spricht mit Mnemosyne, der Mutter seiner Musentöchter. Terpsichore, die Muse des Tanzes, läuft hinab zu den versammelten Musen, die durch ihre Attribute differenziert sind: Konzertleier, kleine Leier, Doppelflöte, Erdkugel, Rollen. Das Gedicht mag von den verschiedenen Künsten, die sie beschirmten, erzählt haben. Stellt der obere Teil des Reliefs wegen Zeus den Olymp dar, so befinden sich die beiden letzten Musen wegen Apoll in Delphi. Der Künstler (oder der Dichter) hat über den Tempel hinaus gedacht und Apollon und den Omphalos, den Mittelpunkt der Welt, in eine Höhle des Parnass gesetzt. Die letzte Muse gibt Apoll eine Rolle, auf der möglicherweise das Gedicht geschrieben steht. Wir sollen uns vielleicht erinnern, daß Kallimachos behauptete, daß er sein großes Gedicht, die *Aitia* in einem Traum von den Musen auf dem Helikon empfangen habe.

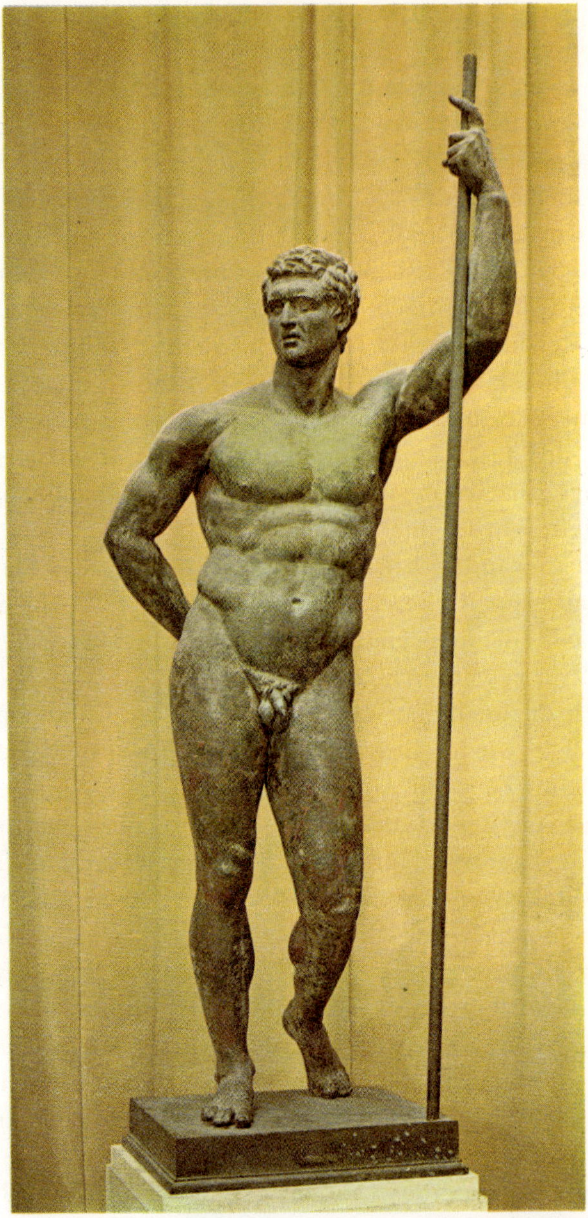

Hellenistischer Herrscher (Demetrios I. ?). Um 150 v. Chr. Bronzestatue, Höhe 2,33 m. *Thermen-Museum, Rom. Vgl. Seite 128*

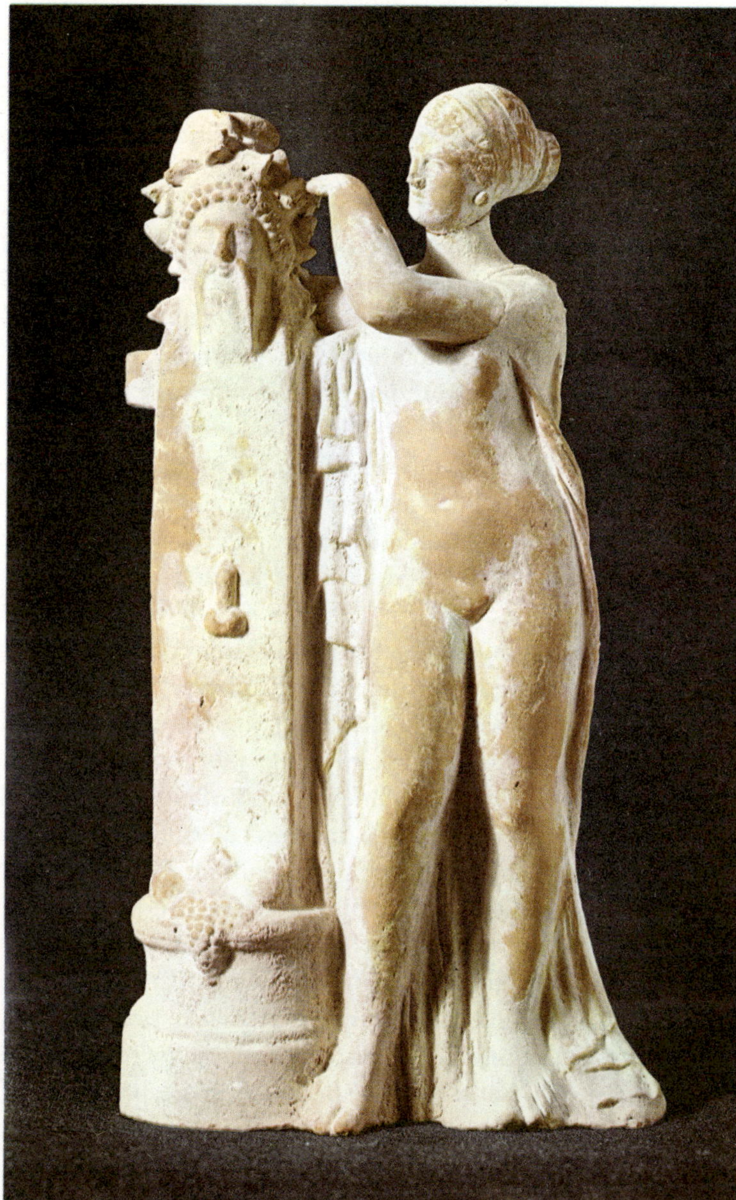

Aphrodite neben einer Herme stehend. 2. Jh. v. Chr. Terrakotta-Statuette aus Myrina. *British Museum, London. Vgl. Seite 131*

Dies war das Vorspiel. Die untere Zone ist eine Würdigung Homers in der hellenistischen Zeit, und diese mag den Hauptteil des Gedichtes ausgemacht haben. Homer wird von der »Zeit« und der »Welt« in den Gestalten von Ptolemaios IV. und seiner Gemahlin bekränzt. Die »Ilias« kauert an der einen Seite seines Thrones und die »Odyssee« an der andern. Ein Frosch und eine Maus neben dem Fußschemel spielen auf die *Batrachomyomachien* an. Der »Mythos« bringt ein Trankopfer dar, die »Geschichte« streut Weihrauch auf den Altar, auf dem der Stier geopfert werden soll. Zu dieser Zeit haben sie wahrscheinlich ihre moderne Bedeutung von Mythos und Geschichte, von denen die homerische Epik eine Mischung ist. Eine lange Reihe von Gestalten kommt, um Homer zu ehren; Poiesis, die zwei Fackeln hält, ist in diesem Zusammenhang die nichtdramatische Dichtung; die Tragödie trägt Maske, tragisches Kostüm und dicksohlige Schuhe; die Komödie, hinter ihr, trägt die Maske einer jungen Hetäre der Komödie.
Insoweit ist das Thema das gleiche wie auf Galatons Bild, das die Dichter zeigte, die den Strom des Homer in ihren Krügen auffingen. Homer ist die Inspiration aller Dichtung, der dramatischen wie der nichtdramatischen. Doch das Relief (und das Gedicht?) erfaßt Homers Einfluß noch eine Stufe weiter. In der Ecke befindet sich ein als »Physis« bezeichnetes Kind offenbar in der Obhut von vier Frauen, die ihre Hände in Ehrerbietung vor Homer erheben: es sind Arete, Mneme, Pistis und Sophia. Physis ist die Natur, sowohl im allgemeinen als auch die Natur eines Individuums. Auf den ersten Blick meint man, daß Homers Natur oder Genius sich aus diesen Qualitäten zusammensetzt und Pistis ihre natürliche Deutung als Glaubwürdigkeit, Überzeugungskraft habe. Doch können diese Figuren sicher nicht Eigenschaften Homers sein; ihre Stellung zeigt, daß sie zu einem Kreis außerhalb der Dichter gehören, die Homers Einfluß spüren. Physis ist dann die Natur des gewöhnlichen Menschen, und die Frauen verkörpern die Eigenschaften, die er durch das Lesen Homers erwirbt: Vortrefflichkeit (vielleicht besonders Mut), Erinnerung an die heroische griechische Vergangenheit, Treue (eine von den Ptolemäern hoch gepriesene Eigenschaft, ob nun durch Homerlektüre erworben oder nicht) und Weisheit.

Das Relief gibt einen fesselnden Einblick in die mittelhellenistische Literatur- und Bildungstheorie. Viele der einzelnen Figuren sind Reminiszenzen an Gestalten, die wir kennen. Die Musen gehen auf eine Gruppe zurück, die wahrscheinlich im 3. Jahrhundert in Kleinasien geschaffen wurde. Der Apollon erinnert an den Apollon Patroos des Euphranor aus dem 4. Jahrhundert. Der Homer ist der des Homereions. Die Gruppe der Frauen mit dem Kind hat Anklänge an die Reliefs mit drei Nymphen und einem Kind. Der Künstler hat seine kunstgeschichtlichen Kenntnisse beigesteuert, um Sinn und Ziel des Dichters zu verdeutlichen. Der Sinn ist um so klarer verständlich, weil der Betrachter die Gestalten unmittelbar erkennt. Es ist die gleiche Art von Anspielung, wie Eumenes II. sie machte, als er lieber eine Kopie der Athena Parthenos als eine neue Athena in der Bibliothek aufstellen ließ.

Klassizismus

Man ist versucht, dies Klassizismus zu nennen, aber vielleicht sollte diese Bezeichnung für Werke vorbehalten bleiben, die traditionelle Figuren und Kompositionsschemata benutzen, ohne solche Obertöne durch die Anspielungen, die sie auf ihr Original machen, zu erreichen. Ein schönes Mosaik in Alexandria kann in die Nähe des Archelaos-Reliefs datiert werden. Das Bild von Eroten, die einen Hirsch jagen, geht offenkundig auf frühere Originale zurück. Eins ist auf einer Hadra-Hydria des 3. Jahrhunderts tatsächlich bekannt. Zu jener Zeit wurde das Schema von Werken wie dem Pella-Mosaik übernommen und trug die Bedeutung: schaut diese komischen kleinen geflügelten Knaben an, wie sie sich wie junge Heroen aufführen. Allmählich ist es einfach ein vergnügliches, mit Remineszenzen behaftetes Bild geworden, und das kann man mit Recht Klassizismus nennen.

Zeus-Altar (Pergamon-Altar)

Dieser lange Exkurs über in der Kunst auftretende Gelehrsamkeit ging von der Bibliothek zu Pergamon aus. Die Gelehrsamkeit in der Bibliothek hatte auch ihren Einfluß auf den Zeus-Altar, bei dem Erinnerungen an frühere Kunstwerke äußerst wirkungsvoll angewendet wurden. Doch hier würde niemand daran denken, das Wort Klassizismus zu gebrauchen: die großartige Kraft der Götter und die Wildheit der Giganten schließen das aus.

Der Altar ist eine Steigerung des Altars zu Kos. Hier ist der Entwurf FIG. 28

ein erhöhter Innenhof, von Säulenhallen mit den Reliefs der Telephos-Sage an den Wänden umgeben; in seiner Mitte befindet sich der eigentliche Altar, auf dem die Opfer dargebracht werden konnten. Der Innenhof war über eine breite Treppe, flankiert von vorspringenden Flügeln, zu erreichen, die auf der Höhe des Innenhofes die Fortsetzung der Säulenhalle bildeten. Unterhalb dieser Ebene begann der Fries mit dem Gigantenkampf, der die ganze Außenseite des Baues umlief und die Treppenwange hinauf wieder zurück-

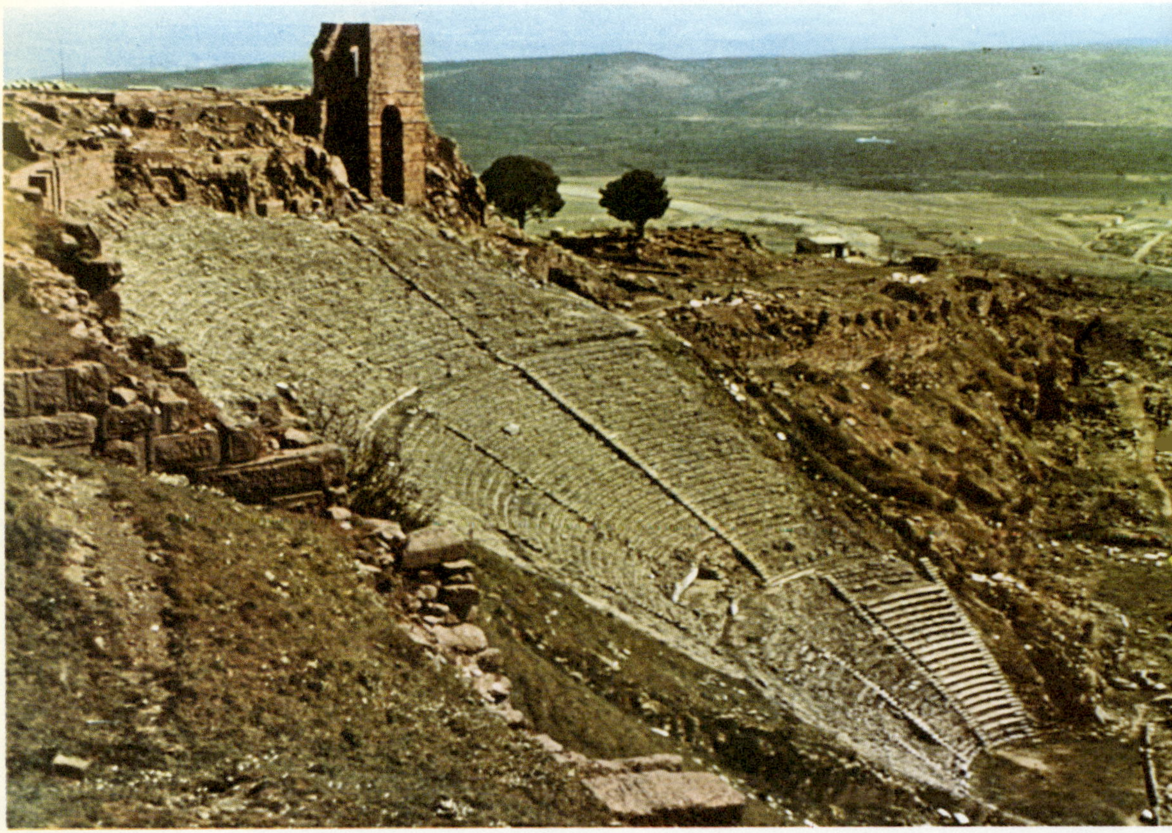

Theater von Pergamon, Blick über die Stufenreihen des Auditoriums zur Bühne. 2. Jh. v. Chr.
Vgl. Seite 134

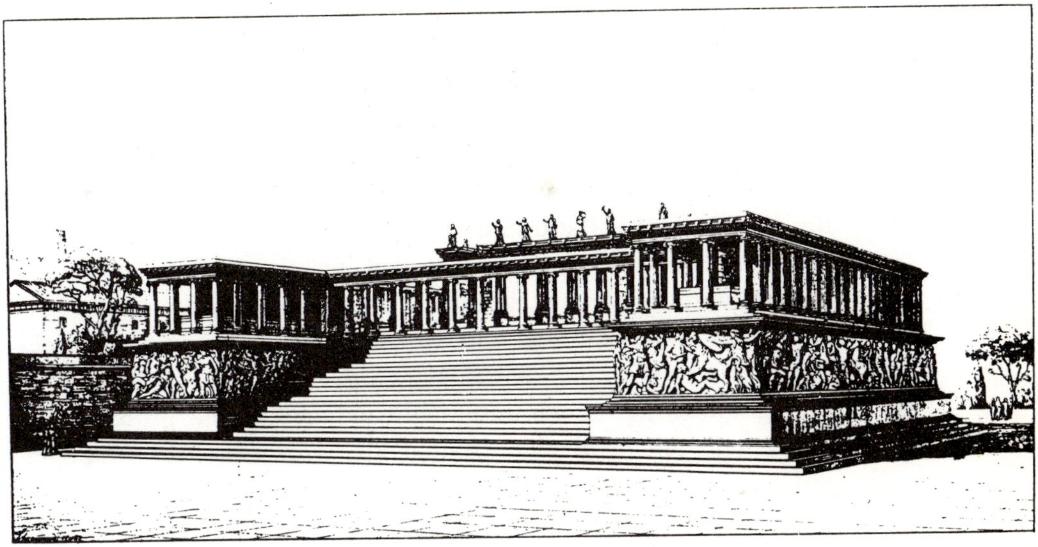

Fig. 28 – Rekonstruktion des Zeusaltars von Pergamon. 200–150 v.Chr. Vgl. Seite 119

kam. Die Akroterien an den vorspringenden Flügeln stellten Tritonen dar, und auf der Seite über der Treppe waren am Dach des Innenhofes entlang dramatische Gestalten von Göttern und Göttinnen aufgestellt.

Dies war die großartige Konzeption von Eumenes II., wenn auch die den eigentlichen Altar umgebende Säulenhalle in Wirklichkeit niemals vollendet und die Arbeiten augenscheinlich mit seinem Tode eingestellt wurden. Die Bildhauer kamen nach den erhaltenen Signaturen aus Athen, Rhodos und Tralles; wahrscheinlich kamen sie auch noch aus anderen Orten, doch der Stil war einheitlich pergamenisch und setzte die Großartigkeit und Grausamkeit der Monumente von Attalos I. fort.

Gigantomachie

Athena beschirmte die Bibliothek; die Gigantomachie ist ebenfalls ein attisches Thema: sie war in das Gewand gewoben, das der Athena an ihrem athenischen Fest dargebracht wurde, und eine Gigantomachie war in die Ostmetopen des Parthenon und auf die Innenseite des Schildes der Athena Parthenos gemeißelt; für die

Athener des 5. Jahrhunderts symbolisierte der Gigantenkampf den Triumph der Zucht über die Gewalt, der auch durch den griechischen Sieg in den Perserkriegen bewiesen worden war. Auch hier demonstrierte Eumenes wieder, daß seine Hauptstadt das Athen Kleinasiens war.

Durch die Umwandlung der Mehrzahl der Giganten in Ungeheuer, die in Schlangenleibern enden, erreichten die Entwerfer wundervoll verschlungene Formen, die sich zwischen den Gliedern der Götter hindurchwinden, starke, wilde Körper, an denen sie ihren Realismus zeigen konnten, und einen unmittelbaren und offensichtlichen Kontrast zu den siegreichen Göttern. Die klassischen Giganten waren als Menschen dargestellt, manchmal sehr groß, manchmal bärtig und wild, doch immer als Menschen; die Schlangenglieder waren meistens Typhon und Triton vorbehalten. Durch dieses Mittel wurden die pergamenischen Giganten in eine andere Gattung als die griechischen Götter versetzt, so scharf unterschieden wie die Gallier von Attalos I. und ebenso schrecklich als Feinde.

Viel Gelehrsamkeit muß nötig gewesen sein, um ihre Namen festzulegen und zu entscheiden, welche Giganten Löwenköpfe, welche Flügel aus Laub und welche einen durch Wellenlinien begrenzten Übergang in ihre Schlangenglieder haben sollten. Ursprünglich waren alle Namen verzeichnet und die Unterscheidungen hatten zweifellos irgendeine Berechtigung. Wir können wenigstens erkennen, daß die Gegner von Artemis und Apollon, die Giganten Otos und Ephialtes, schöne junge Männer sind, wie sie von Homer in der Odyssee beschrieben werden »als die weit Vielschönsten zunächst dem großen Orion«. Ihre göttlichen Besieger erinnern an zwei große frühhellenistische Statuen, die wir als »Diana von Versailles« und »Apollon vom Belvedere« kennen; wir wissen nicht, wo die Originale gestanden haben – sie sind in überzeugender Weise Leochares zugeschrieben worden.

B. A. 7, 8 In der Gruppe mit Zeus, Porphyrion, Alkyoneus, Athena, Ge und Nike erinnern die Götter an die des Ostgiebels vom Parthenon. Der Parthenon-Zeus hat hier seinen Thron verlassen und wirft sich nach links. Die Pergamon-Athena hat die gleiche Haltung wie die im Parthenon-Giebel, scheint aber schneller zu eilen. Hier fliegt eine geflügelte Siegesgöttin von rechts herab, um sie zu bekränzen; dort kam sie von links. So erinnerte der Entwerfer den Betrachter wieder daran, daß die Götter von Pergamon die Götter des perikleischen Athens, des Athens von Phidias und Sophokles waren.

Der junge Gigant links von Zeus ist, von einem flammenden Blitz durchbohrt, gestürzt. Rechts von Zeus ist ein gefallener Gigant von dem Schild, das an Zeus' linkem Arm hängt, getroffen. Doch Zeus' Hauptgegner ist der schreckliche Porphyrion, der seinen linken, in ein Tierfell gehüllten Arm gegen Zeus' Adler erhebt, der auf ihn herabstößt. Wahrscheinlich hielt seine rechte Hand einen Felsbrocken, eine Waffe, die gegen den Donnerkeil in Zeus' rechter Hand nichts ausrichten kann. Athena reißt einen Giganten (Alkyoneus oder Antaios) an den Haaren vom Boden; seine rechte Hand streckt sich nach seiner Mutter Ge (Erde) aus, die sich mit gepeinigtem Blick vom Boden erhebt, um Athena anzuflehen: wenn der Gigant von der Erde weggerissen ist, verliert er seine Kraft. Die Siegesgöttin fliegt hernieder, um Athena zu bekränzen.

Der Betrachter, der den Haupteingang betrat, sah zunächst den Ostfries: Ares, Athena, Zeus, Apollon, Artemis, Hekate. Dann ging er die Südseite hinunter und fand dort eine ältere Generation kämpfender Götter, wie Mond, Sonne, Morgendämmerung. Um die Südwestecke herum und die Stufen hinauf fand er Dionysos und sein Gefolge in der Schlacht. Auf der anderen Seite der Treppe sah er die alten Meergötter das ihrige tun und schließlich an der Nordseite Poseidon und Aphrodite. FIG. 31

Telephos-Fries

Nach der Pracht und Grausamkeit der Gigantomachie muß es eine Befreiung gewesen sein, die Stufen hinaufzusteigen und den Telephos-Fries im Innenhof zu betrachten. Die Sage hatte für die pergamenischen Könige große Bedeutung: Telephos war der Sohn des Herakles, von dem sie auf makedonischer Seite abzustammen behaupteten; seine Mutter Auge hatte Zuflucht bei Teuthras in Mysien genommen, das zu Pergamon gehört, und auch von ihm behaupteten sie abzustammen, vermutlich von mütterlicher Seite her. Die Sage umfaßte auch die Übertragung zweier Kulte, des Dionysos- und des Athena-Kultes, von Arkadien nach Pergamon. Die Darstellung hatte also etwas von der inneren Haltung des

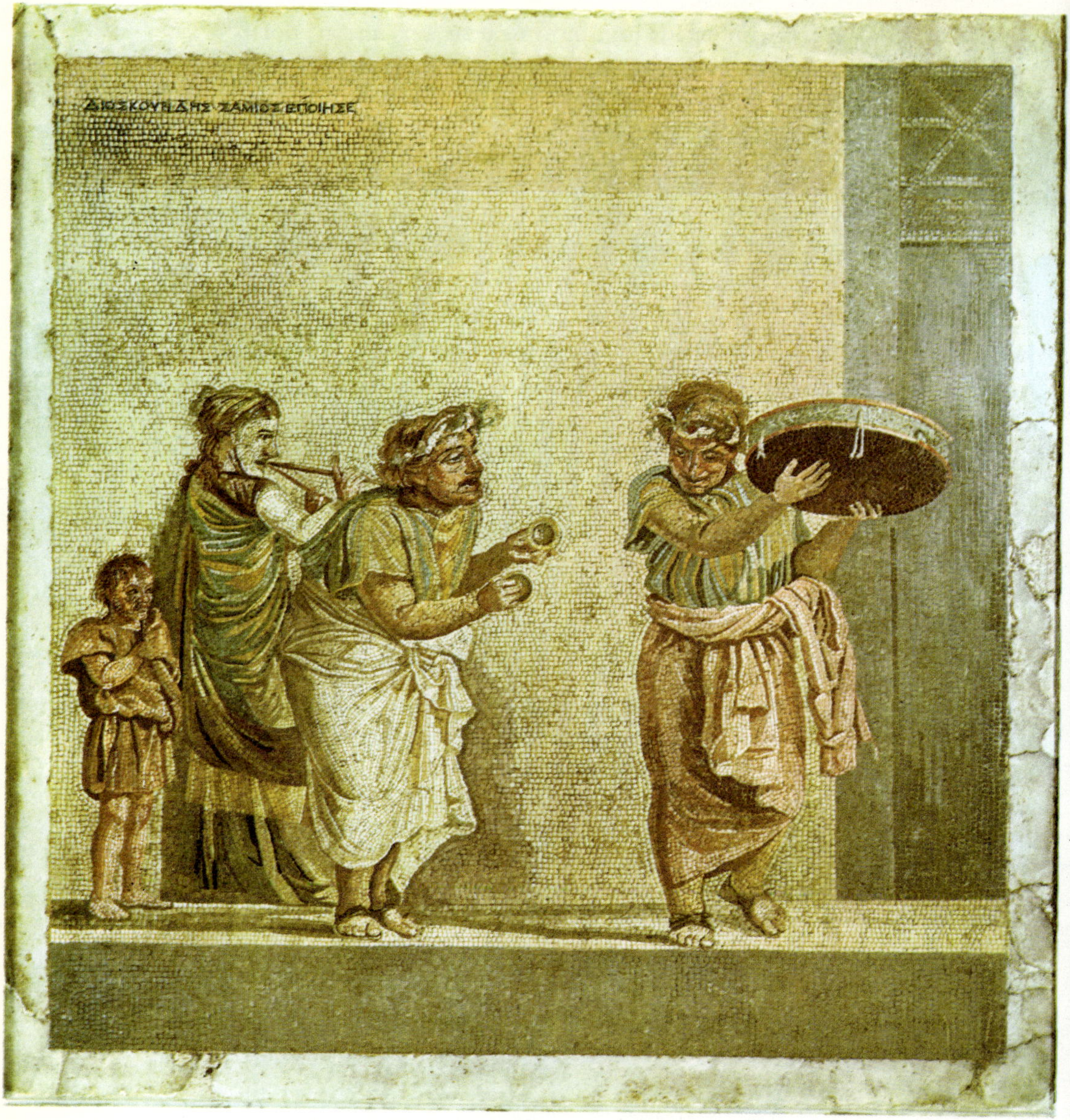

Komödienszene. Mosaik aus einer Villa in Pompeji, signiert von Dioskurides. Um 100 v. Chr.
Höhe 48 cm. *Museo Nazionale, Neapel, Vgl. Seite 137*

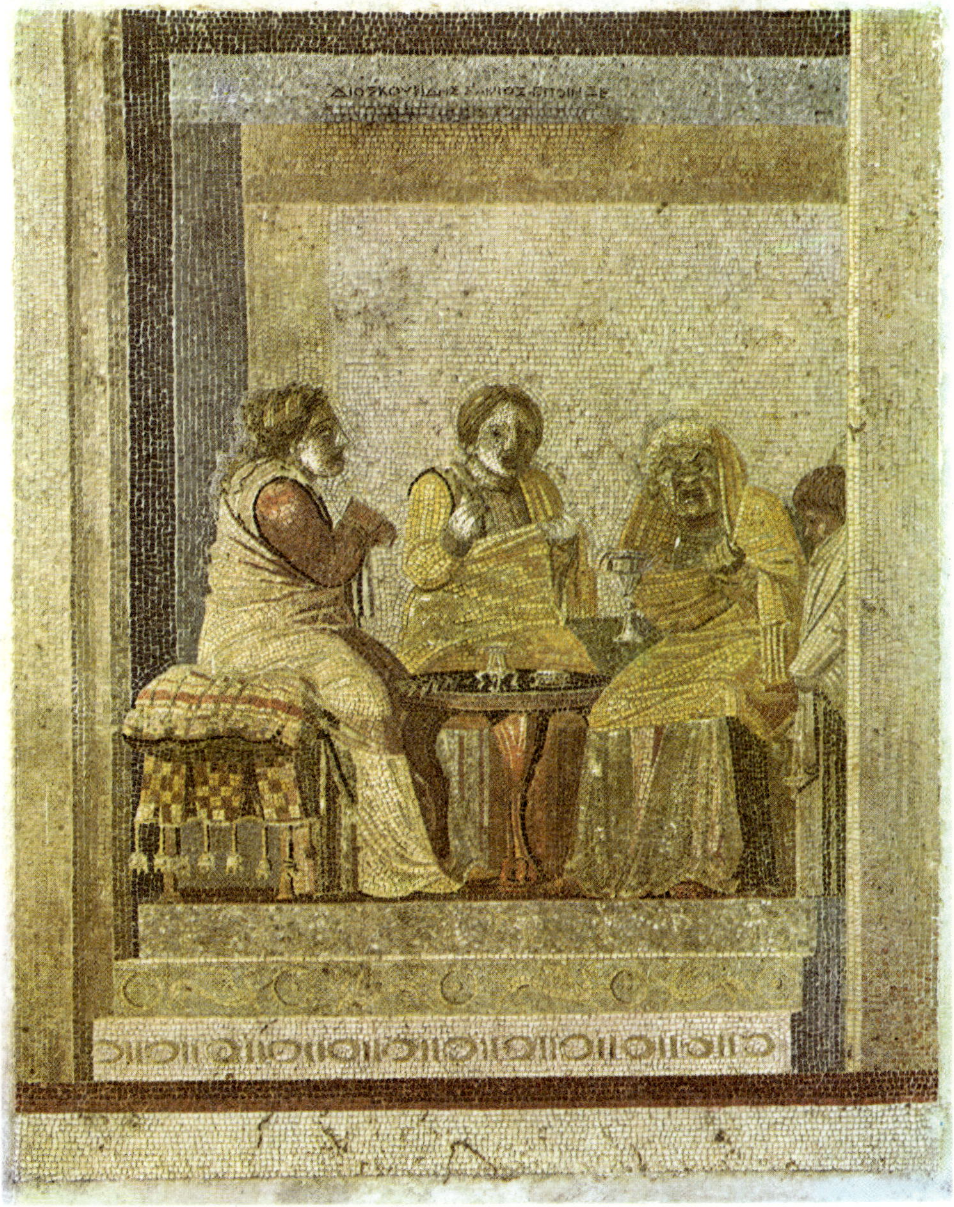

Frauen beim Frühstück: Illustration der ersten Szene von Menanders gleichnamiger Komödie »Synaristosai«. Mosaik aus einer Villa in Pompeji, signiert von Dioskurides. Um 100 v. Chr. Höhe 48 cm. *Museo Nazionale, Neapel. Vgl. Seite 138*

Parthenon-Frieses, der die panathenäischen Umzüge, das großartigste Fest der Stadtgöttin Athena, zeigte.

Die Sage wird – wie auf den Homerischen Bechern – in aufeinanderfolgenden einzelnen Szenen berichtet; dies war eine alte Methode, Geschichten in Bildern zu erzählen; man kann sie bis ins 6. Jahrhundert v. Chr. zurückverfolgen. Etwa ein Drittel des Frieses ist verlorengegangen, und Interpretation und Position einiger Platten sind zweifelhaft. Heftigkeit gibt es hier nur in den Schlachtenszenen, doch einige vorwärts stürmende Figuren in langen ABB. SEITE 101 Chitonen erinnern an die Nike von Samothrake. Der Faltenwurf der Frauen in einer Kultszene ist so formal wie der der Iphigenie. Die Landschaft wird durch eine Sphinx auf einem hohen Pfeiler, durch felsigen Boden und flache Bäume angedeutet, Elemente des Hirtenstils, der aus der frühhellenistischen Periode beibehalten ist. Ruhebänke, Kissen und ein Bett werden in Interieur-Szenen gezeigt. Dies soll nicht heißen, daß die Bildhauer nicht auch am Gigantenfries gearbeitet hätten, doch das Thema war ein anderes und das Flachrelief stellte auch andere künstlerische Probleme. Die Bildhauer führten gelegentlich Figuren in kleinem Maßstab ein, vielleicht eher, um sie von der Hauptszene zu trennen, als um Distanz auszudrücken; die deutlichsten Beispiele sind die verschleierte Auge und ihre beiden Dienerinnen, die in kleinerem Maßstab über den Arbeitern, die den Kasten bauen, erscheinen, und die kleine Frau, die fortläuft, als Telephos das Orest-Kind ergreift.

Die Sage verläuft, soweit sie auf dem Fries verständlich wird, wie folgt: 1) König Aleos von Arkadien befragt das Orakel und erfährt, daß der Sohn seiner Tochter Auge seine Söhne töten wird, 2) er empfängt Herakles in seinem Palast, 3) Herakles dringt in den Hain ein, um Auge zu rauben, 4) (Auge gebiert das Kind Telephos, das ausgesetzt wird) und ein Kasten wird gebaut, in dem sie Wind und Wellen preisgegeben werden soll, 5) (der Kasten treibt nach Mysien) und König Teuthras eilt an den Strand, um ihn in Empfang zu nehmen, 6) eine Mänade erhitzt Wasser, um den kleinen Telephos unter den Augen der Arkadia, die auf ihrem Felsen sitzt, zu baden (eine Personifikation, die der »Theben« auf dem Homerischen Becher sehr ähnlich ist), 7) Herakles entdeckt das Kind Telephos, das von einer Löwin gesäugt wird, 8) der junge Telephos ABB. SEITE 109 kommt nach Mysien, um seine Mutter zu suchen, und Aleos findet in ihm einen erfolgreichen Krieger und 9) führt ihm Auge als Braut zu, 10) Auge versucht, Telephos zu töten, aber eine Schlange erhebt sich vom Boden und hindert sie (es folgt die Erkennung zwischen Mutter und Sohn), 11) Telephos, jetzt König von Mysien, kämpft mit den einfallenden Griechen, 12) Dionysos verstrickt Telephos in eine Weinranke, damit Achilles ihn verwunden kann, 13) (Telephos geht nach Griechenland, um seine Wunde heilen zu lassen), er ist in Gefahr, als Spion getötet zu werden, aber er reißt den kleinen Orest an sich und nimmt auf einem Altar Zuflucht, 14) Telephos zeigt den griechischen Helden seine Wunde (und Achilles heilt ihn als Gegenleistung für Telephos' Dienst, die Griechen nach Troja zu führen, 15) der Athena- und der Dionysos-Kult werden in Beisein sitzender Satyrn von Arkadien nach Mysien übertragen.

Die lange Folge, die auf diese Art teilweise rekonstruiert werden kann, ist reich an literarischen Anspielungen: Euripides' »Auge« dramatisierte den Raub der Auge; Sophokles' »Mysier« handelten von Telephos' Ankunft in Mysien und Auges Versuch, ihn zu töten; Euripides' »Telephos« zeigte ihn in Griechenland und führte die Geschichte bis zu seiner Heilung. Der Fries befriedigte also die pergamenische Gelehrsamkeit und klärte überdies über die Herkunft der Könige und den Ursprung der beiden sehr bedeutenden pergamenischen Kulte der Athena und des Dionysos auf.

Das Thema der Platte mit Herakles, der den kleinen Telephos ABB. SEITE 113 beobachtet, wird auf einem Fresko aus Pompeji wiederholt, das auf ein zeitgenössisches pergamenisches Original zurückgehen muß. Auf beiden ist der Telephos ein bezauberndes Beispiel hellenistischer Kinderdarstellung. Das freiere Medium der Malerei erlaubt dem Künstler, den kleinen Satyr und die geflügelte weibliche Gestalt müheloser hinter den Hauptfiguren unterzubringen, ohne die drastische Reduktion des Maßstabs, die im gemeißelten Fries gebraucht wird, um die Trennung auszudrücken. Hier benutzt er den anderen Maßstab, um die Bedeutung des personifizierten

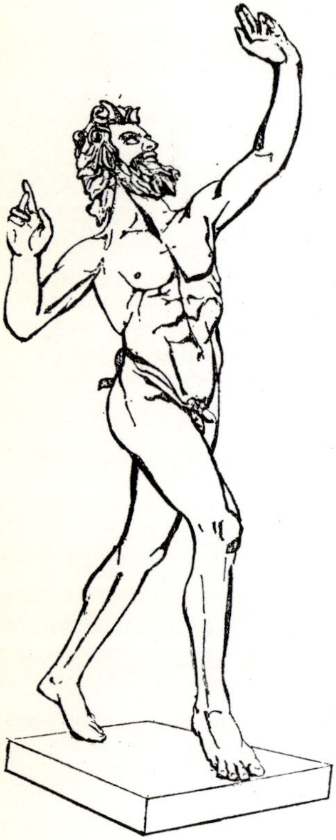

Fig. 29 – Tanzender Satyr. Bronzestatue aus der Casa del Fauno in Pompeji. Um 150 v.Chr. Museo Nazionale, Neapel. Vgl. Seite 129, 167

Arkadien zu betonen. Er erreicht eine beträchtliche Tiefe, weil die Diagonalen, die von dem Gesicht des Satyrs zu dem Löwen und von den Flügeln zu dem kleinen Telephos verlaufen, ebenso aus der Tiefe heraus wie schräg über das Bild führen. Die schmale Bühne mit dem flachen Hintergrund der frühhellenistischen Malerei ist vollkommen überwunden.

Hier wird Telephos wie in den literarischen Versionen von einer Hindin, nicht von einer Löwin gesäugt; und die königliche Zukunft Pergamons wird durch den Zeusadler und den Löwen symbolisiert. Vielleicht ersetzte der Bildhauer des Frieses die Löwin, weil er jetzt auf Telephos' königliche Nachfolger hinweisen wollte. Die geflügelte Gestalt ist Parthenos, sowohl das arkadische Gebirge, auf dem Telephos geboren wurde, als auch die Sternbild-Jungfrau, die Herakles zu seinem Kinde geführt hatte. Die massive Gestalt der Arkadia ist der Arkadia des Frieses ähnlich. Auf jener Platte erhitzte eine dionysische Mänade Wasser für den Säugling; hier sind Büschel von Weintrauben des Dionysos in dem Korb neben Arkadia, und ein junger Satyr beugt sich über sie. Der junge Satyr ist ein Hirte; er hält Pansflöten in der einen Hand und einen Hirtenstab in der anderen und hat ein grobes Fell über der Schulter. Wir erinnern uns, daß die Eingeweihten des Dionysos in Pergamon *Boukoloi* oder Hirten genannt wurden, so daß dessen Kult sich also auch in dem Bilde ankündigt.

Der muskulöse Rücken des Herakles und sein massiges bärtiges Gesicht haben eine gewisse Verwandtschaft mit den Giganten des Zeusaltars. Die gedrungene Gestalt und die Handhaltung auf dem Rücken erinnern an die überlebensgroße Bronze eines hellenisti-
ABB. SEITE 116 schen Herrschers im Thermenmuseum zu Rom. Eine Identifikation mit Demetrios I., der in der Mitte des 2. Jahrhunderts v. Chr. König von Syrien wurde, ist vorgeschlagen worden. Der Kopf hat die eingesetzten Augen verloren, die ihn lebendig gemacht haben werden.

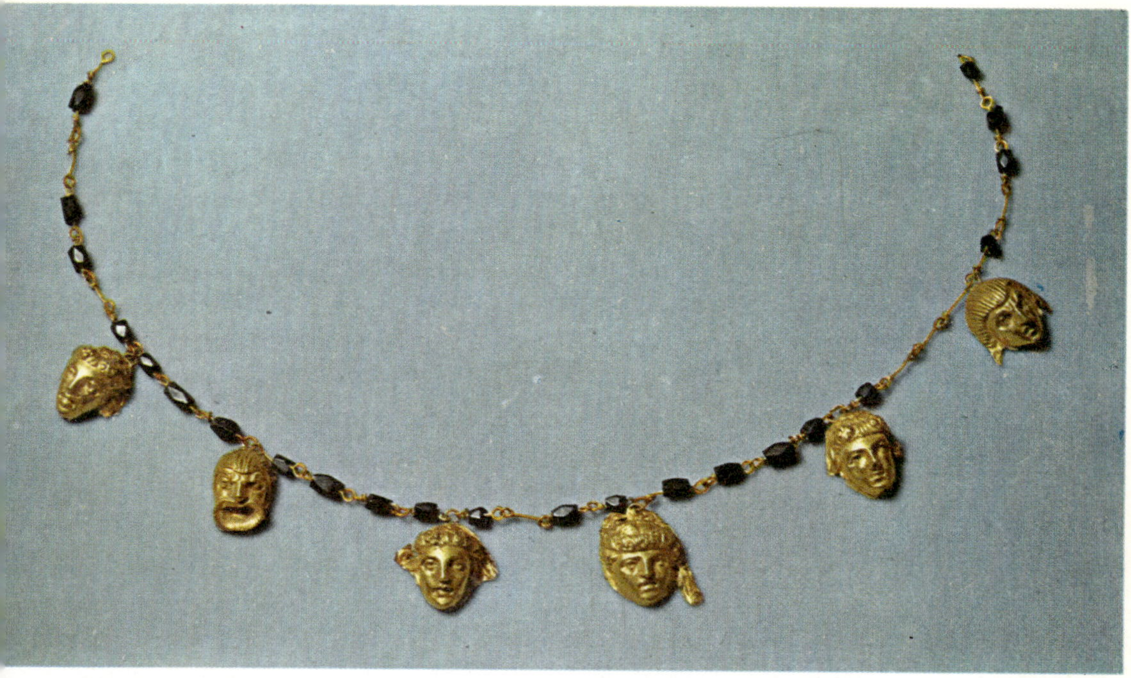

Komödienmasken an einer goldenen Halskette aus Palaiokastron in Thessalien. Um 100 v.Chr.
Museum für Kunst und Gewerbe, Hamburg. Vgl. Seite 138

Die schweren Brauen und das dicke Haar rücken ihn in die Nähe des Herakles auf dem Bild.
Hier mag eine andere Bronze angeführt werden, die Statuette eines tanzenden Satyrs, die der Caso del Fauno in Pompeji ihren Namen gab. Das wilde Haar und die schweren Brauen erinnern an die Giganten; der massige Körper und der weite Schritt der schlanken Beine lassen an den hellenistischen Herrscher denken. Die verdrehte Pose mit Gliedern, die in verschiedene Richtungen streben, ist eine späte Weiterentwicklung des lysippschen Dreidimensionalismus. Die Statuette könnte sehr wohl ein pergamenisches Original sein, das nach dem Tode des letzten Königs von Pergamon nach Pompeji gebracht wurde. Das Mosaik mit tragischen Masken, die an einer Girlande mit realistischen Früchten und Blumen aufgehängt sind, das aus dem gleichen Hause stammt, ist auch als Kopie FIG. 29

eines pergamenischen Originals angesehen worden. Wenn das Original des Alexander-Mosaiks, das den Boden einer Exedra im gleichen Hause bedeckte, wirklich von Apelles stammte, kann auch dies im Osten gemalt und dort kopiert worden sein.

Hercules Musarum

Der Satyr führt uns zu Dionysos und seinen verschiedenen Erscheinungsformen in Pergamon. Aber zunächst wollen wir feststellen, daß diese gewundenen Figuren – und hier können wir den Gallierführer und die ihm ähnlichen Gestalten einschließen – in das späte 3. und frühe 2. Jahrhundert gehören, und daß sie natürliche Parallelen zu dem leierspielenden Herakles auf der Münze des Pomponius Musa bilden. Der Künstler hatte die Statue dem Flachrelief der Münze anpassen müssen, aber es scheint deutlich, daß das Original eine Figur in gespreiztem Schritt mit verdrehtem Rumpf war, die gut zu diesen gewundenen pergamenischen Gestalten paßt, während die Musen, mit denen der Herakles verknüpft war, in das frühe 3. Jahrhundert gehören. So deutet auch der Stil darauf hin, daß der Herakles eine neue oder mindestens eine moderne Statue war, die von Fulvius Nobilior in Rom den frühhellenistischen, aus Ambrakien mitgebrachten Musen beigegeben wurde.

ABB. SEITE 55

Dionysos

ABB. SEITE 172

Dionysos war in Pergamon der Gott der Mysterien und der Gott des Dramas. Die Gemälde der Villa dei Misteri in Pompeji können Kopien der Dekoration des Altars des Dionysos Kathegemon im Palast sein. Die Qualität der Gemälde ist durch den römischen Kopisten zunichte gemacht, und sie wurden wahrscheinlich nach einem Original in kleinerem Format vergrößert; doch sie erzählen uns einiges von den Schrecken und Hochstimmungen der Einweihung. Der junge Dionysos, der sich an die sitzende Ariadne lehnt, ist Symbol und Bürgschaft zugleich für die Seligkeit im Jenseits, die durch die Teilnahme an den Mysterien erlangt wird.

FIG. 30

Das stärkste Zeugnis für den Zusammenhang dieser Gemälde mit Pergamon ist die Ähnlichkeit von Dionysos und Ariadne mit einer Terrakotta-Gruppe aus Myrina. Myrina liegt knapp 40 km von Pergamon entfernt und besaß eine blühende Terrakotta-Industrie, die früher in Tanagra bekannte Typen beibehielt und weiterentwickelte, aber auch viele neue Typen wie die oben erwähnte Nike einführte: die sehr interessanten Schauspieler-Terrakotten,

Myrina-Terrakotten

ABB. SEITE 104

die später betrachtet werden sollen, spiegeln wahrscheinlich pergamenische Theaterbräuche wider.

Zwei Schauspieler-Terrakotten scheinen, wie Dionysos und Ariadne, nach einem zeitgenössischen Gemälde kopiert worden zu sein. Andere Terrakotten sind verkleinerte Kopien nach Skulpturen: dies hat man auch für eine Gruppe im Britischen Museum, eine nackte Frau neben einer Herme, vermutet. Das Thema eines biegsamen Körpers neben einer starren Stütze ist im Grunde praxitelisch: der Apollon Sauroktonos ist das beste bekannte Beispiel. Die Verwendung einer Herme in solchem Zusammenhang kehrt bei der Bronzegruppe aus einem Schiffswrack von der Küste vor Tunis wieder: bei dieser steht ein geflügelter Knabe neben der Herme, während er sich einen Kranz auf den Kopf setzt. Er ist als Agon, die Personifikation des Wettkampfes, gedeutet worden; die Herme trägt die Signatur Boethos von Kalchedon. Die Herme der Bronzegruppe gehört vermutlich an den Platz, wo der Wettkampf abgehalten wurde, vielleicht in die Palästra oder Ringschule. In Athen wurde die Stoa der Hermen für Chorwettspiele benutzt.

FIG. 35, 36

ABB. SEITE 117

Der Kopf des Gottes ist sowohl bei der Bronzeherme als auch bei der Terrakotte des Britischen Museums archaistisch mit seinen Lockenreihen über der Stirn und dem stilisierten Bart. Doch die Mode, Hermen zu archaisieren, kam bereits im späten 5. Jahrhundert auf,

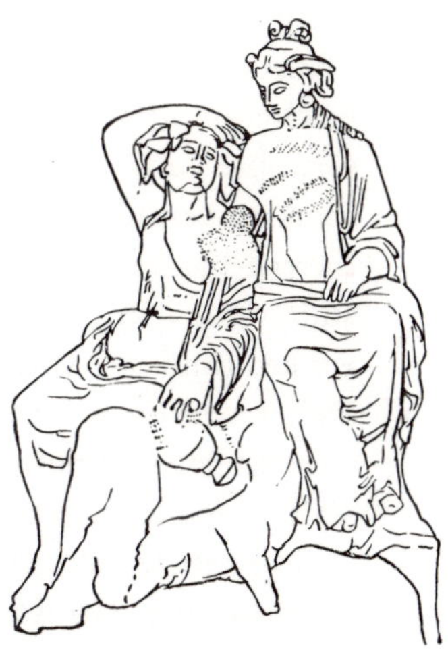

Fig. 30 – Dionysos und Ariadne. Terrakotta-Gruppe aus Myrina. 1. Jh. v.Chr. Höhe 24 cm. Musée du Louvre, Paris. Vgl. Seite 130

als Alkamenes die Herme für die zur Akropolis von Athen führenden Propyläen schuf; diese Herme war berühmt und ist in vielen Kopien, auch einer aus Pergamon, erhalten. Aber es ist wahrscheinlich richtig, nicht Hermes, sondern Dionysos in dem Kopf der Terrakotta-Herme zu sehen. Die Frau, vielleicht Aphrodite, krönt ihn mit einem Efeukranz, und die Schale für Weihgaben enthält ein Traubenbüschel wie auch die Granatäpfel der Aphrodite. Die Weihgaben passen für Aphrodite und für Dionysos. Wenn die Frau Aphrodite ist, wie man aus ihrer Nacktheit schließen darf, so opfert sie Dionysos wie auch sich selber. Dies ist eine Zusammenstellung von Gottheiten etwa wie die von Artemis-Arsinoe mit
FIG. 11 Satyrn auf dem Bronzerelief in Delos. Die Verbindung ist ganz natürlich: Nicht nur ist der Gott des Symposions mit der Göttin der Liebe in natürlicher Weise verbunden, sondern auch die Maenaden des Dionysos in Euripides' *Bakchen* flehen Dionysos an, er möchte sie nach Kypros bringen, »nach Aphroditens Eiland,/ Wo das Herzen berückende/ Volk der Eroten weilet.« Im Athen des späten 5. Jahrhunderts überschneiden sich die Kreise der Aphrodite und des Dionysos. Der schöne Entwurf mit seinen vollendeten Kontrasten des Männlichen und Weiblichen, des Archaischen und Modernen, des steifen Starren und des schmiegsamen, biegsamen nackten Körpers, ist wahrscheinlich die Konzeption eines überragenden Bildhauers, und die Terrakotte ist eine wohlfeile Kopie, die jedermann besitzen konnte.

Dionysos mit dem ihm ergebenen Thiasos von Satyrn und Mänaden erscheint oft jung und bartlos, wie mit Ariadne in der Myrina-Gruppe, ganz unähnlich dem majestätischen Kopf der Herme. In
FIG. 31 seiner jugendlichen Gestalt führt er am Zeusaltar zu Pergamon die Satyrn in den Kampf mit den Giganten, und in der gleichen Gestalt verstrickt er Telephos auf dem Telephos-Fries in eine Weinranke. Eine der anziehendsten Darstellungen einer Mänade ist das
B. A. 17 Relief von einer runden Marmorbasis, das in Pergamon gefunden worden ist. Der Faltenwurf ist sorgfältig mit vielen Abstufungen der Falten gemeißelt; sogar der Saum an der unteren Innenkante des Chitons ist wiedergegeben. Diese Behandlung der Falten sieht man auch bei den Göttinnen des Giganten-Frieses. Verglichen mit den

Mänaden des Lysippschen Kraters aus Dherveni hat diese Mänade sehr viel sorgfältiger ausgeführte Falten, aber sehr viel weniger heftige Bewegung. Ihr elegantes Vorwärtsschreiten auf Zehenspitzen, während zwei Finger den Saum des Chitons heben, erinnert uns eher an die neuattischen Mänaden, die ihrerseits nach attischen Reliefs des späten 5. Jahrhunderts kopiert worden sind. Dies ist wieder einmal eine Remineszenz an das klassische Athen und ein Anspruch, daß der athenische Gott der Mysterien und des Dramas auch der Gott der Mysterien und des Dramas in Pergamon sei. ABB. SEITE 15

Drama

Dionysos Kathegemon war sein Name in Pergamon. Kathegemon bedeutet »Führer«: das ist ein natürlicher Titel für einen Gott der Mysterien, aber vielleicht hörte ein Pergamene darin noch mit, daß der Gott zuerst Telephos nach Mysien und später die Attaliden nach Pergamon geführt hatte. Die Gilde der Schauspieler, Dichter und Musikanten hieß die »Gilde der Künstler des Dionysos, jener aus Ionien und vom Hellespont und jener des Dionysos Kathegemon«; die ionisch-hellespontische Gilde ging weit ins 3. Jahrhundert zurück und hatte ihren Ausgangspunkt in der alten ionischen Stadt Teos, an der Küste knapp 40 km von Myrina entfernt gelegen. Die Künstler des Dionysos Kathegemon bildeten einen Zweig der Gilde, der für die Theaterleute in Pergamon zuständig war.

Doch gab es noch eine andere Vereinigung in Pergamon, genannt die *Attalistai*, von dem berühmten Flötenspieler Kraton von Chalkedon gegründet, der ein hohes Amt in der ionisch-hellespontischen Gilde inne-

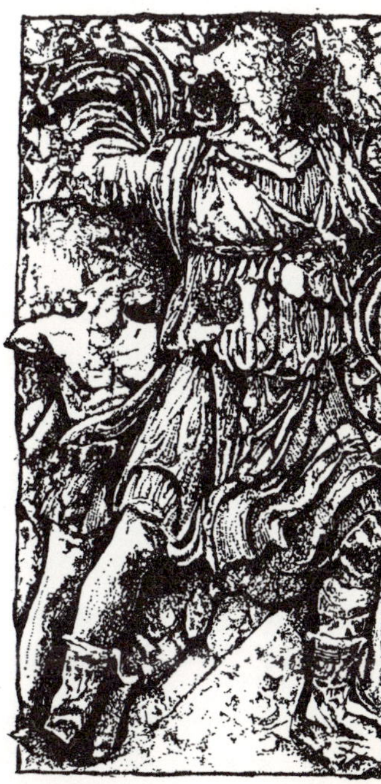

Fig. 31 – Dionysos-Relief. Marmor. Aus dem Fries des Pergamon-Altars. Um 200–150 v.Chr. Höhe 2 m. Pergamon-Museum, Berlin. Vgl. Seite 132

gehabt und dort viele Ehren erwiesen bekommen hatte. Er hinterließ den Attalistai ein Haus in der Nähe des Palastes und ein Gebäude beim Theater, angemessen ausgestattet für ihre Opfer und ihre Zusammenkünfte. Die Lage des Gebäudes in der Nähe des Theaters ist genau südlich vom tieferen Teil des Auditoriums identifiziert worden; das Attaleion ist mit der frühhellenistischen Exedra und dem rechteckigen Raum in Thasos verglichen worden; hier ist seine Funktion als Versammlungsort belegt. Es war die Pflicht der Attalistai, den Kult der Könige zu betreuen, doch waren sie mit der Gilde sowohl durch ihren Begründer Kraton als auch durch die Verehrung des Königs für Dionysos Kathegemon, der der Gott der Gilde war, eng verbunden.

FIG. 6

Theater

ABB. SEITE 120
FIG. 20

Das Theater wurde unterhalb der Bibliothek und des Athena-Tempels in den Berg hineingebaut. Das Auditorium war sehr steil, und die Ebene der Orchestra befand sich 56 m unter der obersten Sitzreihe. Die achtzig Reihen waren durch horizontale Umgänge in drei Blocks gegliedert, und die Blocks waren durch vertikale Treppen – acht im untersten Block und vier in den beiden oberen Blocks – unterteilt.

FIG. 32

Das Bühnenhaus mußte für jede Vorstellung neu errichtet werden, weil es die breite Straße, die unten entlang führte, versperrte. Diese führte von der Agora und dem Tempel des Dionysos Kathegemon im Süden zu dem Vorläufer des Caracalla-Tempels im Norden; der Gott dieses nördlichen Tempels ist nicht bekannt, doch könnte es sich um einen zweiten Dionysostempel gehandelt haben. Diese breite Straße sieht wie ein Prozessionsweg aus, und ein Grund für das provisorische Bühnenhaus mag die Möglichkeit

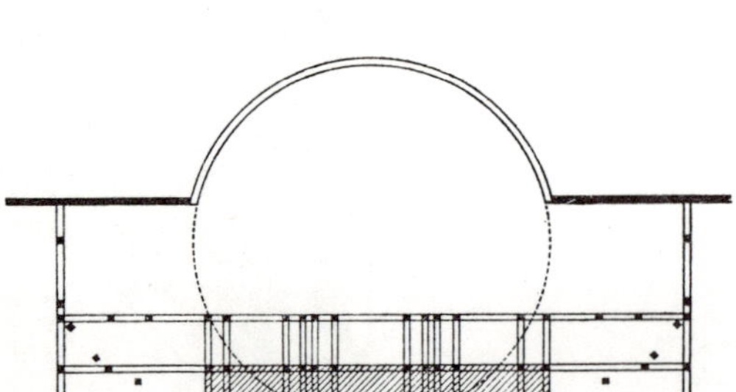

Fig. 32 – Grundriß des Pergamon-Theaters. Siehe oben

gewesen sein, die Sitzplätze des Theaters für die Zuschauer bei den Umzügen zu benutzen. Die Pfostenlöcher in der Straße lassen die Aufstellung eines normalen hellenistischen Bühnenhauses mit vorspringender Bühne und drei Eingängen im Hintergrund zu.

Das Theater ist so steil, daß alles, was zur Erhöhung und Verdeutlichung der Schauspieler beitrug, willkommen sein mußte. Für die Komödiendarsteller konnte nichts getan werden, weil sie beweglich sein mußten, doch die Tragöden, die sich nicht soviel hin- und herbewegten, erhielten verdickte Sohlen, um sie größer zu machen und ihre Füße zu markieren. Es mag daher kein Zufall sein, daß die frühesten Darstellungen tragischer Schauspieler mit dicksohligen Schuhen und die einzigen Darstellungen, die ins 2. Jahrhundert v.Chr. zurückgehen, einen tatsächlichen oder möglichen Zusammenhang mit Pergamon haben. *Tragödie*

Die früheste ist die große Marmorfigur aus der Nachbarschaft des Zeusaltars: wo sie genau gestanden hat, ist ungewiß, noch ist es sicher, ob sie eine Personifikation der Tragödie oder die Muse der Tragödie ist, doch eine von beiden muß die Frau im Tragödienkostüm mit einem Schwert an der Seite sein. Die Sohle ihres rechten Schuhes ist deutlich sichtbar, und diese ist dick. B. A. 10

Die »Tragödie« des Archelaos-Reliefs hat verhältnismäßig noch dickere Sohlen; der Faltenwurf ist dem der Figur aus Pergamon sehr ähnlich, doch das Schwert ist weggelassen. Archelaos kam aus Priene, das im Gebiet der ionisch-hellespontischen Gilde liegt, und wir haben gesehen, daß er auch für seine Musen Vorbilder im griechischen Kleinasien heranzog. Eine runde Basis aus Halikarnass, das auch zum Gebiet der Gilde gehörte, zeigt eine sitzende tragische Muse, die dicksohlige Schuhe trägt und eine bärtige männliche Maske in der Hand hält.

Die früheste erhaltene Darstellung eines Schauspielers mit diesen dicksohligen Schuhen ist eine sehr feine Terrakotta-Statuette aus Amisos (am Schwarzen Meer), auch zur hellespontisch-ionischen

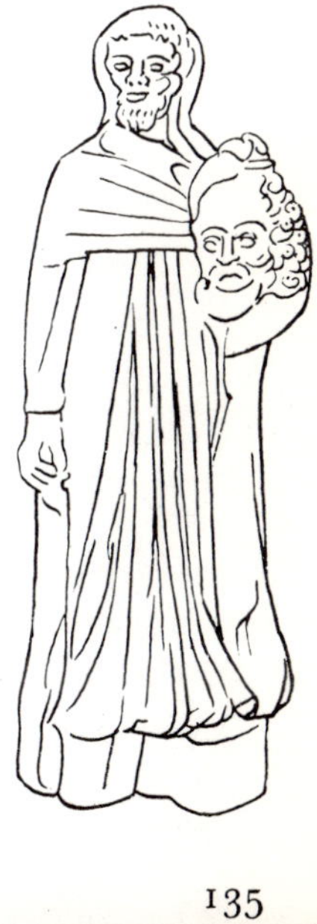

Fig. 33 – Schauspieler in der Rolle des Herakles. Terrakotta-Statuette aus Amisos. 2. Jh. v.Chr. Musée du Louvre, Paris. Siehe oben

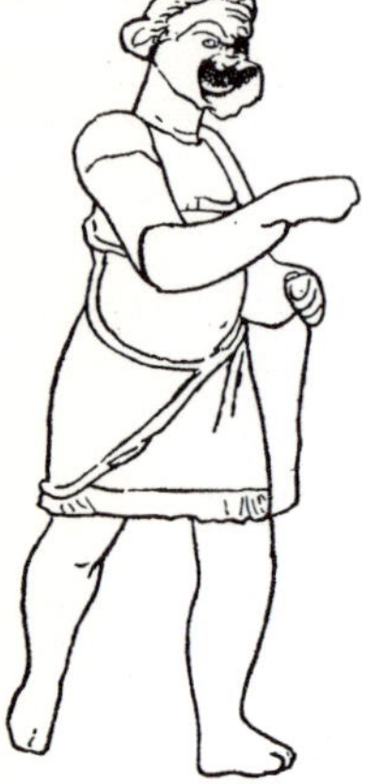

Fig. 34–36 – Terrakotta-Statuetten aus Myrina. Seite 136 oben: Sklave aus einer Komödie. Höhe 21 cm. Nationalmuseum Athen. Seite 136 unten: Zimbelschlagender Komödienschauspieler. Höhe 19 cm. Nationalmuseum Athen. Seite 137: Fragment eines musizierenden Komödienschauspielers. Höhe 20 cm. Antikensammlung Berlin. Alle Statuetten um 125 v. Chr. Siehe unten

Gilde gehörig. Der Schauspieler hat Herakles dargestellt; er trägt einen langen, mit Ärmeln versehenen, hochgegürteten Chiton und einen kleinen Mantel über der linken Schulter; er hält seine Keule neben sich und seine Maske in der linken Hand. So steht der Schauspieler, während er seinen Beifall entgegennimmt; die frühere Statuette von der athenischen Agora zeigt Herakles auf der Bühne. Wahrscheinlich trennt die beiden ein Jahrhundert, aber das traditionelle Kostüm und die Maske sind beibehalten; die Agora-Statuette hat Füße und Beine verloren, doch besteht kein Grund anzunehmen, daß sie Schuhe mit dicken Sohlen hatte. Nachdem der neue Schuh einmal eingeführt war, wurde er allgemein üblich, und

FIG. 53 wir werden Belege dafür im Rom der 1. Jahrhundertmitte finden.

Komödie

Myrina stellte eine große Anzahl sehr feiner Terrakotta-Statuetten

FIG. 34–36 von Komödiendarstellern her. Ein gutes Beispiel ist der eilende alte Sklave (sein Haar und Bart sind weiß), ordentlich eingehüllt in sein kurzes Himation. Er erinnert uns an viele laufende Sklaven der Komödie, die ihren jungen Herren Neuigkeiten bringen; die »Sklaven-Schwemme« aus Myrina deutet ganz allgemein darauf hin, daß die Sklavenrollen in den Stücken von Menanders Nachfolgern wichtiger geworden waren.

Zwei der Statuetten aus Myrina, ein junger tympanumschlagender und ein junger zimbelspielender Mann, sind zwei Figuren auf einem in Pompeji gefundenen Mosaik so ähnlich, daß ein gemeinsames Original angenommen werden muß. Dadurch erhebt sich eine fesselnde Frage nach der Übersetzung und Übertragung. Die Terrakotten kommen aus Myrina. Die Mosaiken wurden in einem Hause in Pompeji gefunden, und das eine ist auf einem Wandgemälde des 1. Jahrhunderts n. Chr. in einem Haus in Stabiae kopiert worden. Da haben wir also ein sicheres Beispiel für ein nach einem Mosaikoriginal kopiertes campanisches Gemälde. Die Mosaiken selber sind klein und wunderbar fein in der Technik. Die

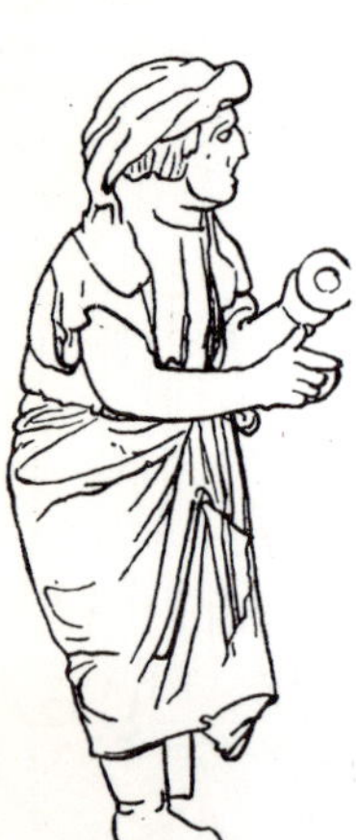

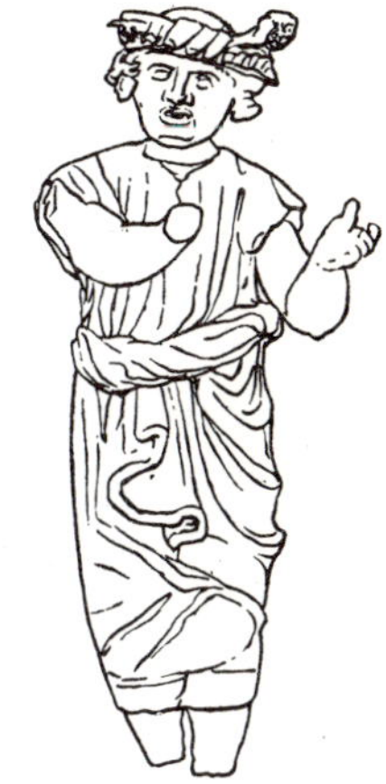

Buchstaben der Signatur, Dioskurides von Samos, datieren sie etwa um 100 v.Chr.; Samos deutet auf den Osten, doch könnte der Künstler auch ausgewandert sein, und sichere Hinweise bilden andere bekannte Importe nach Pompeji aus dem Osten und die Identität der beiden jungen Männer mit den Terrakotten aus Myrina. Wir haben gesehen, daß Myrina-Terrakotten manchmal Gemälde widerspiegeln, und ein Gemälde erscheint als der wahrscheinliche Vorläufer für die Terrakotten und das Mosaik.

Dioskurides-Mosaiken

Die Datierung des Gemäldes, das hinter dem anderen Mosaik steht, ist durch die Form des Bechers, den die alte Frau hält, für das 3. Jahrhundert gesichert, und beide Mosaiken haben die frühhellenistische Konvention einer schmalen Bühne mit einem Prospekt; aber natürlich sind sie beide Theaterbilder. Doch der sorgfältig ausgearbeitete Faltenwurf der jungen Männer sowohl bei den Terrakotten als auch auf dem Mosaik könnte sie zu Recht an das Ende des 3. Jahrhunderts rücken. Natürlich denkt man an Pergamon als den Platz, wo diese Gemälde zu sehen gewesen sein könnten, weil die Terrakotten von Dionysos und Ariadne nach Pergamon führten; aber der Standort der ionisch-hellespontischen Gilde, Teos, könnte ebensogut derartige Gemälde von Theaterszenen gehabt haben.

ABB. SEITE 124

In jedem Falle sind die beiden Mosaiken sehr delikat ausgeführte Kopien von zwei Theaterbildern, die im späten 3. Jahrhundert im griechischen Kleinasien gemalt worden sind. Auf dem einen tanzen zwei junge Männer mit Tamburin und Klapper draußen vor einer Tür; sie werden von einem flötespielenden Mädchen begleitet. Eine Szene lärmender Festlichkeit, die dieser nicht unähnlich ist, ist in einer lateinischen Umarbeitung, in Plautus' *Mostellaria* erhalten. Diese drei Gestalten sind maskierte Schauspieler; der nicht maskierte Knabe in der Ecke ist wahrscheinlich ein theaterbegeisterter Jugendlicher, der eine stumme Rolle spielen darf. Die breite niedrigere Gruppe der drei Figuren links gibt ein Gegengewicht zu der schmalen Figur rechts, die ihrerseits durch die hohe Tür größer erscheint, und das Graugrün der Tür erhält ein Gegengewicht durch den schmalen graugrünen Streifen vorn an der Bühne entlang. Das Ganze wird durch eine starke niedrige Lichtquelle von rechts zusammengehalten, die tiefe Schatten verursacht.

ABB. SEITE 125 Das andere Mosaik illustriert die erste Szene von Menanders *Synaristosai* (Frauen beim Frühstück), die Plautus als *Cistellaria* (Das Kästchen) übersetzte. Die alte Kupplerin (rechts) und ihre Tochter (links) haben die junge Frau in der Mitte besucht, die ihnen ein Frühstück anbietet. Die alte Frau hat über die Schwere und die Menge des Weines geklagt. Der kleine Sklave (wieder unmaskiert, weil es sich um eine stumme Rolle handelt) ist im Begriff, den Tisch wegzuräumen. Hier kommt das Licht von links und bildet Glanzlichter auf den Masken und auf dem Gesicht des Sklaven und verursacht einen tiefen Schatten dort, wo das Kissen über den Sitz links hängt. Auch hier ist das Licht stark und niedrig, und wir erinnern uns, daß zu Beginn des Jahrhunderts der Maler Antiphilos in Alexandria eine Interieur-Szene durch Feuerschein beleuchtet hatte.

Bei den tanzenden Musikanten hat der Künstler Masken, Kostüme und Bühne der Theateraufführung gezeigt; die Wand und die Tür sind eine gewöhnliche Hauswand und -tür und kein Theaterhintergrund, und der dunklere Streifen oben an der Wand entlang ist ein rein malerischer Effekt ohne Entsprechung in der Realität. In der Frühstücksszene führen die drei Stufen von der Bühne, und der Text des Stückes erwähnt den Tisch, doch die Sitzgelegenheiten gehören eher zum realen Leben als zur Bühne. Der Künstler möchte zeigen, daß die drei Menschen in einem Raum um einen Tisch sitzen, wenn der Raum auch nicht im Theater gezeigt werden konnte. Er hat daher viel sorgfältiger als auf dem anderen Mosaik farbige Streifen verwendet, um die Begrenzung der linken Seite und der Höhe des Bildes zu zeigen; der farbige Streifen rechts fungiert als Rahmen und schneidet den Diener. Dies ist einfach ein Kunstgriff, um Tiefe zu erzeugen; es ist natürlich möglich, daß auf dem Originalgemälde die einzelnen Streifen weder so einheitlich in der Farbe noch so scharf voneinander getrennt waren wie auf den Mosaiken.

Die Masken sind die Standardmasken der Neuen Komödie, und die dargestellten Typen haben sich seit der frühhellenistischen Zeit nicht geändert. Eine gute Serie, die ins 2. Jahrhundert datiert werden kann, ist an einer in Thessalien gefundenen Halskette zu sehen.
ABB. SEITE 129

Die Masken sind: ein alter Mann, zwei Typen von jungen Männern, die mit den jungen Tanzenden auf dem Mosaik übereinstimmen, drei Hetärentypen, von denen eine die Maske ist, die die Flötenspielerin auf dem Mosaik der Tanzenden und das sitzende Mädchen im Profil auf dem Frühstücks-Mosaik trägt, und drei Sklaventypen. Die Sklavenbärte sind kürzer und abgerundeter, so daß ihre Münder breiter als die der Myrina-Sklaven oder jener auf der Amphipolis-Tafel erscheinen. Die mittelhellenistischen Sklaven der Komödie waren offensichtlich redseliger und gieriger als ihre Vorgänger.

Das Bühnenbild wurde von dem Maler, den Dioskurides auf dem Mosaik kopierte, nicht dargestellt. Er war nur an den Schauspielern interessiert. Bühnenbilder wurden von vorzüglichen Künstlern gemalt; sie waren kostspielig und hielten lange Zeit. Im frühhellenistischen Theater war der Künstler auf verhältnismäßig schmale Paneele beschränkt, die zwischen den Säulen in den Lücken zwischen und neben den Türen angebracht wurden. Um die Mitte des 2. Jahrhunderts wurden wenigstens einige Theater umgebaut und hatten dadurch viel größere Wandflächen, in welche die Türen selber hineingesetzt wurden. Diese großen Wandflächen gaben für die breiten Prospekte, an denen der Maler interessiert war, viel mehr Raum. In der Tragödie und im Satyrspiel wurde nur der Mitteleingang benutzt, so daß die breiten Seitenfelder völlig frei für die Szenerie waren. In einigen Komödien wurde der Mitteleingang nicht benutzt, und diese Wandfläche konnte reine Szenerie sein. Doch selbst die Wandfelder, die eine benutzte Tür enthielten, hatten mehr Platz als die schmalen Paneele der früheren Periode. *Szenerie*

Das Theater zu Oropos in Böotien wurde um 150 v. Chr. umgebaut, und Inschriften bezeugen die Stiftung des *proskenion* und der *pinakes* durch einen Spender und der *skene* und der *thyromata* durch einen andern. Ein Blick auf die Rekonstruktion des Theaters erklärt die Unterscheidung. Das *proskenion* ist die untere Säulenreihe, die die FIG. 37

Dekoration der griechischen Komödie auf einem Fresko in Boscoreale. Ausschnitt aus dem Wandbild des auf Seite 145 wiedergegebenen Raumes. *Vgl. Seite 142f.* ▶

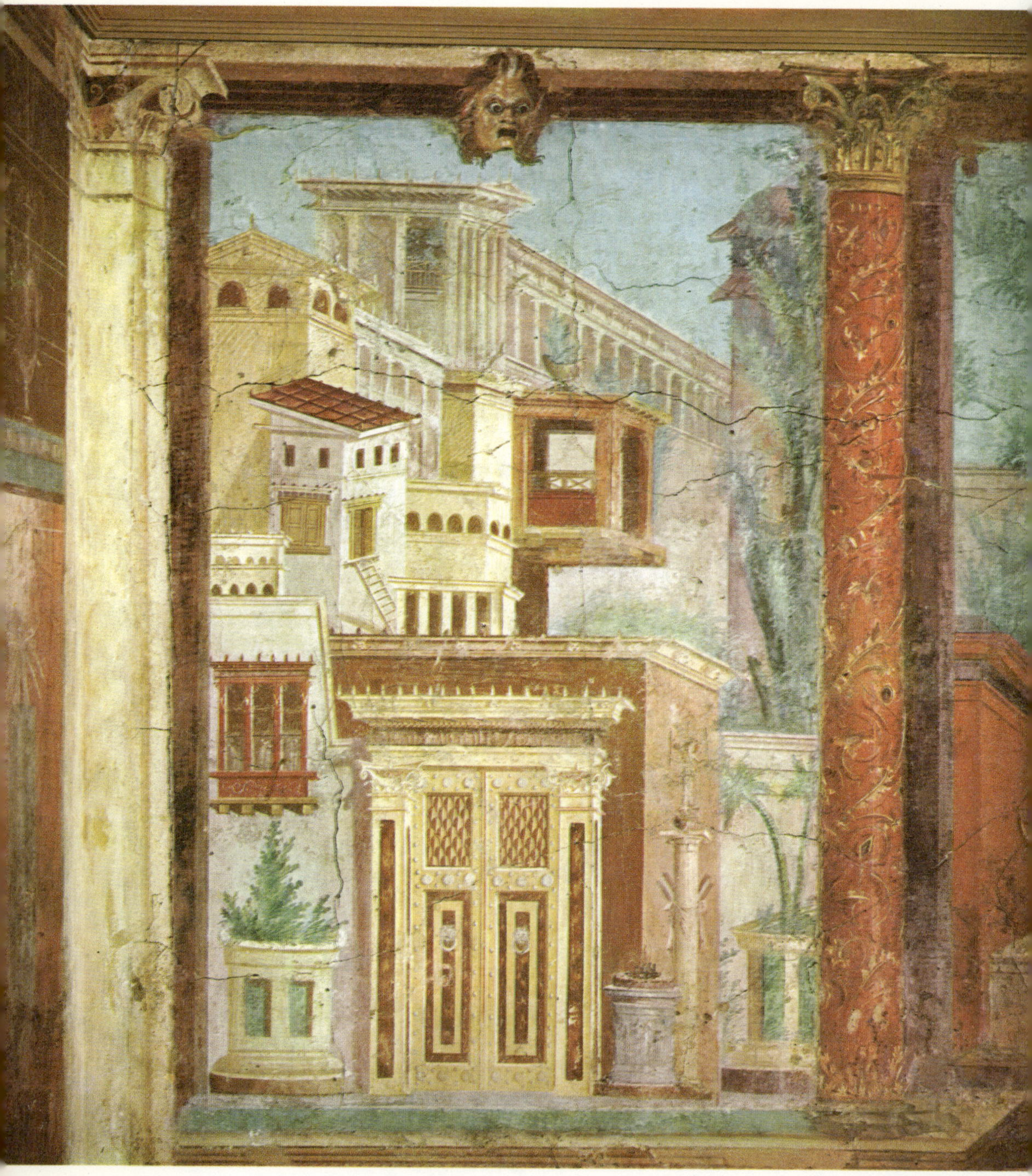

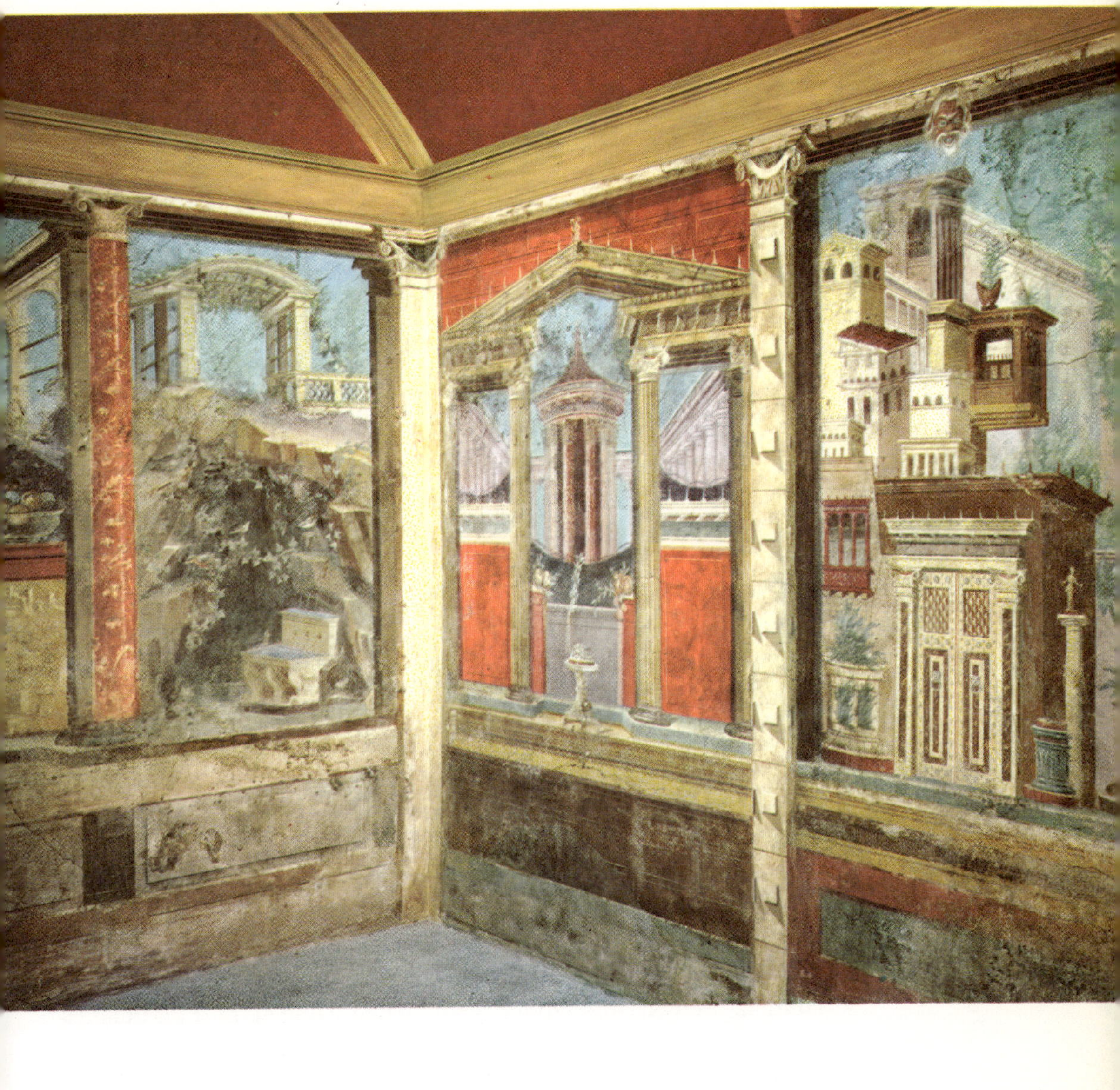

Dekorationen des griechischen Theaters als Motive für die Wandfresken eines Zimmers der Villa des P. Fannius Synistor in Boscoreale. Auf der linken Wand die Szenerie des Satyrspiels, rechts anschließend die der Tragödie, ganz rechts die der Komödie. *Vgl. Abb. Seite 142f.*

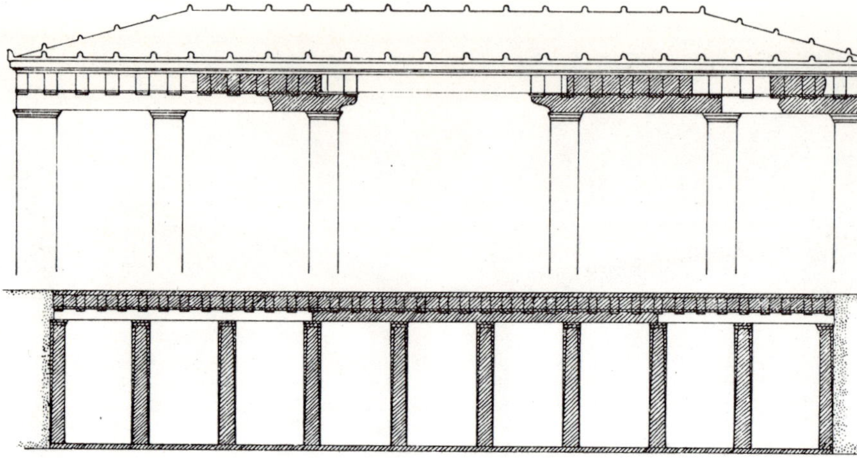

Fig. 37 – Rekonstruktion des Bühnengebäudes vom Theater zu Oropos in Böotien. Um 150 v.Chr. Vgl. Seite 139

Bühne stützt, und die *pinakes* sind die schmalen Felder zwischen den Säulen. Die *skene* ist das Bühnenhaus, da wo es sich über die Bühne erhebt, und die *thyromata* sind die breiten Wandfelder, die die Türen auf der Bühne umgeben.

Wir können uns auch eine Vorstellung von der Szenerie machen. Vitruv, der der Geschichte der Innendekoration von Häusern nachging, setzt kurz vor seine eigenen Lebzeiten eine Periode, in der es Mode war, die Wände mit Tragödien-, Satyrspiel- und Komödien-Szenerien zu bemalen. Als er vom Theater spricht, sagt

ABB. SEITE 140

er, daß die Tragödienszenerie Säulen, Giebel, Statuen und andere königliche Dinge habe; die Komödienszenerie habe Privathäuser, Balkone und Fenster; die Satyrspielszenerie sei mit Bäumen, Höhlen, Bergen und andern ländlichen Dingen in Landschafts-

ABB. SEITE 144

malerei dekoriert. Diese Motive sind in einem Schlafgemach der Villa in Boscoreale zu erkennen (die in einem andern Raum die Kopie eines frühhellenistischen Gemäldes mit Aratos, Makedonien

CUBICULUM BOSCOREALE

und Syrien hat). Die Boscoreale-Gemälde datieren von kurz nach der Mitte des 1. Jahrhunderts v.Chr., aber realistische Szenerien dieser Art wurden in Rom bereits 99 v.Chr. benutzt, als die Hintergründe der Stücke, die bei den Spielen des Appius Claudius Pulcher gegeben wurden, so realistisch waren, daß die Krähen versuchten, sich auf den gemalten Ziegeln niederzulassen.

Doch das Wort, das Vitruv für Landschaft benutzt, *topoeidis,* führt uns zurück in die Mitte des 2. Jahrhunderts, als *topographos* das Wort war, das benutzt wurde, um den Landschaftsmaler Demetrios zu bezeichnen und ihn von einem Kollegen zu unterscheiden, der *anthrographos,* Figurenmaler, war. Demetrios lebte in Rom, kam aber aus Alexandria, und wir haben gesehen, daß die Homerischen Becher ein zeitgenössisches Bindeglied zwischen dem geistigen und künstlerischen Alexandria und Böotien darstellten. Es ist durchaus möglich, daß die Idee für große, realistische Wandfelder als Szenerien ursprünglich aus Alexandria nach Oropos kam. Doch wie die Einflußlinien auch gelaufen sein mögen, das Cubiculum von Boscoreale kann uns eine Vorstellung von der mittelhellenistischen Szenerie und Landschaftsmalerei vermitteln.

Das Tragödienwandbild (rechts von der Ecke), ist ein architektonischer Prospekt: ein kleines, rundes Gebäude zwischen Säulenhallen und durch eine Säulenhalle gesehen; diese hat eine Mittelöffnung, die von einem Giebel gekrönt und durch eine Wand mit einem Altar mit Fruchtopfern auf beiden Seiten und einem runden Tisch für Weihgaben in der Mitte versperrt wird. Eine solche Anordnung ist mehr dekorativ als zweckdienlich, aber gegen strukturell unmögliche Architektur hatte Vitruv nichts einzuwenden, wenn er sie auf zeitgenössischen Gemälden sah. Die architektonischen Prospekte haben eine lange Geschichte, die bis auf die Szenerie zurückgeht, die Agatharchos für eine Aischylos-Wiederaufführung im späten 5. Jahrhundert malte. Das Neue ist hier die Benutzung des breiten Wandfeldes, die Art der Architektur und die übertriebene Richtigkeit der Perspektive.

ABB. SEITE 141

Ähnlich einfache weinüberwachsene Felsen waren im 5. Jahrhundert auf den Paneelen für Satyrspiele dargestellt, aber in Boscoreale bietet das breite Wandfeld (links der Ecke) Platz für eine beachtliche Höhle mit darüber wachsendem Wein und einem im Weinlaub sitzenden Vogel. Das Wasser der Nymphen ist in einen Marmorspringbrunnen geleitet worden, in dem es aus drei Speirohren in

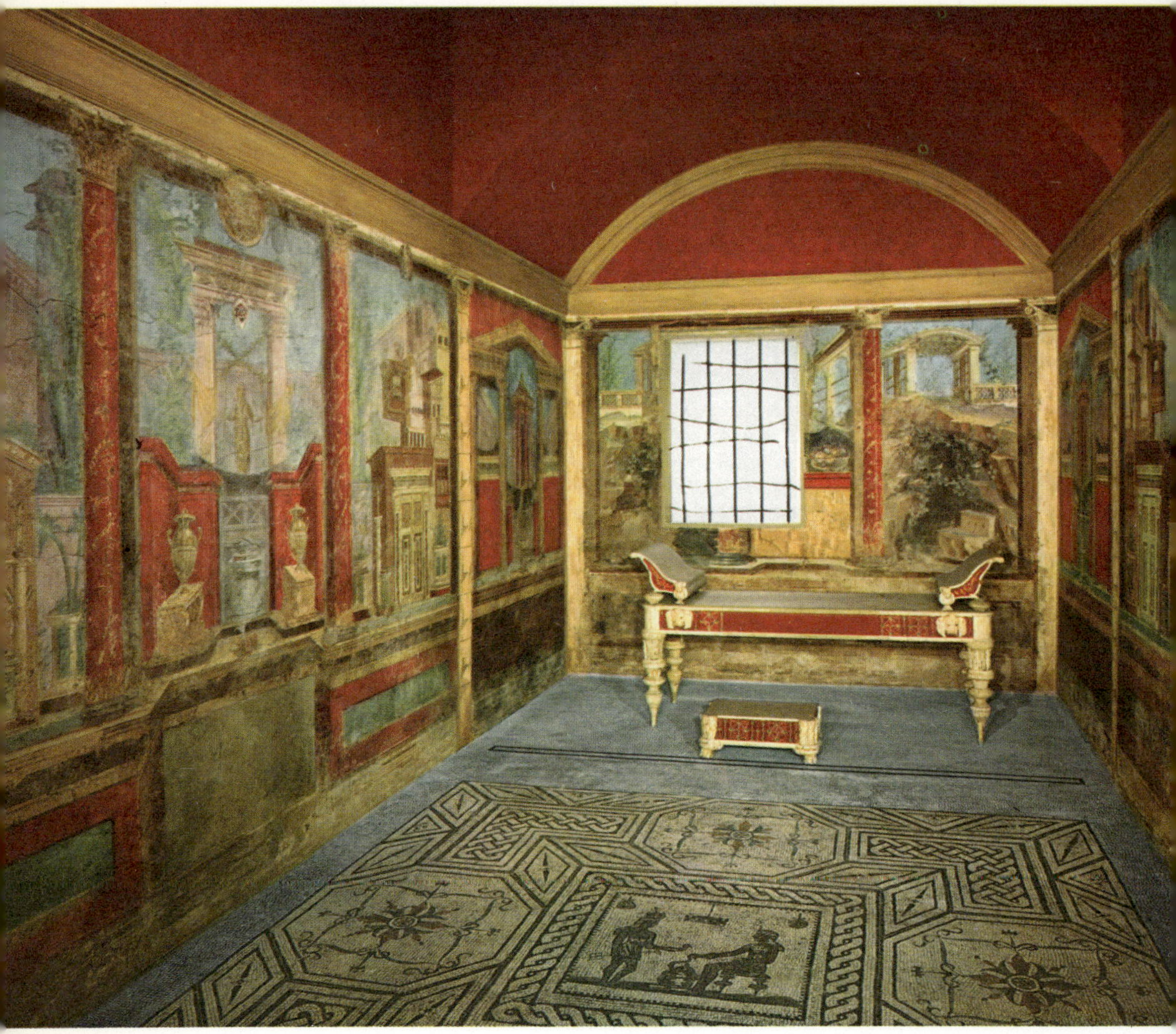

Schlafzimmer mit Fresken aus der Villa des P. Fannius Synistor in Boscoreale. Original um 150 v. Chr. *Metropolitan Museum, New York. Vgl. Seite 142f.*

ein Becken fließt. Darüber ist eine mit Blattwerk überdachte Laube, die an die Lauben des Symposion-Zeltes von Ptolemaios erinnert.
Von der Komödie zeigt das Schlafgemach in Boscoreale alle drei Felder einer normalen Bühnenfront. Die Türen und Fenster der äußeren Paneele stellen benutzte Türen und Fenster dar. Das Mittelfeld ist ein Hekate-Heiligtum ohne benutzbare Tür. In dieser Komödie wurden offenbar nur die beiden Häuser benötigt. Die Masken junger Satyrn über den Wandfeldern mit den beiden Häusern und die Maske eines alten Satyr über dem Hekate-Heiligtum sind wahrscheinlich als Zusätze des Malers des Schlafgemachs aufzufassen und nicht als Teil der Komödienszenerie.
Die Hausarchitektur ist wie die Prospekte der Tragödienszenerie mehr dekorativ als real; man könnte sie sogar als phantastisch bezeichnen, doch ist sie nicht ganz unrealistisch. Es hat wahrscheinlich nie solche Häuser gegeben, aber es hätte sie geben können. Es ist interessant zu sehen, daß in dieser sehr sorgfältigen und erfinderischen Darstellung zweier Häuser zu beiden Seiten eines Heiligtums Elemente erhalten sind, die in ihrer einfachsten Form zu Beginn der Hirtenmalerei zu finden waren: runde Altäre, Pfeiler mit Statuen zu beiden Seiten der Türen; und der Hekate-Schrein hat die gleiche Grundform – Pfosten und Querbalken, die eine Bildsäule schützen – wie der ländliche Altar auf dem attischen Kantharos des Menokles. ABB. SEITE 68
Eine Anspielung auf dem Komödienbild ist unklar: auf dem Dach des Altans, der über die Innenseite der Türen vorspringt, befindet sich ein zerbrochener Blumentopf mit einer Pflanze darin. Dies sind gewiß die sogenannten Adonisgärten, Pflanzen, die so schnell wuchsen und starben wie Adonis, den die Frauen beweinten. Man hat angenommen, daß die Komödie »Die Frauen beim Adonisfest« hieß, ein Titel, den mehr als eine Komödie trug. Doch ist ein besonderes Bühnenbild für eine einzelne Komödie unwahrscheinlich, und es könnte eher sein, daß Komödien manchmal bei einem Adonisfest aufgeführt wurden.
In dem gleichen Abschnitt, in dem Vitruv die Dramenszenerien als gute alte Dekoration erwähnt, spricht er auch von den Irrfahrten des Odysseus, die er in die gleiche Kategorie einordnet. Eine solche

Mythologische Landschaft (Esquilin)

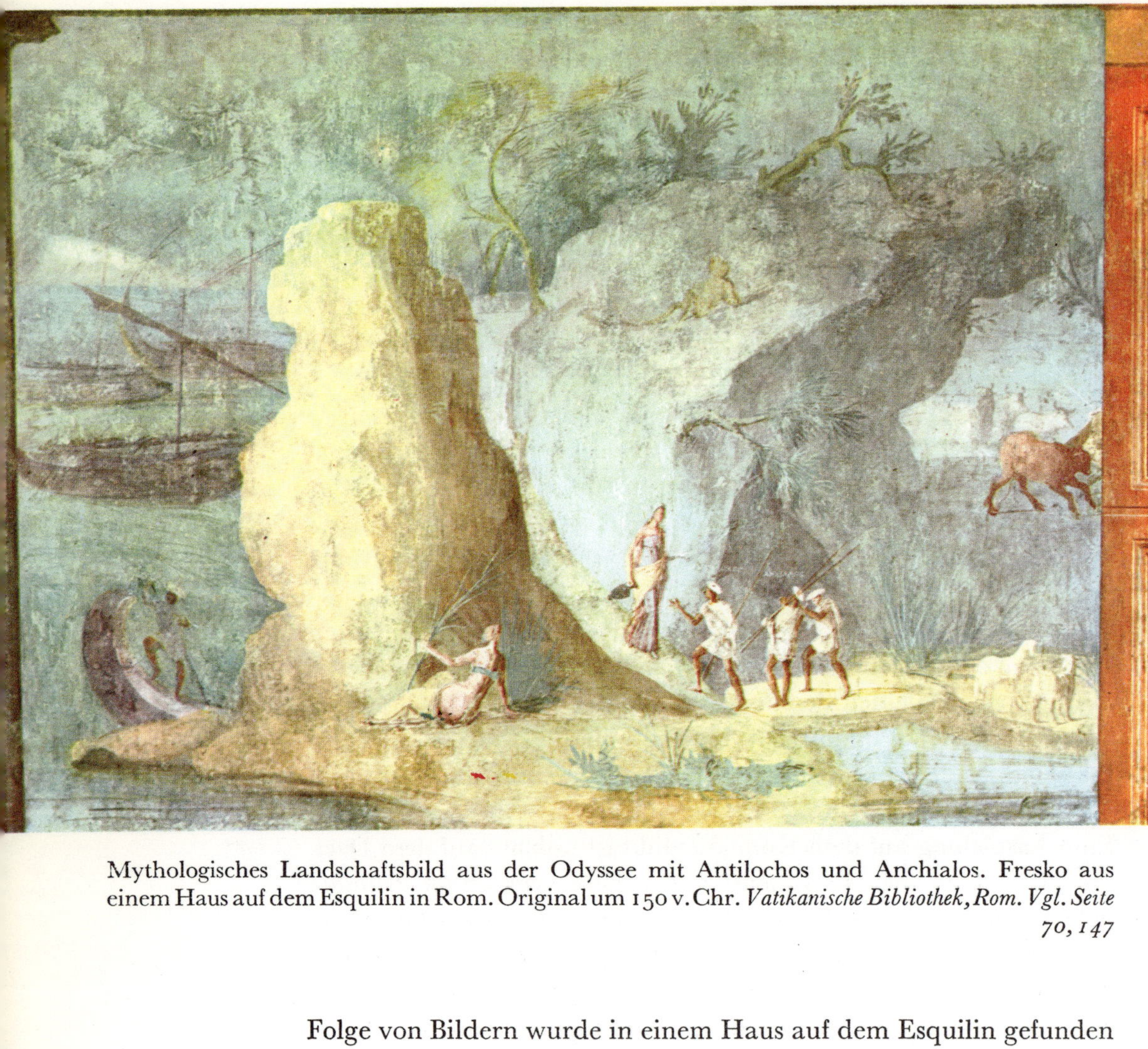

Mythologisches Landschaftsbild aus der Odyssee mit Antilochos und Anchialos. Fresko aus einem Haus auf dem Esquilin in Rom. Original um 150 v. Chr. *Vatikanische Bibliothek, Rom. Vgl. Seite 70, 147*

Folge von Bildern wurde in einem Haus auf dem Esquilin gefunden und befindet sich jetzt im Vatikan. Vier Bilder erzählen die Geschichte von Odysseus bei den Laestrygonen; ein anderes zeigt den Palast der Kirke; zwei weitere Odysseus im Hades. Auch dies scheinen Kopien des 1. Jahrhunderts nach Originalen des 2. Jahrhunderts zu sein. Sie sind in erster Linie Landschaftsbilder, doch kannte der Maler seinen Homer-Text. Odysseus segelt in einen geschützten Hafen, der auf dem dritten und vierten der Laestry-

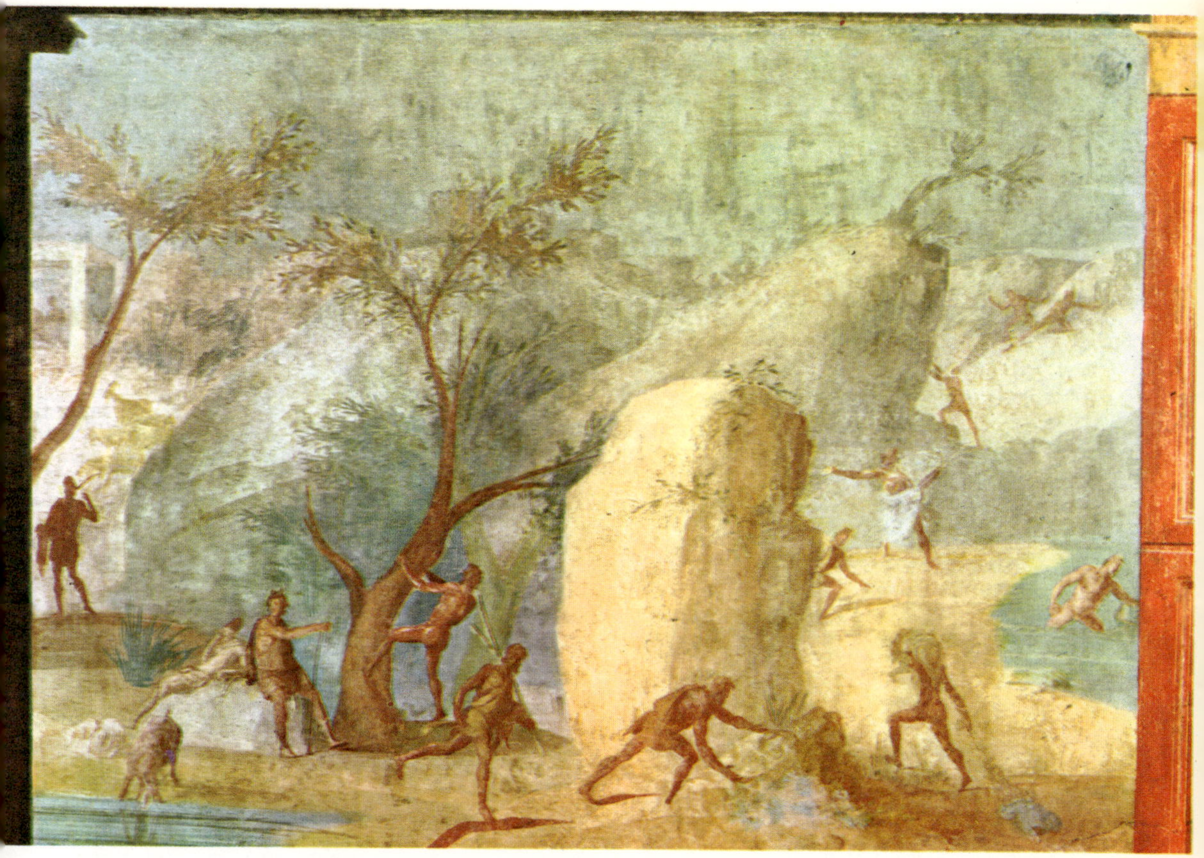

Mythologisches Landschaftsbild aus der Odyssee mit Nomai und Laestrygonen. Fresko aus einem Haus auf dem Esquilin in Rom. Original um 150 v.Chr. *Vatikanische Bibliothek, Rom. Vgl. Seite 70, 148*

gonen-Bilder deutlich gezeigt wird. Er schickt drei Männer aus, um nach den Bewohnern zu forschen, und die Männer begegnen der Tochter des Antiphates, des Königs der Laestrygonen, als sie herabsteigt, um Wasser zu holen. Dies wird auf dem ersten Bild gezeigt. Der Künstler hat die Namen der Männer, Antiochos und Anchialos, hinzugefügt; sie werden bei Homer nicht genannt. Dies ist ein Stück zusätzlicher Gelehrsamkeit wie die Namen Elektra und Manto auf den Homerischen Bechern (der Künstler der Homeri-

ABB. SEITE 146

schen Becher, der die Kirke-Sage illustriert, kennt die Namen der Männer, die Kirke in Tiere verwandelte). Links lagert die Quellnymphe, einen Krug neben sich; links oben ist der Windgott in seinem Wind fast verborgen; rechts ruht der Berggott auf seinem Berg. Diese Personifikationen sind – im Gegensatz zu frühhellenistischen – ganz klein im Verhältnis zu ihren Elementen.

Antiphates' Tochter führt die Griechen in die Stadt, deren befestigte Mauern oben auf dem zweiten Bild zu sehen sind. Antiphates wird gerufen; er tötet einen der Griechen aber die beiden andern entfliehen. Er ruft nun die riesenhaften Laestrygonen auf, die griechischen Schiffe mit Felsbrocken anzugreifen. Dies ist die auf der rechten Seite des zweiten Bildes dargestellte Handlung. Der Angriff, der alle Schiffe des Odysseus bis auf sein eigenes zerstörte, wird auf dem dritten Bild fortgesetzt. Auf dem vierten ist Odysseus' Schiff zu sehen, wie es seine Flucht an den Strand von Kirkes Insel bewerkstelligt: die Gestade haben wieder ihre Nymphen, über denen *aktai* (Gestade) geschrieben steht.

ABB. SEITE 147

Zwischen der Eingangsszene mit Antiochos und Anchialos, die die Königstochter treffen, und dem laestrygonischen Giganten, der einen Baum herabreißt, um ihn als Schleuder zu benutzen, ist die Landschaft rechts auf dem ersten und links auf dem zweiten Bilde mit Schäfermotiven gefüllt, für die die Odyssee keinen Text liefert. Schafe befinden sich im Vordergrund, Kühe und ein Hirte in der mittleren Ebene und Ziegen auf dem Hügel hinten: Das Thema wird durch die beiden Figuren links des Baumes, über den der Laestrygone herfällt, deutlich gemacht: eine liegende Nymphe und ein Satyrhirte mit der Beschriftung *nomai* (Weiden) darüber.

Dies ist eine Fortsetzung der Hirtenkunst, die in der frühhellenistischen Periode begann. Schon dort waren die Zwischenräume breit und die Figuren klein. Auf dem Telephos-Fries waren einige Figuren über oder unter der Horizontallinie auf einen kleineren Maßstab reduziert, um sie von der Hauptszene zu trennen. Hier sind die Figuren über große Flächen verteilt, und ihr Maßstab ist entsprechend ihrem Abstand zum Vordergrund des Bildes verkleinert. Es ist Landschaftsmalerei in dem Sinne, daß Landschaft und Meer über die Figuren dominieren, doch ist die Landschaft auch sehr geschickt angeordnet, um die Figuren hervorzuheben: die von links einfallende Beleuchtung schafft helle Flächen, gegen die sich die dunklen Figuren, und dunkle Flächen, gegen die sich die hellen Figuren abheben.

Dies wird schon in den beiden ersten Bildern deutlich, aber in den beiden letzten Bildern, die Odysseus' Ankunft im Hades und das, was er dort sieht, zeigen, ist es besonders wirkungsvoll. Odysseus segelt über das sonnige Meer. Dann fällt durch einen felsigen Bogen Licht, das die Geister beleuchtet, so daß sie unkörperlich erscheinen: dies ist ein spezieller Lichteffekt für eine ganz bestimmte Situation. Auf dem letzten Bild ist die Landschaft so angeordnet, daß sie eine helle Fläche für Sisyphos und Krataiis und eine andere helle Fläche für die sich räkelnde Gestalt des Tityos bietet. Bei diesem Bild hat die Gelehrsamkeit dazu angeregt, die Gruppe der wasserschöpfenden Danaiden mit aufzunehmen; sie sind einer späteren Schilderung des Hades entnommen und kommen bei Homer nicht vor.

Es ist vielleicht eine zu große Vereinfachung, von einem Dominieren der Landschaft zu sprechen. Auf diesen Bildern, bei denen der Künstler viel freieren Spielraum als selbst auf den breiten Wandfeldern der neuen Theater hat, hat er die Odyssee mit hellenistischen Ausdrucksmitteln neu erzählt. Apollonios Rhodios liebte die weiten Aussichten und würde die Küste viel ausführlicher beschrieben haben als Homer, der sich nur mit ihrer Eignung für die Schiffahrt befaßt; Apollonios könnte sich gut selber für den Lichteffekt auf unstofflichen Geistern interessiert oder eine Hirtenszene eingeschoben haben. Die Sehweise des Künstlers ist mehr hellenistisch als homerisch.

PERGAMON UND DAS GRIECHISCHE FESTLAND

Die Betrachtung dieser Entwicklungen in der Malerei hat uns weit von Pergamon weggeführt, wo das Telephos-Wandbild mit seinen Maßstabunterschieden, mit seinen Felsen und Bäumen, seinen Satyrn und Mänaden nur eine Andeutung der zeitgenössischen Landschaft gibt. Die Telephos-Darstellung wird zu sehr von der mächtigen Arkadia beherrscht, um noch viel Platz für Landschaft zu lassen. Wir haben uns jetzt damit zu beschäftigen, wieviel Einfluß die pergamenische Kunst auf Griechenland selber ausübte und

ABB. SEITE 113

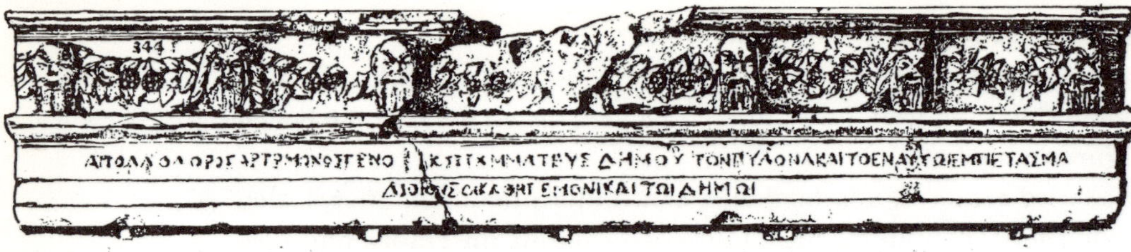

Fig. 38 – Satyrmasken und Girlanden auf einem Marmorrelief aus Pergamon. Um 150 v.Chr. Museum Istanbul. Siehe unten

was Griechenland in der mittelhellenistischen Periode hervorbrachte. Attalos I. errichtete auf der Akropolis zu Athen ein Denkmal für seine Siege. Eumenes II. stiftete den Athenern die Säulenhalle oder Stoa, die westlich des Theaters unterhalb der Akropolis stand. Im Bezirk des Dionysos unterhalb des Theaters befindet sich ABB. SEITE 158 eine Rundbasis mit Masken und Girlanden, die dem Maskenrelief vom Theater zu Pergamon so ähnlich ist, daß sie pergamenisch sein muß, auch wenn sie etwas später als die Stoa entstanden ist.

Die Basis in Athen ist mit Satyrmasken geschmückt, über die sich ein dicker Kranz von Früchten und Blättern rankt, der durch breite Bänder mit hängenden Enden an die Masken gebunden ist. Zu den Blättern gehört mit Gewißheit Efeu, Akanthos und Lorbeer, zu den Früchten gehören Trauben, Granatäpfel und Efeufrüchte. Die Tradition dieser schweren Girlanden geht weit zurück; ein frühes Beispiel sahen wir am Bauch der Gnathia-Oinochoe in ABB. SEITE 25 Cleveland. Ein Beispiel von vergleichbarer Fülle ist die Mosaikgirlande mit tragischen Masken aus der Casa del Fauno; für diese wird auch pergamenischer Ursprung angenommen. Das aus dem FIG. 38 Theater zu Pergamon stammende marmorne Maskenrelief hat die gleichen Satyrmasken mit wildem Haar, die mit Paposilen-Masken (dem alten, kahlköpfigen Vater der Satyrn) abwechseln; anstatt der dicken Girlande mit verschiedenen Früchten hat dieses eine einfachere Girlande mit Efeublättern und -früchten. Die Reliefs mit tragischen und komischen Masken, die in der pergamenischen Agora gefunden worden sind, haben noch dünnere Efeuranken. Es ist klar, daß sie sich alle von der Symposion-Dekoration herleiten. Die Reliefs aus dem Theater gehören zu einem Tor, welches

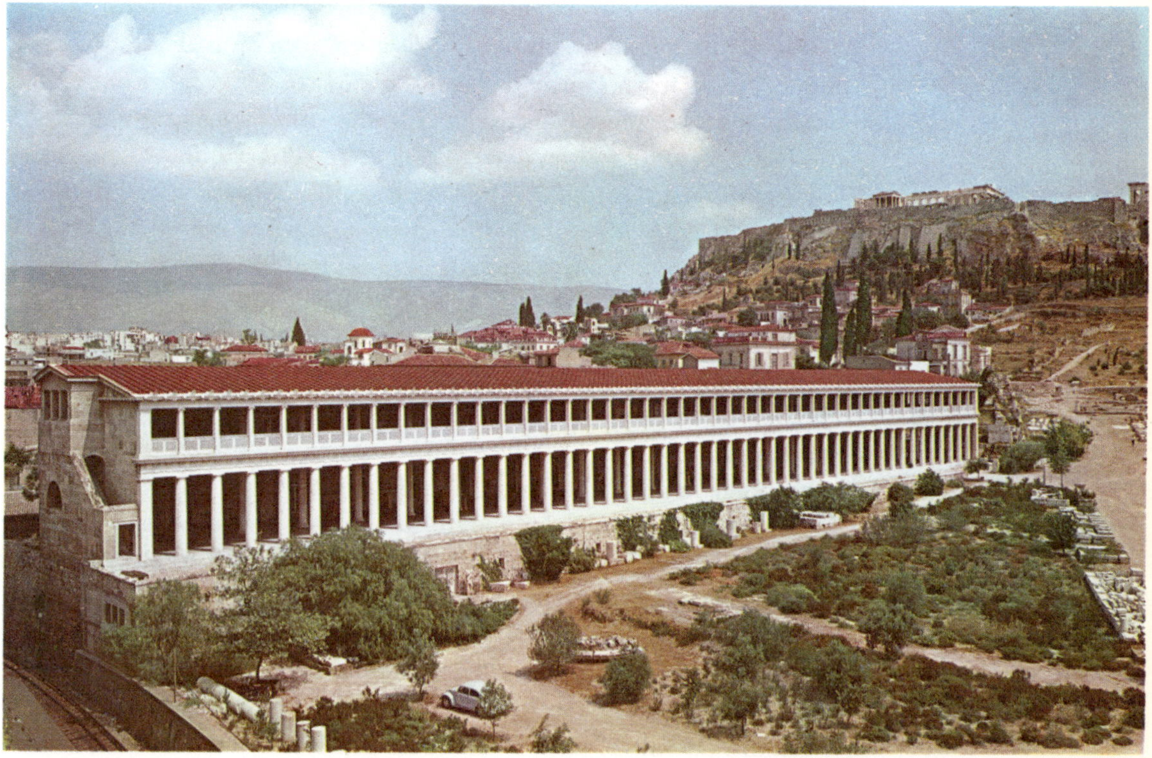

Gesamtansicht der Stoa von Athen, von Attalos II. im 2. Jh. v.Chr. gestiftet, und an der Ostseite der Agora errichtet. *Vgl. Seite 152*

das Auditorium mit dem Bühnenhaus verbindet; es war das Geschenk eines gewissen Apollodoros, gehörte aber wahrscheinlich in den Umbauplan von Eumenes II.

Athenische Agora

Attalos II. stiftete Athen die Stoa, die jetzt an der Ostseite der Agora rekonstruiert worden ist. Diese großartige zweigeschossige Säulenhalle war Teil einer allgemeinen Umgestaltung der Agora. FIG. 39 Sie nahm die ganze Ostseite ein. Die sogenannte Mittelstoa verlief rechtwinklig zu ihrer Südecke und trennte den südlichen Teil der Agora von dem übrigen. Dieser ganze Platz war wahrscheinlich das von Ptolemaios VI. gestiftete Gymnasion. Die Westseite unter dem Hephaisteion hatte noch die Stoa des Zeus aus dem 5. Jahrhundert, und nun wurde ein neuer Portikus vor dem Metroon südlich davon hinzugefügt. Auf der Nordseite waren im frühen 5. Jahrhundert die Stoa der Hermen und um die Mitte des 5. Jahrhunderts die Stoa Poikile gebaut worden. Nur die Stoa des Attalos hatte zwei Geschosse, und ihre gewaltige Länge und Höhe gaben der Agora eine neue Einheitlichkeit. Sie muß damals – wie heute wieder – von der Höhe des Hephaisteions ungeheuer eindrucksvoll ausgesehen haben. Vom oberen Geschoß aus hat man einen herrlichen Ausblick über die Agora, und damals muß es ein wundervoller Platz gewesen sein, um den panathenäischen Umzügen zuzuschauen.

ABB. SEITE 151, 155 In beiden Geschossen war die ganze Länge für Spaziergänger offen; Schiedssprüche und Gerichtsverfahren konnten dort stattfinden; Philosophen konnten zu ihren Schülern sprechen. An der Rückwand jedes Geschosses befanden sich einundzwanzig getrennte Räume für Läden. Die Treppen führten an beiden Seiten draußen nach oben, und unter ihnen wurde eine Exedra durch einen Rundbogen, jene Seltenheit in der griechischen Architektur, überwölbt. Draußen hatte der Anbau mit der Treppe sein eigenes Giebeldach, ein dreiteiliges Fenster im oberen Stockwerk mit dem Bogen über der Exedra darunter, und ein schräges Dach über dem niedrigeren Flügel: so ergibt das Nordende, wie es rekonstruiert ist, die Art Zusammenstellung von Formen wie sie bei der Hausarchitektur auf der Komödienszenerie in Boscoreale erscheint. Die äußere Säulenreihe unten ist dorisch, die äußere Säulenreihe oben ist ionisch; ABB. SEITE 141 die Säulen in der Mitte des Untergeschosses sind ionisch, die des Obergeschosses haben ägyptische Palmblattkapitelle. Die zweigeschossige Stoa wird – wie in Pergamon selber um den Athena-Tempel herum – verwendet, um einem wichtigen öffentlichen Platz Gestalt zu geben.

Aemilius Paulus

Der heftige Stil der pergamenischen Gigantomachien findet sich in Griechenland kaum. Er zeigt sich vielleicht in den Reliefs auf dem FIG. 40 Monument des L. Aemilius Paulus zu Delphi; die Reitereigefechte haben hier eine gewisse Verwandtschaft mit den Kämpfen zwischen Griechen und Mysiern auf dem Telephos-Fries; auch sind sie mit zeitgenössischen Reliefs in Süditalien verglichen worden, die ebenso bewegte Themen in bewegtem Stil illustrieren. L. Aemilius Paulus besiegte Perseus von Makedonien im Jahre 168 v. Chr. bei Pydna; die Reliefs sind eine Darstellung dieser Schlacht. Die hohe Basis war schon von Perseus für die Errichtung seines eigenen Standbildes vorbereitet worden. Plutarch, der uns dies erzählt, sagt auch, daß Aemilius nach seinem Sieg auf eine Besichtigungsreise nach Griechenland ging und in Olympia die berühmte Bemerkung machte, daß Phidias den Zeus Homers geschaffen habe. Sein Besuch hatte eine beträchtliche Wirkung auf die Kunst und Literatur in Rom. Er brachte nicht nur eine große Anzahl von Statuen und Bildern, von Gold- und Silberbechern mit nach Hause; er erlaubte auch seinen Söhnen, die Bibliothek des Perseus

Fig. 39 – Plan der Athener Agora. Vgl. Seite 151

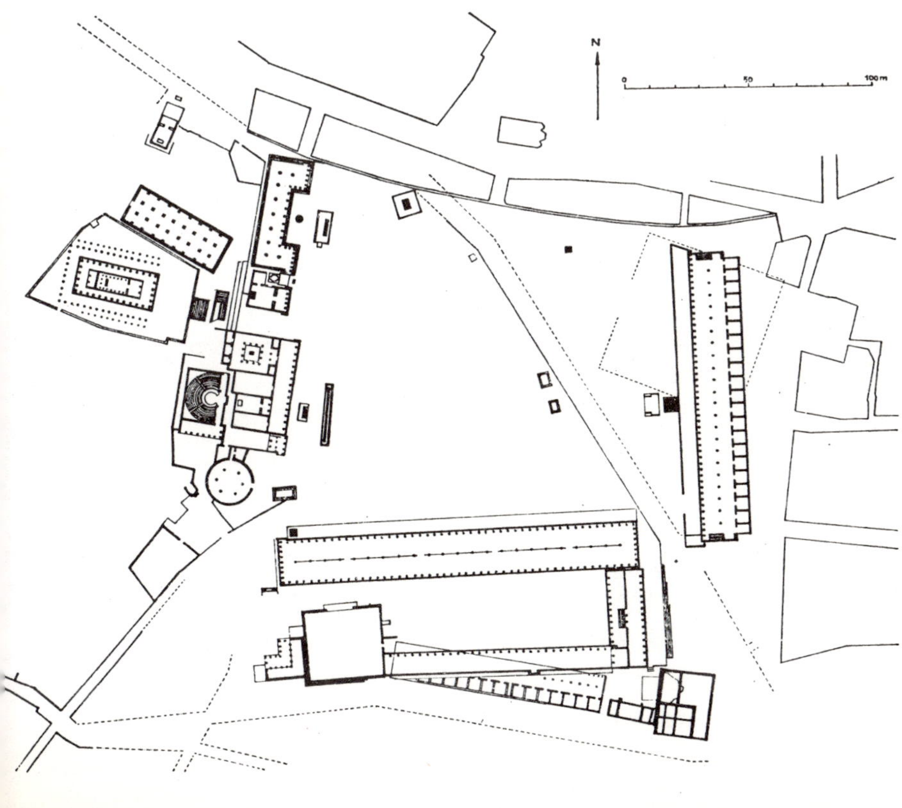

mitzunehmen, und stellte Metrodorus, einen athenischen Philosophen und Maler, als ihren Erzieher an. Noch wichtiger war, daß einer der nach der Schlacht bei Pydna nach Italien geschickten Achaeer der Soldat, Philosoph und Historiker Polybios war; er hatte einen ungeheuren Einfluß auf den jungen Scipio Aemilianus und seinen Kreis in Rom.

Neoklassischer Stil

Als Aemilius den Zeus des Phidias im Zeustempel zu Olympia sah, war dieser kurz vorher von einem Bildhauer namens Damophon restauriert worden, der eine Anzahl von Kultbildern in Achaea und Messenia schuf. Der klassische Stil des Phidias beeinflußte seine Arbeit bei der großen Gruppe der Demeter und Despoina, die er in Lykosura in Arkadien schuf. In diesem Heiligtum machte die Kultlegende Artemis wie auch Despoina (die mit Persephone gleichgesetzt wurde) zu Töchtern der Demeter, und erzählte, daß Despoina von Anytos, einem der Titanen, aufgezogen worden sei. Der Vater der Despoina war hier Poseidon, doch erschien er in der großen Vier-Figuren-Gruppe nicht. Demeter und Despoina waren sitzend dargestellt, Artemis stand neben Demeter und Anytos neben Despoina. Die Darstellung von Demeter und Persephone als einem sitzenden Götterpaar, von einem gemeinsamen Mantel umhüllt, ist alt und in der archaischen Epoche und später an verschiedenen Plätzen zu finden. Hier hat der Mantel sorgfältig ausgearbeitete Muster einschließlich einer bemerkenswerten Kante mit einem Tanz von Frauen, die Tiermasken tragen, was vermutlich irgendeinen sehr alten Kulttanz wiedergibt. Der Einfluß von Phidias wird in dem großen Format der Figuren, in ihrer frontalen Anlage und ihrem ruhigen Ausdruck sichtbar. Doch die Köpfe waren wie die Figuren der pergamenischen Gigantomachie durch eingelegte Augen belebt, und der Anytos hat das wilde Haar und den wilden Bart hellenistischer Satyrmasken.

B. A. 9, 18, 19, 20

Die gleiche Stilmischung erscheint bei dem Zeuskopf aus Aigeira (Fig. 41) in Achaea. Der Bildhauer war ein Athener namens Eukleides. Das ruhige, frontal angelegte, klassische Gesicht hat eingelegte

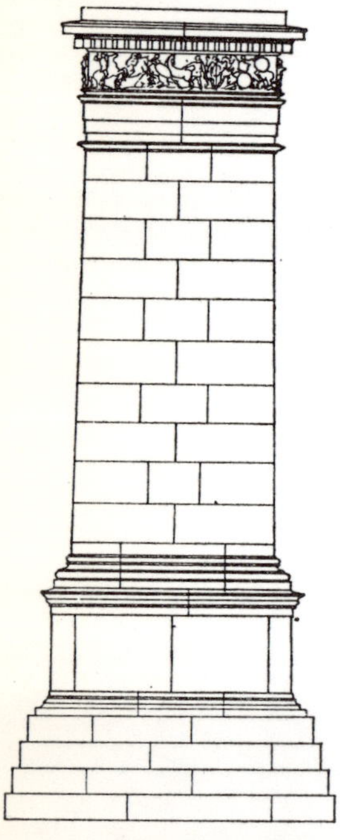

Fig. 40 – Sockel des Standbildes von Aemilius Paulus in Delphi. 167 v.Chr. Museum Delphi. Vgl. Seite 152

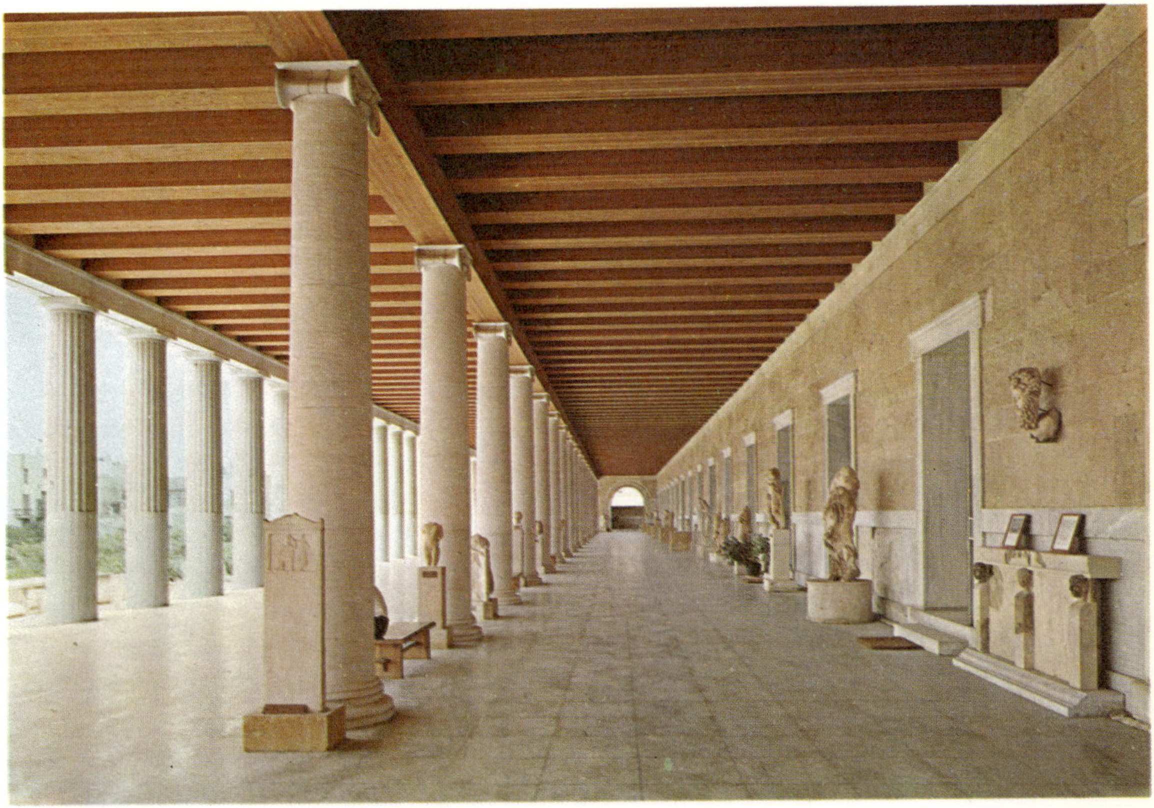

Blick durch die zweischiffige Säulenhalle der Stoa in Athen. *Vgl. Seite 150f. und Abb. Seite 151*

Augen, hellenistische Brauen und Haare und hellenistischen Bart. Vielleicht ist »neoklassisch« eine angemessene Bezeichnung für diesen Stil; gewiß sind seine klassischen Remineszenzen voll Absicht; ob zu Recht oder Unrecht, man empfindet, daß die Bedeutung hier eine andere als in Pergamon ist. In Pergamon wird an den Parthenon erinnert, weil die Attaliden Pergamon zu einem neuen Athen machen wollten. In Griechenland verfechten die Bildhauer, die in einer gefahrvollen Welt von der Gnade der hellenistischen Könige im Osten und Roms im Westen leben, zäh ihren Glauben an die Werte des klassischen Griechenlands, dessen Erben sie sind. Der gleiche Stil ist bei den Fragmenten einer in Rom gefundenen FIG. 42

Marmor-Kolossal-Statue zu beobachten; sie kann von einem durch Aemilius Paulus oder durch einen andere Griechenfreund mit seinem Geschmack an klassischer Skulptur eingeführten griechischen Künstler gemacht worden sein.

Eubulides, der Enkel jenes Eubulides, der das realistische Chrysipp-Porträt schuf, war in der 2. Jahrhundertmitte ein beliebter Porträtbildhauer. Die Statue des Karneades, die von einem Attalos und einem Ariarathes in der Agora zu Athen, vielleicht tatsächlich in der Stoa des Attalos, errichtet wurde, kann uns, wenn sie auch nicht mit Sicherheit Eubulides zugeschrieben werden darf, doch einen Begriff von seinem Stil geben: das durchfurchte alte Gesicht ist von ordentlichem Haar und Bart umrahmt, das Himation ist sauber über einem schönen Chiton drapiert. Hier wird mit der Tradition gebrochen, Philosophen als »alte Verlassene« darzustellen, und an Statuen wie den lateranischen Sophokles angeknüpft. Die Stifter geben nur ihren Namen und einen athenischen Demos-Namen an, aber sie waren vermutlich Könige von Pergamon und Kappadokien, die zu Ehren eines bedeutenden zeitgenössischen Philosophen von ihrem ehrenvollen athenischen Bürgerrecht Gebrauch machten.

Aphrodite von Melos

ABB. SEITE 161

Neoklassisch ist ein freundlicher Ausdruck für die Aphrodite von Melos im Louvre. Der Kopf ist eine harte und empfindungslose Umarbeitung von Praxiteles' Aphrodite von Knidos. Auch das Original des 4. Jahrhunderts der Aphrodite von Capua, die einen Schild zwischen der erhobenen linken und der gesenkten rechten Hand hält, hatte der Künstler vor Augen. Aber der Körper hat eine komplizierte Drehung erhalten, mit der nach links gedrehten Brust, den nach rechts gedrehten Hüften und dem rechten, hinter das linke gezogenen Bein; und der Faltenwurf ist viel bewegter und realistischer. Die Rekonstruktion bleibt unbestimmt, und es ist nicht bekannt, ob die verlorengegangene Basis, die die Signatur eines Bildhauers aus Antiochia am Maeander trug und eine viereckige Vertiefung für einen Pfeiler hatte, zugehörig war. Der linke Arm war über die Schulterhöhe erhoben; der rechte Arm war quer vor dem Körper gesenkt. Die Masse des nackten Körpers war wohl durch irgend etwas anderes auf der rechten Seite ausbalanciert worden.

Fig. 41 – *Zeuskopf aus Aigeira. 150 v.Chr. Marmor, 87 cm. Nationalmuseum Athen. Vgl. Seite 154*

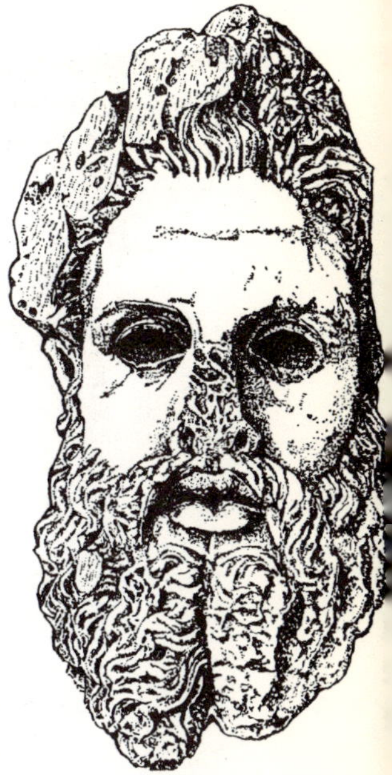

Der Gesamtentwurf muß dem des Apollon von Kyrene nicht unähnlich gewesen sein, der sich vielleicht von einem zeitgenössischen Original herleitet. Dort ist eine sorgfältig ausgearbeitete Komposition von der Basis bis zu der Lyra, die Apollon spielt, aufgebaut. Was für ein entsprechender Aufbau für diese Aphrodite entworfen war, wissen wir nicht. Eine andere große neoklassische Statue von der Insel Melos ist der Poseidon, der auch eine dramatische Neuschöpfung eines früheren Typus ist.

Die in der Nähe gelegene Insel Delos war in der frühhellenistischen Periode aufgeblüht und hatte viele Weihgaben von Königen erhalten; auch wurde sie zum zentralen Kornmarkt der Ägaeis. Aber die Bewohner von Delos ergriffen die Partei von Perseus von Makedonien gegen die Römer, und nachdem diese im Jahre 168 Perseus bei Pydna geschlagen hatten, traten sie die Insel an die Athener ab. Die athenische Periode dauerte bis zur Zerstörung und Evakuierung von Delos im frühen 1. Jahrhundert fort. Die Zeit unter athenischer Herrschaft war wieder eine Periode bedeutenden Wohlstands, und die große italienische Niederlassung muß einer der Kanäle gewesen sein, durch die künstlerische Ideen aus Griechenland nach Rom drangen. »Eine Agora voller Nahrungsmittel und eine riesige Menge von Anbetern«, so beschrieb ein athenischer Komödiendichter Delos, wahrscheinlich im frühen 2. Jahrhundert. Theaterberichte in Delos gehen bis ins 4. Jahrhundert v.Chr. zurück, und eine Reihe beschreibt im Theater gemachte Verbesserungen und liefert Künstlerlisten durch das 3. bis ins 2. Jahrhundert hinein. Die Aufführungen bei den Dionysos-Festen umfaßten Chor-Dithyramben, Tragödien und Komödien; es fand auch eine Vorstellung zu Ehren Apolls statt, bei der anscheinend Dichter, Schauspieler, Musiker, Gaukler und Puppenspieler auftreten konnten. Die Schauspieler waren »internationale Stars«, die aus der ganzen griechischen Welt zusam-

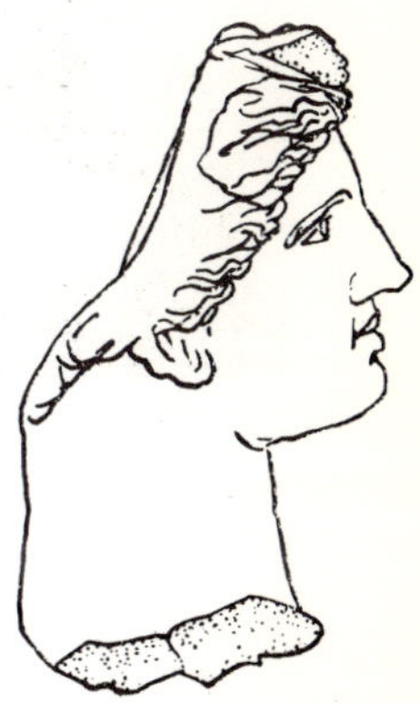

Fig. 42 – *Marmorkopf aus Rom. Um 150 v.Chr. Vgl. Seite 155*

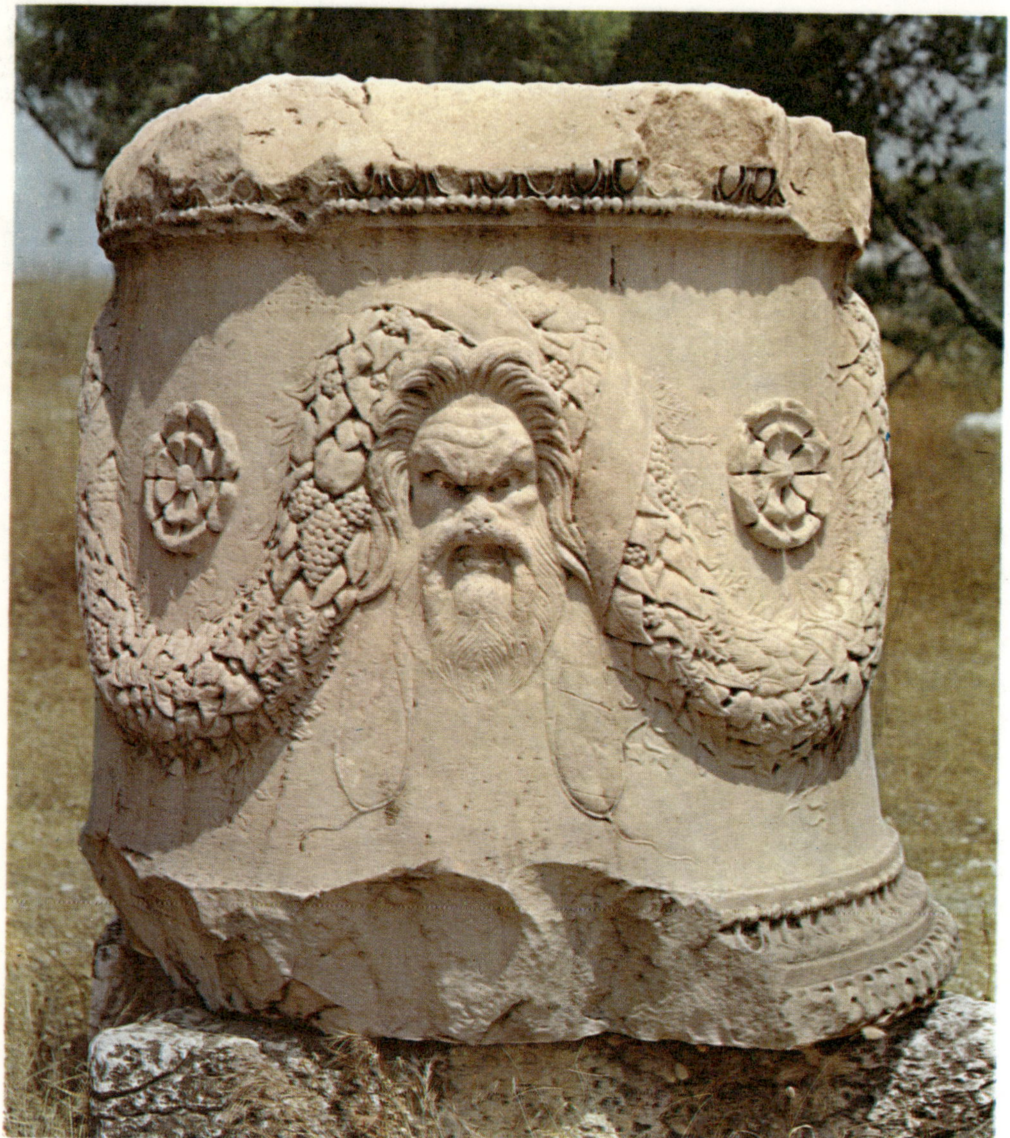

Basis oder Rundaltar mit Masken und Girlanden aus dem Dionysos-Theater in Athen. *Vgl. Seite 150f.*

menkamen und von denen z. T. bekannt ist, daß sie in Athen, Delphi und Thasos gespielt haben. Bereits 259 v.Chr. bezeichnet einer der Gaukler sich selber als römischen Bürger und hat ein Sklavenmädchen als Hilfe; 170 v.Chr. wird einer der Puppenspieler als *Romaïstes* bezeichnet, was vermutlich bedeutet, daß er auf lateinisch rezitierte, während er mit den Puppen agierte.

Dieses lebendige Theaterleben spiegelt sich manchmal in der Dekoration reicher Häuser wider, die auf der Insel ausgegraben worden sind. Zahlreiche Terrakotten mit komischen Sujets (und einige mit tragischen) sind in den Häusern und an andern Stellen gefunden worden; viele davon sind Statuetten, einige Masken – manche groß genug, um an die Wand eines Eßraumes gehängt zu werden; ein paar kleinere bildeten Deckel von Terrakotta-Lampen. Terrakotta-Kohlenbecken mit Masken der Komödie, der Tragödie und des Satyrspiels dienten der Erwärmung der Häuser. Ein Haus (genannt das Haus des Schauspielers) besitzt Fresken mit einer Tragödienszene (wahrscheinlich Antigone und Oedipus in dem Prolog zu »Oedipus auf Kolonos« von Sophokles) und verschiedene Komödienszenen.

Ein anderes Haus hat man das »Haus der Masken« genannt, weil es drei Mosaiken mit dramatischen Sujets enthielt. Sie befanden sich in drei aufeinanderfolgenden Räumen. Das größte ist das Maskenmosaik. Das Hauptmuster besteht aus in Schwarz, Weiß, Dunkel- und Hellrot perspektivisch gemalten Kuben. Dieser »Teppich« hat auf zwei Seiten einen Rand mit komischen Masken, die von einer Ranke mit früchtetragendem Efeu herabhängen. Diese Ränder sind dem zeitgenössischen Fries von der Agora zu Pergamon sehr ähnlich und gehören in die alte Tradition der Symposion-Dekoration, die bis mindestens ins 4. Jahrhundert v.Chr. zurückgeht. Unter den Masken des einen Randes befindet sich eine Panmaske, unter denen des andern Randes eine Satyrmaske; der Künstler mag also an zwei verschiedene Komödien gedacht haben, in denen Pan (wie in Menanders »Dyskolos«) und ein Satyr die Prologe sprachen.

FIG. 43

FIG. 38

Das Maskenmosaik befindet sich in dem auf dem Plan als Andron bezeichneten Raum, dem Haupteßraum. Das Vorzimmer zu dem kleinen Raum daneben ist durch ein Mosaik mit einem auf einem

FIG. 44

ABB. SEITE 165 Felsen sitzenden Flötenspieler geschmückt. Die Nacktheit des Flötenspielers und der Felsen sind Erfindung; der Künstler hat den Theaterflötenspieler auf das Land versetzt, weil er an eine auf dem Lande spielende Komödie wie den »Dyskolos« dachte. Der Tänzer FIG. 34 trägt das gleiche Kostüm wie der laufende Sklave aus Myrina; aber er hat einen Kahlkopf mit einem Kranz darauf. Dieser Maskentyp ist besonders mit der Rolle des Kochs verknüpft: der Koch tötet das Tier, das er kochen will, und das ist ein Opfer an einen Gott; deshalb trägt er einen Kranz. Im »Dyskolos« liefert Menander ein schönes Beispiel für einen Koch der Komödie, Sikon, der Pan ein Schaf opfert.

Das dritte Mosaik stammt aus dem größeren Raum rechts des Andron. Eine bartlose Gestalt reitet auf einem Leoparden. Das Gesicht mit seinen harten Zügen scheint mir auf Masken des jungen ABB. SEITE 164 Dionysos anzuspielen, einen Typ, der bis ins frühe 5. Jahrhundert zurückverfolgt werden kann. Er reitet auf einem Leoparden, weil seine Reisen ihn bis nach Indien geführt haben. Er ist der Gott der Mänaden und Satyrn, der Initiation und der Hoffnung auf Unsterblichkeit, und so trägt er einen Thyrsosstab in der rechten, ein Tympanum in der linken Hand. Er ist der Gott der Tragödie, daher trägt er die Kleidung eines Tragödiendarstellers, Chiton mit langen Ärmeln, langes Himation und rote Schuhe; die Mode der dicken Sohlen hatte Delos offenbar noch nicht erreicht. Er ist der Gott des Symposions; er trägt selber einen Kranz aus Efeublättern und Früchten, eine Tänie ist um seinen Thyrsosstab gewunden, und der Leopard hat einen Kranz von Weinlaub und Früchten um den Hals. Auf diese Weise offenbart Dionysos die verschiedenen Aspekte seiner Göttlichkeit, an denen das hellenistische Zeitalter besonderes Interesse hatte. Dies könnte man wieder als neoklassisch bezeichnen. Die Vorstellung, daß Dionysos auf einem Leoparden reitet, geht ins 5. Jahrhundert zurück, und der Künstler erinnert durch das maskenartige Gesicht und die stark stilisierten Falten unten am Chiton absichtlich an diese Tradition; und wie auf frühhellenistischen Gemälden und Mosaiken ist der Hintergrund ein flacher Prospekt, und der Panther streicht über eine schmale Bühne.

Gegenüber dem Raum mit dem Dionysos-Mosaik befindet sich ein

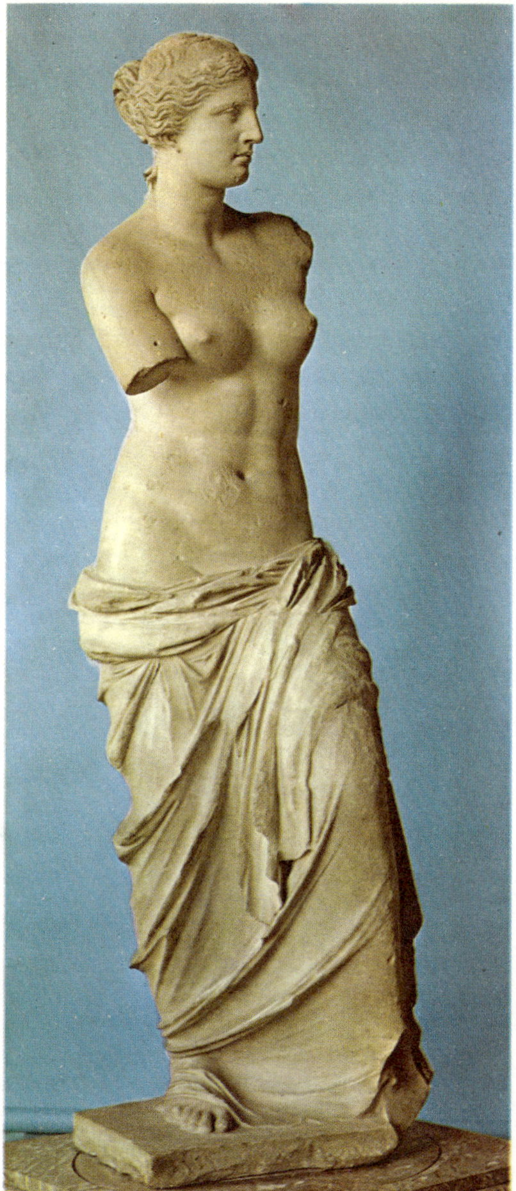

Aphrodite von Melos. 2. Jh. v. Chr. Marmor, Höhe 2,04 m. *Musée du Louvre, Paris. Vgl. Seite 156*

anderer großer Raum, der auf dem Plan als *bibliotheca* bezeichnet wird, und dieser zeigte auf dem Fußboden ein Mosaik mit einer panathenäischen Amphora. Dies war eine besondere Form von Krug, der den Siegern in den panathenäischen Wettkämpfen in Athen als Preis gestiftet wurde; er war mit Olivenöl von den heiligen Olivenbäumen der Akropolis gefüllt. Diese Themenzusammenstellung, verbunden mit der Entdeckung der Statuen eines älteren und eines jungen Mannes in diesem Hause, führte die Ausgräber zu der Annahme, daß das Haus, das sich nur knapp 100 m vom Theater entfernt befand, dem Theater für die Aufbewahrung von Bühnenrequisiten und vielleicht für die Unterbringung von Gastschauspielern von einem Gönner oder einem Dichter zur Verfügung gestellt worden sei, der der Vater eines siegreichen Wettkämpfers war.

Dieser Vorschlag ist eher spitzfindig als gerechtfertigt. Gewiß spielt die panathenäische Amphora auf Athen und die athenische Kultur an, doch muß sie nicht einen musikalischen oder athletischen Sieg bei den panathenäischen Spielen bedeuten. Und Dionysos ist der Gott des Symposions, so daß alles was zu Dionysos gehört, ein

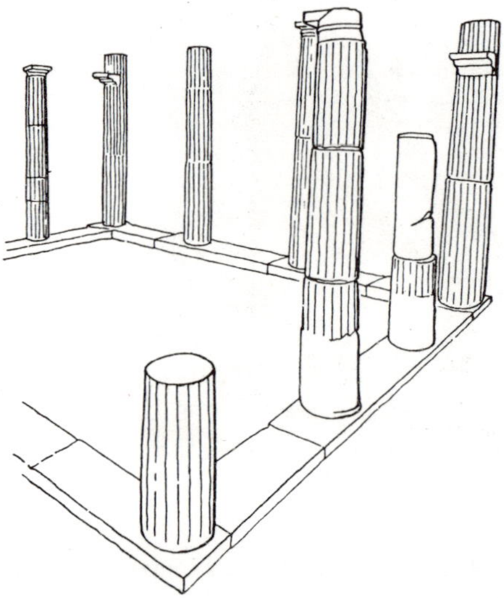

Fig. 43 – Rekonstruktion des Atriums im Hause der Masken in Delos. 2. Jh. v. Chr. Vgl. Seite 159, 167

passendes Motiv für den Teil des Hauses bildet, wo die Trinkgelage stattfinden. Die Anlage des Hauses hat sich als übereinstimmend mit Vitruvs Beschreibung eines griechischen Hauses erwiesen, und Vitruvs Bezeichnungen sind auf dem Plan eingetragen. Man hat auch festgestellt, daß Vitruvs Darstellung eines griechischen Theaters in dem Theater zu Delos eine nahe Entsprechung hat. Er ist also möglicherweise irgendeinem athenischen Handbuch gefolgt, das Beispiele aus Delos heranzog. Wenn wir Vitruv folgen, betreten wir das Haus durch einen Gang an der Südostecke mit der Pförtnerloge links und den Ställen rechts. Der Gang führt in den Haupthof des Frauenteils des Hauses, die *gynaeconitis*. Der *oecus magnus* ist der große Raum, in dem das Weben im Familienkreis stattfindet. Ein Flur von den Frauengemächern und ein anderer von der Straße her führen in die Räume der Männer, die *andronitis*. Ihr Haupthof kann rekonstruiert werden. Er wird rhodischer Peristyl genannt, weil der

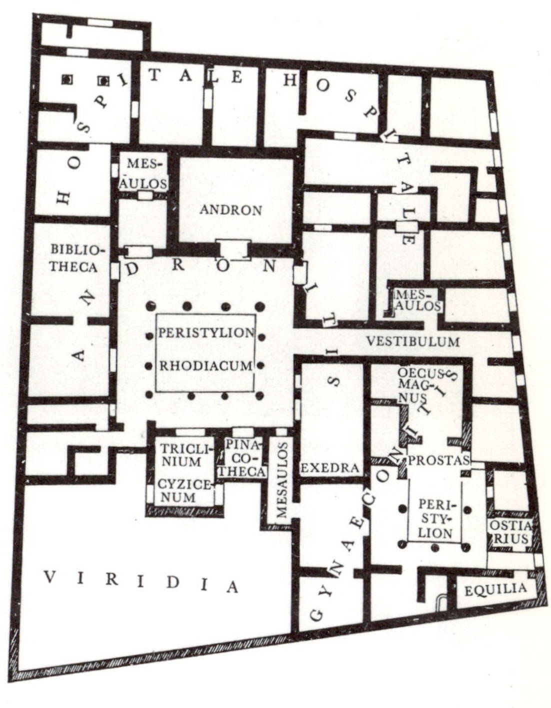

Fig. 44 – Grundriß des Hauses der Masken in Delos. 2. Jh. v. Chr. Vgl. Seite 159, 167

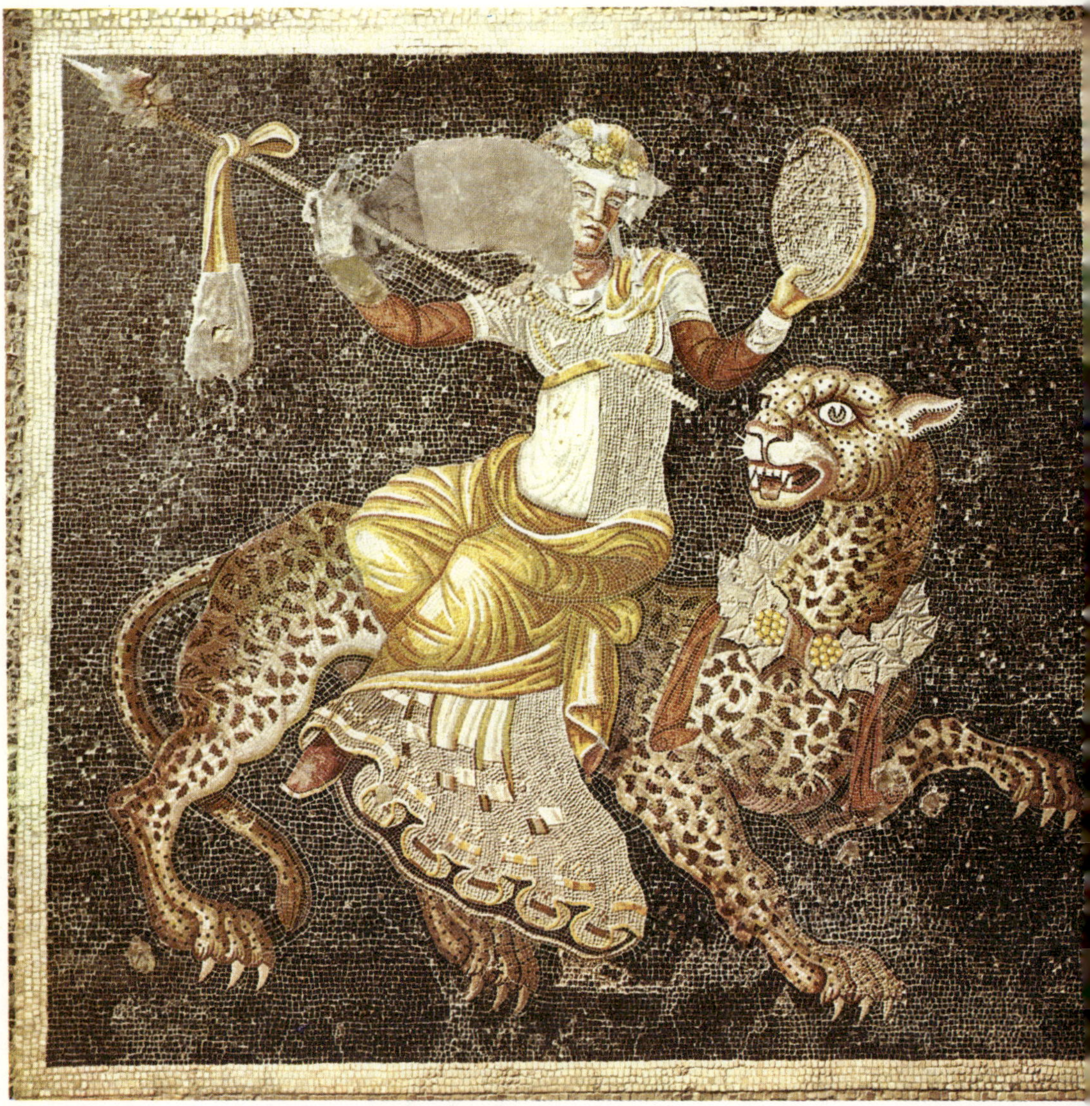

Dionysos reitet auf einem Panther. Fußbodenmosaik im Haus der Masken in Delos. Um 150 v. Chr. *Vgl. Seite* 160

Fußbodenmosaik mit Flötenspieler und tanzendem Sklaven, im Haus der Masken in Delos. Um 150 v. Chr. *Vgl. Seite* 160

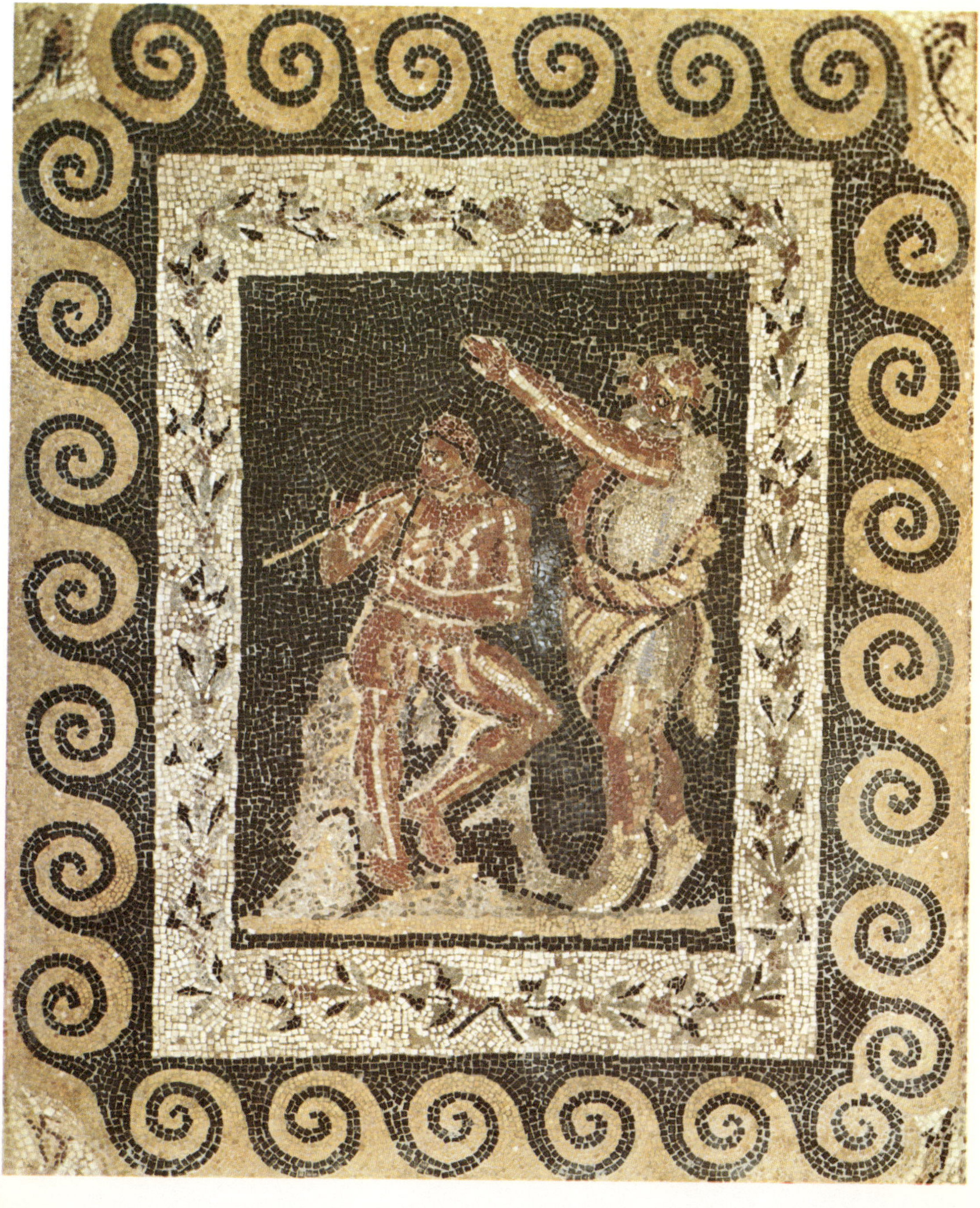

Säulenumgang auf der Nordseite höhere Säulen als auf den andern Seiten hat. Um diesen Hof sind die Haupträume gruppiert. Vitruv schlägt vor: einen Haupteßraum, *andron,* nach Norden, einen Vortragsraum, *exedra,* nach Osten, eine Bildergalerie, *pinacotheca,* und einen Garteneßraum, *triclinium cyzicenum,* nach Süden, eine Bibliothek, *bibliotheca,* nach Westen; das übrige Haus besteht aus Gästezimmern, die so angeordnet sind, daß die Gäste, wenn sie wollten, unabhängig von ihren Gastgebern leben konnten. Es ist unmöglich zu sagen, ob die Räume im »Haus der Masken« tatsächlich diese Verwendung hatten, doch passen die Bezeichnungen Vitruvs gut in den Plan, und der Autor, auf den Vitruv sich bezog, muß ein Haus wie dieses im Sinn gehabt haben.

Die Hauptdekoration der Wände in den sorgfältiger ausgestalteten Räumen war in Stuck modelliert und bemalt, um Marmortafeln vorzutäuschen, aber auch Gemälde wurden verwendet. Im »Haus des Schauspielers« laufen um den oberen Teil der Wände Fresken mit dramatischen Themen, und einige Häuser hatten Bilder in gemalten Rahmen, die auf den Stuckhintergrund gesetzt waren; Vitruv spricht von der Möglichkeit, solche Bilder herauszuschneiden und anders wohin zu bringen. Auf diese Weise sind vermutlich einige der sehr feinen kleinen Bilder, wie das des Tragödiendarstellers, nach Herculaneum und Pompeji gekommen. In seiner Schilderung der Dekoration macht Vitruv deutlich, daß die größeren Bilder den Exedren und Säulenhallen vorbehalten waren.

ZUSAMMENFASSUNG

Die Häuser auf Delos geben uns einen Begriff von der Lebensweise wohlhabender Griechen im 2. Jahrhundert, und wir können uns vorstellen, wie sie die Homerischen Becher in Silber, Bronze oder Ton – je nach dem Wohlstand des Besitzers – zum Trinken benutzten. Auch sie liebten, wie die Böotier und die Alexandriner, gelehrte Anspielungen auf die große Literatur der Vergangenheit. Verehrung für die Vergangenheit ist der auffallendste gemeinsame Faktor in der mittelhellenistischen Periode. Den Kunstwissenschaften ist nicht nur direkt die Begeisterung für Gelehrtheit, Kunst und Literatur zu verdanken; für die alten griechischen Städte bedeutete das Erinnern an die Vergangenheit auch eine Verteidigung ihres Erbes und ihres Anrechts auf freundliche Behandlung in einer gefahrvollen Welt; die neuen Königreiche sahen sich genötigt, einen Zusammenhang mit der großen griechischen Vergangenheit anzustreben, deren Ruhm sie zu erneuern glaubten. Die Römer, die dem griechischen Einfluß immer offen gewesen waren, indirekt über die Etrusker, direkt durch Importe und in wachsendem Maße durch den Kontakt mit den griechischen Städten Süditaliens, befanden sich nun in immer engerem Kontakt mit den alten griechischen Städten und den hellenistischen Königreichen; Römer besuchten die hellenistische griechische Welt, griechische Künstler besuchten Rom, und Kunstwerke ergossen sich über Italien. Die Verehrung für die Vergangenheit beeinflußte nicht nur traditionelle Werke wie den Zeus von Aigeira und die Aphrodite von Melos, sondern lieferte auch zumindest den Stoff für so erstaunliche neue Experimente wie den Telephos-Fries und die Odysee-Fresken.

EXKURS

Häuser und Dekorationen in Pompeji und Herculaneum

ABB. SEITE 169

In den vorhergehenden Abschnitten sind Gemälde aus Herculaneum, Pompeji, Boscoreale und vom Esquilin wegen der Aufschlüsse erläutert worden, die sie uns über die griechischen Originale, nach denen sie kopiert sind, geben, und es wurde etwas über ihre Evidenz als Kopien gesagt. Vielleicht ist es angebracht, hier kurz ihren Platz in der Entwicklung der römischen Wanddekoration zu betrachten.

Die frühesten Häuser in Pompeji stammen aus dem 3. Jahrhundert v. Chr. Das »Haus des Arztes« ist das bekannteste Beispiel. Der Plan scheint dem des zeitgenössischen griechischen Hauses mit Räumen, die sich auf einen Hof hin öffnen, sehr ähnlich, doch war der Hof überdacht; er hieß *atrium*. Das Dach hatte einen Wasserablauf in eine Zisterne in der Mitte des Hofes. Das Obergeschoß lief um das Atrium und den unmittelbar dahinter liegenden Raum herum. Vom 2. Jahrhundert v. Chr. an wurden viel größere und kompliziertere Häuser gebaut. Die wesentliche Veränderung war ein zusätzlicher, von Säulen umgebener, offener Hof – wie in dem Haus in Delos – zu dem ursprünglichen Komplex; so wurde dieser Peristyl-Hof im »Haus des tragischen Dichters« hinter dem *tablinum* angefügt. Sehr große Häuser, wie das Haus des Faun, aus dem der Bronzesatyr stammt, konnten zwei Atria und zwei Peristyl-Höfe haben.

ABB. SEITE 168

FIG. 43, 44

FIG. 29

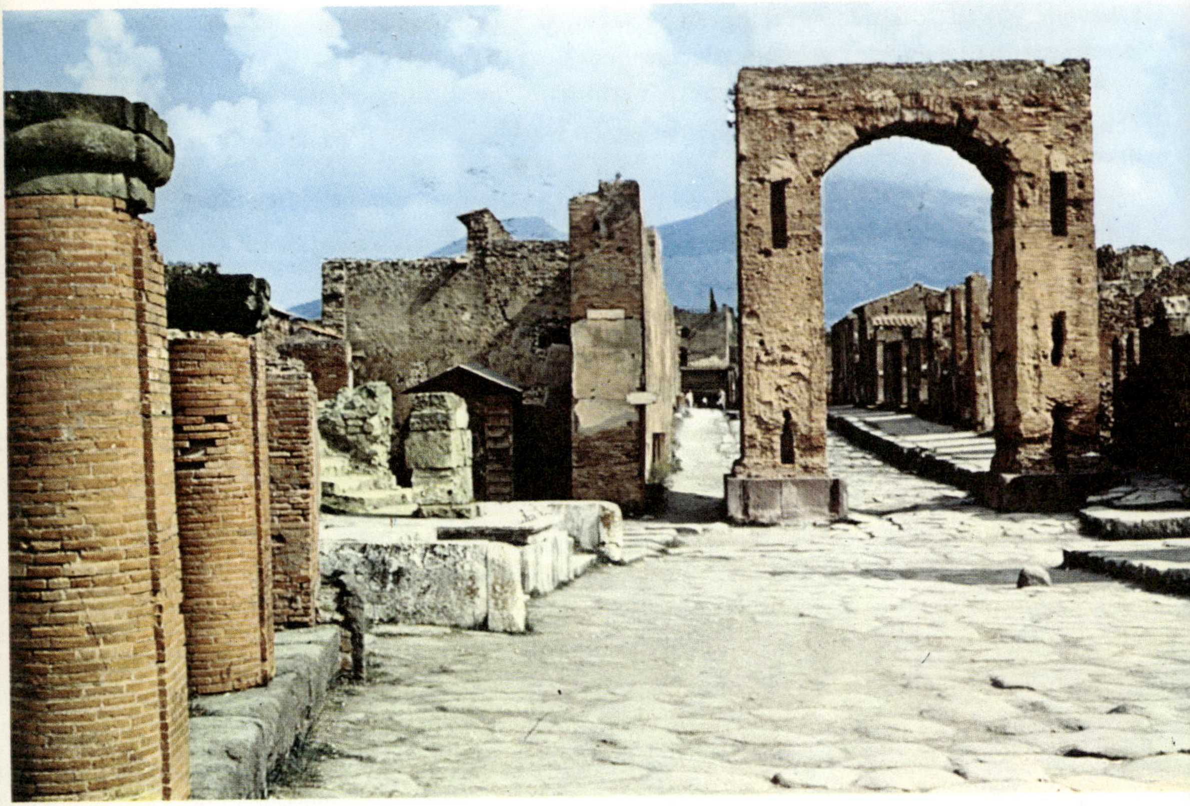

Straße in Pompeji.

Die frühe Geschichte der Wanddekoration ist bei Vitruv (VII, 5)
1. Stil zu finden. Er spricht von einem Frühstil, in dem die Dekorateure Marmorplatten imitierten. Dies ist der in Pompeji von 150–80 v. Chr. und in Delos im 2. Jahrhundert v. Chr. bekannte Inkrustationsstil. (Noch früher wurden im 4. Jahrhundert v. Chr. in Olynthos die Wände mit einfarbigen, durch schmale Streifen getrennte, flach, vertieft oder erhaben gesetzte Quader geschmückt.) Diese Dekoration schloß Figurenfriese und kleine Bilder in Wandfeldern nicht aus.
2. Stil Der zweite Stil, der etwa von 80 v. Chr. bis 14 n. Chr. dauerte, zeigt große Bilder, in eine einfache gemalte Architektur gesetzt, die eine Funktion zu haben scheint. In dieses Stadium gehören die Bilder

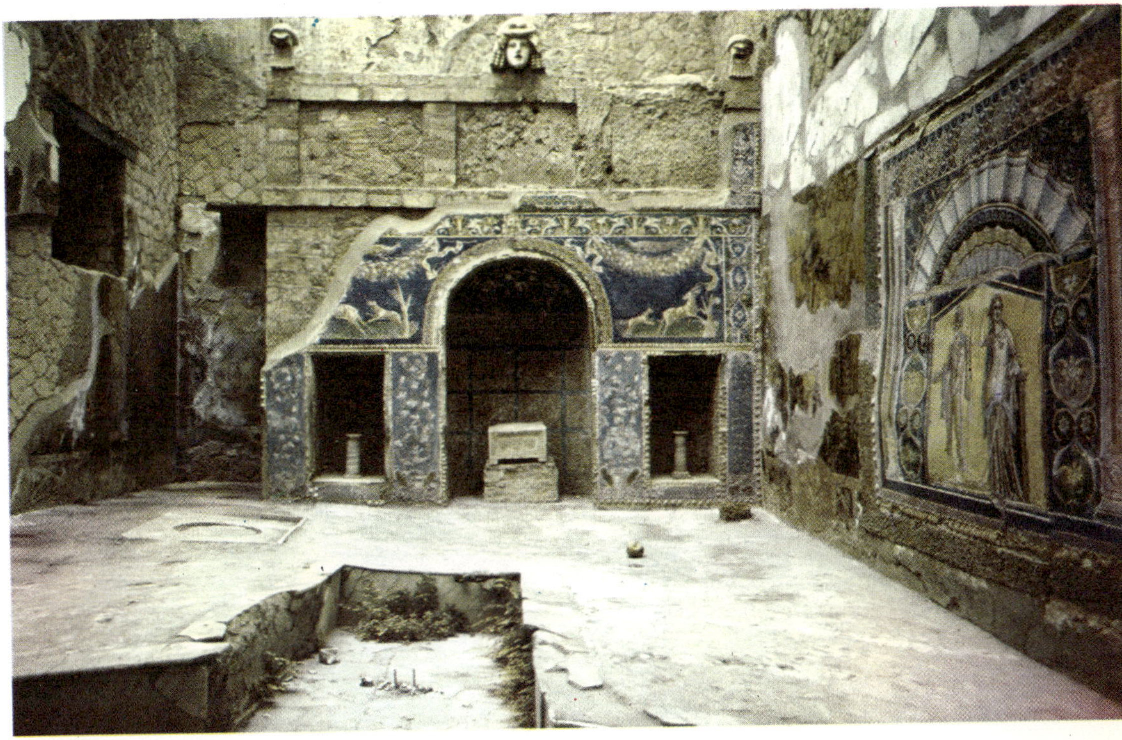

Hof mit Blick auf die mit Mosaiken geschmückte Apsis im Haus der Hirsche zu Herculaneum. 1. Jh. v. Chr. *Vgl. Seite 167*

aus dem Haus auf dem Esquilin und die Bilder der Villa in Boscoreale. Ein weiteres gutes Beispiel ist die »Villa der Mysterien«. In ABB. SEITE 172 all diesen Häusern sind die Bildflächen groß und die Figuren darin großformatig. Die Bilder werden durch und hinter einer ziemlich einfachen architektonischen Einfassung gesehen, die in den Raum vorzuspringen scheint. Gegen Ende dieser Periode wurde die Architektur, wie Vitruv sagt, phantastisch mit dekorativen Kandelabern, Schnörkeln etc. anstelle der funktionellen Elemente ausgestaltet.

3. und 4. Stil

Der dritte und vierte Stil gehen über die zeitlichen Grenzen dieses Buches hinaus, doch mögen sie kurz beschrieben werden. Im dritten

Stil, der etwa bis 63 n. Chr. andauerte, gibt die gemalte Architektur nicht mehr vor, funktionell zu sein; sie ist ein lockeres, phantastisches und sehr delikates Gefüge, das die Wand schmückt und die Bilder umrahmt. Die Figurenszenen selber sind nun im Verhältnis zur Wand viel kleiner und entsprechend fehlt ihnen die Tiefe. Das Haus des M. Lucretius Fronto ist dafür charakteristisch.[1]

Der vierte Stil, der bis zum Vulkanausbruch im Jahre 79 n. Chr. dauerte, ist weniger zurückhaltend und hat den barocken Charakter der zeitgenössischen Plastik und Architektur. Die gemalte Architektur ist noch großformatiger und phantastischer als vorher: die einzelnen Elemente scheinen viel größere Tiefen als im dritten Stil zu haben. Viele der Bilder sind größer, haben mehr Tiefe und größere ABB. SEITE 113 Figuren im Verhältnis zu ihrer Umrahmung. »Herakles und Telephos« ist eins dieser vielen Bilder, die gute Kopien griechischer Originale zu sein scheinen. Das Vettierhaus und das Dioskurenhaus sind gute Beispiele für diesen pompejanischen Endstil.[2]

[1] Kähler, ROM UND SEIN IMPERIUM, S. 81, 94

[2] Kähler, ROM UND SEIN IMPERIUM, S. 96

III. DIE SPÄTHELLENISTISCHE PERIODE

In der mittelhellenistischen Periode zeigen sich drei ziemlich unterschiedliche Haltungen gegenüber der klassischen griechischen Kunst: in den neuen Königreichen bedeutet die Anspielung auf die große Vergangenheit zugleich den Anspruch, sie erneuert zu haben; in den alten Städten ist der Bezug auf die große Vergangenheit mit dem Anspruch auf ihr Erbe verbunden; und drittens gibt es einen Klassizismus in Form von vergangenheitsbezogenen freien Kopien, Klassizismus mit keinem andern Ziel als dem der Herstellung liebenswürdiger, altmodischer Werke. Diese dritte Haltung beherrscht die späthellenistische Periode. Einer der Gründe dafür ist, daß die griechischen Zentren – die alten Stadtstaaten wie auch die neuen Königreiche mit Ausnahme von Ägypten – im Laufe des 2. Jahrhunderts unter römische Herrschaft gerieten und dort auch verblieben, sofern man von dem Ausflug in die Freiheit absieht, der sich ereignete, als die griechischen Zentren sich im frühen 1. Jahrhundert mit Mithradates von Pontos gegen Rom verbündeten, ein Fehler, für den die Athener 86 v. Chr. mit der Plünderung durch Sulla bezahlten.

ROM UND DIE GRIECHISCHE KUNST

Die Kenntnis der Römer von griechischer Kunst geht bis in die Anfänge der Geschichte ihrer Stadt zurück. Außer durch direkte Importe kannten die Römer die griechische Kunst durch die Kunst der Etrusker, die die Wandlungen des griechischen Stils widerspiegelte. In der mittelhellenistischen Periode zeigen die mythologischen Szenen auf etruskischen Aschenkisten das gleiche gelehrte Bemühen wie etwa die homerischen Becher in der griechischen Kunst; und die Terrakottastatue des Apoll von Falerii hat die dramatische Erhabenheit der frühpergamenischen Kunst. Während des ganzen hellenistischen Zeitalters wurden die Kenntnisse der Römer überdies durch die wachsenden Kontakte zuerst mit Süditalien und Sizilien, später mit Griechenland und dem griechischen Kleinasien bereichert; und von der Zeit des Sieges über Pyrrhos bei

FIG. 26, 27

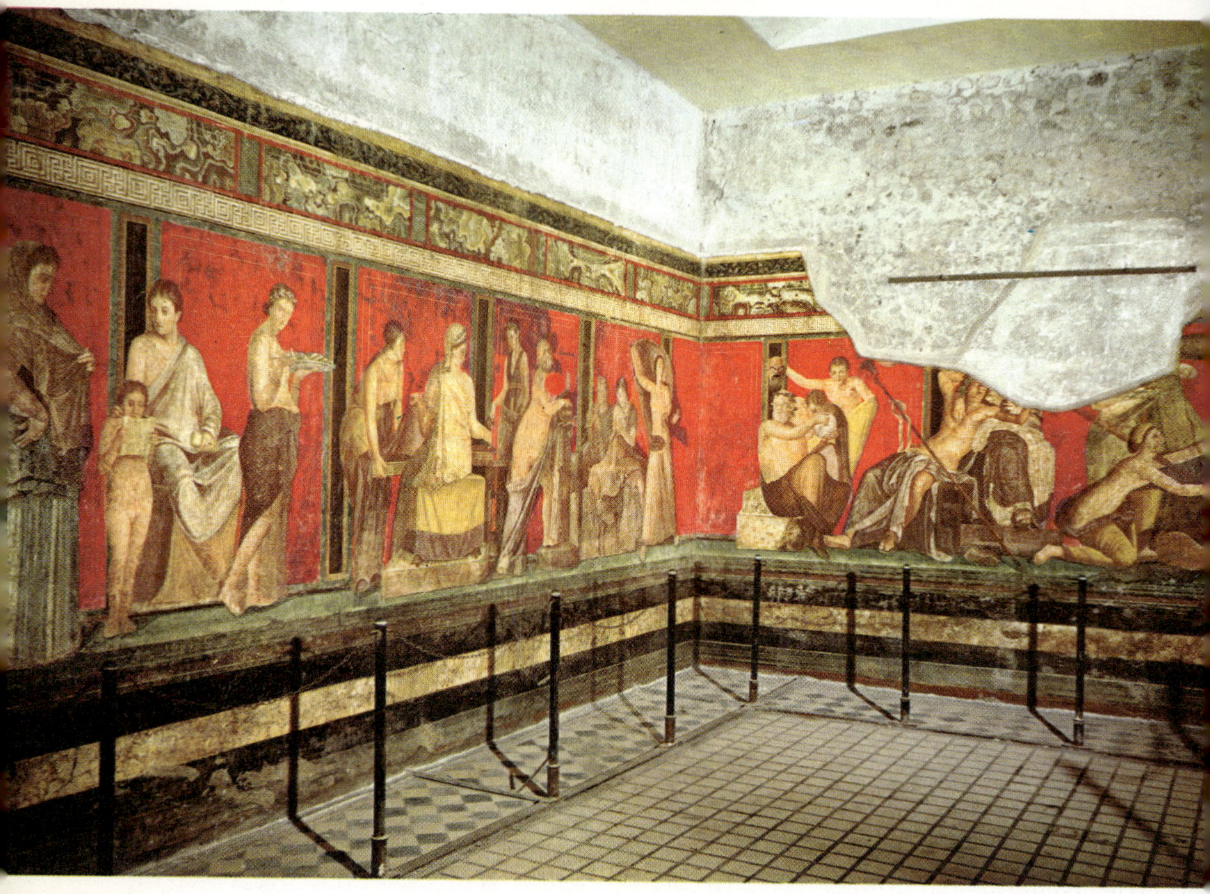

Wandbild im großen Saal der »Villa dei Misteri« bei Pompeji. Mitte des 1. Jh. v.Chr. Höhe des Frieses ca. 1,85 m. Um einen Raum von fünf auf sieben Meter zieht sich dieser Fries mit 29 Figuren. Dargestellt ist die Einweihung einer Frau in die Mysterien des Dionysos. *Vgl. Seite 130, 169*

Benevent im Jahre 275 v.Chr. an wurden griechische Statuen, Gemälde, Wandteppiche, Gold- und Silberwaren in immer größeren Mengen als Kriegsbeute nach Rom gebracht.

Mummius, der im Jahre 146 v.Chr. Korinth zerstörte, war auf die Malerei durch den hohen Preis aufmerksam geworden, den Attalos II. von Pergamon für einen alten Meister bezahlte. Diese Geschichte ist immer zitiert worden, um die Nüchternheit der Römer in Kunstdingen zu veranschaulichen; Horaz und Vergil sind beide schuld daran. Zwei andere Geschichten verdeutlichen die römische Haltung wahrscheinlich besser. Als Marcellus im Jahre 212 v.Chr. Syrakus erobert hatte, weihte er syrakusanische Statuen und Gemälde nicht nur im Honos- und Virtus-Tempel zu Rom, sondern auch in Samothrake und Lindos. Dies war über die Demonstration römischer Macht hinaus auch die Bestätigung einer gewissen Gemeinschaft zwischen Griechen und Römern, die durch die Weihung griechischer Kunstwerke an griechische Götter auf griechischen Inseln symbolisiert wurde.

Die andere ist die bereits zitierte Geschichte von der Bewunderung des Aemilius Paulus für den Zeus des Phidias in Olympia. Sie wirft eine Frage auf, die nicht zu beantworten ist. Wenn Aemilius glaubte, Phidias habe den Zeus des Homer geschaffen, meinte er dann auch, daß neoklassische Götter wie jener, dessen Fragmente im Lago Argentino gefunden worden sind, der römischen Religion die Würde und den ethischen Gehalt der phidianischen Götter gaben, die ihre Bildhauer inspiriert hatten? Mindestens können wir sagen, daß die Römer der mittel- und späthellenistischen Zeit phidianische und nachphidianische Formen als angemessen für die Verkörperung ihrer Götter betrachteten.

FIG. 42

Kunstgalerien

Wir gingen wahrscheinlich fehl, würden wir den religiösen Gehalt der hellenistischen Kunst zu hoch einschätzen. Dort, wo Kunstwerke in Tempeln geweiht wurden, sollten wir sie uns vielleicht mehr als Zuwachs für eine Kunstgalerie denn als Weihgaben, um sich die Gunst eines Gottes zu sichern, vorstellen. Zweifellos war der alte Gedanke noch lebendig, daß der Gott sich erkenntlich zeigen würde, weil er die gleichen schönen Dinge wie der Weihende liebte. Aber bereits im frühen 3. Jahrhundert v.Chr. betrachteten – wie wir oben berichtet haben – die beiden von Herondas beschriebenen Frauen in der Pause zwischen der Übergabe ihres Opferhahnes und dem Empfang der Nachricht, daß das Opfer angenommen war, den Tempel zu Kos als Kunstgalerie und bewunderten die Weihgaben vom ästhetischen Gesichtspunkt aus: sie ziehen niemals die Bedeutung dieses oder jenes Werkes für Asklepios in Betracht. Und im 1. Jahrhundert v.Chr. erzählt Cicero zwar eine Menge darüber, daß Verres die Götter beraubte, doch besteht, als er die Gemälde aus dem Athena-Tempel zu Syrakus fortnahm, die wirkliche Anschuldigung gegen ihn darin, daß er die Kunstgalerie von Syrakus geplündert habe.

Cicero wendet sich heftig dagegen, daß Verres eine große Privatsammlung haben darf, während der einfache Mann in den Felicitas-Tempel, den Portikus des Catull oder den Portikus des Metellus gehen muß, um Kunstwerke zu sehen. Die Tempel und Säulenhallen (oder wie die Griechen sagen würden, die *stoai)* fungieren als Kunstgalerien. Der Felicitas-Tempel und der Portikus des Metellus sind um die Mitte, der Portikus des Catull am Ende des 2. Jahrhunderts v.Chr. entstanden. Der Portikus des Metellus bildete einen Hof um den Jupiter- und den Juno-Tempel, die zur gleichen Zeit erbaut wurden. Diese ganze Anordnung ist offensichtlich griechisch-hellenistisch, und der Architekt der Tempel, Hermodoros von Salamis, war Grieche. Zu den hier zur Schau gestellten Kunstwerken gehörten Lysipps Reitergruppe von Alexanders Freunden, die Aphrodite im Bade des Doidalsas (der ein Nachfolger Lysipps war), und eine Artemis- und Asklepios-Gruppe des Praxiteles-Sohnes Kephisodotos. Die Kultstatuen des Jupiter und der Juno waren von den Athenern Dionysios und Polykles, Söhnen des Timarchides, geschaffen; zu diesem Zeitpunkt sollte es als sicher gelten, daß athenische Bildhauer im neoklassischen Stil des Damophon arbeiteten. (Dionysios war der jüngere der beiden Brüder und arbeitete mit seinem Neffen, dem jüngeren Timarchides, gegen Ende des 2. Jahrhunderts in Delos.)

Auftraggeber

Die späthellenistischen Künstler arbeiteten für Auftraggeber, die reichlich Gelegenheit hatten, Meisterwerke klassischer und frühhellenistischer Kunst in öffentlichen und privaten Galerien zu sehen. Es nimmt daher kaum wunder, daß ihre Kunst weitgehend klassizistisch war. Das war es, was die römischen Sammler wollten, und wenn wir Vergil glauben dürfen, so zweifelten die Römer nicht daran, daß Künstler tiefer als Soldaten und Administratoren standen. Die Schriftsteller hatten den Künstlern etwas voraus, weil jene, die Lateinisch schrieben, die schöpferische Aufgabe hatten, die lateinische Sprache zu hellenisieren. Doch die Hauptrichtung der Künstler wie der Schriftsteller ist klassizistisch, bis Augustus und das Kaiserreich für beide neuen Auftrieb brachten.

Schon in der mittelhellenistischen Periode arbeiteten griechische Künstler in Rom, dies zeigen Beispiele wie die oben besprochenen athenischen Bildhauer und der alexandrinische Maler Demetrios. Doch der Zustrom wurde wahrscheinlich nach der Plünderung Athens durch Sulla im Jahre 86 v. Chr. stärker. Um die Tendenzen der späthellenistischen Kunst in ihren Anfängen zu erkennen, sind aus Griechenland stammende Objekte, die in die Zeit vor 86 v. Chr. datiert werden können, von besonderem Interesse.

Athen

Ein Relief, das in der Agora von Athen gefunden worden ist, kann aus technischen und stilistischen Gründen in das späte 2. Jahrhundert v. Chr. datiert werden. Hier zum ersten Male kann und muß die Bezeichnung »archaistisch« angewendet werden. B. A. 14–16 Einen Anflug von Archaismus stellten wir schon bei den Faltenwürfen der Königinnen auf den Fayence-Krügen und der Artemis FIG. 12, 24 und der Iphigenie fest; aber hier sind alle Falten, die langen Füße und Finger sowie die ganze Darstellung des Reliefs archaistisch. Die Terminologie ist unvollkommen: eigentlich müßte man drei Ausdrücke haben, um die drei früheren Stile – den archaischen, den klassischen und den hellenistischen –, die die späthellenistischen Künstler als Vorbilder benutzten, zu unterscheiden. Praktisch werden die Bezeichnungen archaistisch und klassizistisch beide erstens allgemein für die Beschreibung jeden Stils benutzt, der frühere Vorbilder zu keinem andern Zweck verwendet, als dem Betrachter Vergnügen zu machen, und zweitens als spezielle Termini für die Beschreibung von Stilen, die entweder archaische oder klassische Vorbilder benutzen, um zu gefallen.

Archaismus und Klassizismus

ARCHAISMUS

Die Agora-Reliefs sind im engeren Sinne, im Sinne der Benutzung archaischer Vorbilder, archaistisch. Der Faltenwurf geht auf reifarchaische Faltenwürfe aus der Zeit der Perserkriege zurück, doch würden damals die dicht gelegten Falten niemals seitlich hochgeschlagen worden sein, und das ist bei der weiblichen wie bei der männlichen Gewandfigur der Fall. Nach den erhaltenen Zeugnissen scheint der Archaismus im 5. Jahrhundert für bestimmte Zwecke eingeführt worden zu sein. Die Athena auf den Amphoren, die bei den panathenäischen Spielen als Preise verliehen wurden, entwickelt sich stilistisch folgerichtig von 560 bis etwa 480 v.Chr.; von da an imitieren die Künstler in immer übertriebenerer Form die Athena-Darstellung von 480. Ein ähnlicher Archaismus zeigt sich bei einer Gruppe von Krügen des späten 5. Jahrhunderts, die wahrscheinlich auch mit den panathenäischen Spielen in Zusammenhang stehen. Wir haben auch bereits festgestellt, daß Alkamenes der Herme vor den Akropolis-Propyläen eine archaische Haartracht gab. Bei diesen Beispielen hat der Künstler anscheinend seiner Athena oder seinem Hermes besondere Würde verleihen wollen, indem er sie so zeigte, wie sie in der großen Vergangenheit der Perserkriege dargestellt worden waren.

Die andere übliche Anwendung von Archaismen im 5. Jahrhundert war die bei Statuen in mythologischen Szenen wie dem Raub der Kassandra oder der Iphigenie bei den Tauriern: hier benutzte der Künstler die steife archaische Haltung und Kleidung sicherlich, um die Statue von den Helden und Heldinnen der Sage zu unterscheiden; manchmal steht oder sitzt die Göttin selber in zeitgenössischer Kleidung und Haltung daneben. Diese Zusammenstellung wurde von den Bildhauern des 4. Jahrhunderts übernommen, als sie z. B. eine neuzeitliche Artemis darstellten, die den Arm auf den Kopf ihrer eigenen archaischen Statue stützt.

Die Bildhauer archaistischer Reliefs übernahmen diese archaischen Statuen und gaben ihnen in archaistischen Götter- und Heroengestalten Leben. Das früheste Relief ist eine vierseitige Basis von der Akropolis in Athen mit Hephaistos, Athena, Zeus und Hermes. Die Datierung hat zwischen dem frühen 4. und dem 2. Jahrhundert v.Chr. geschwankt. Die einfachere Behandlung spricht für das frühere Datum, und die Basis mag damals im gleichen Geiste wie

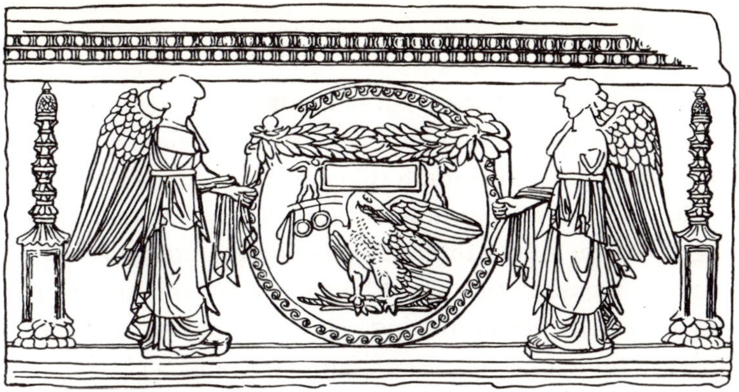

Fig. 45 – Sieges- und Trophäenemblem auf einem Kalksteinrelief aus Rom. 100–50 v.Chr. Konservatorenpalast, Rom. Siehe unten

die Herme des Alkamenes und die Athena auf panathenäischen Vasen geschaffen worden sein. Vom 2. Jahrhundert an sind viele archaistische Reliefs erhalten: die Themen umfassen Pan und die Nymphen, Götterprozessionen, Dionysos und die Jahreszeiten. Sie setzen sich bis in die römische Kaiserzeit fort, und die Figuren sind auf Flachreliefs, Hochreliefs oder Marmorvasen zu finden. Ein Relief aus Rhodos mit archaistischen Nymphen ist durch die Inschrift mit Sicherheit um 70 v.Chr. datiert.

Das Relief von der Agora stand zwischen den Beinen eines großen Bronze-Dreifußes, der als Preis bei irgendeinem Wettkampf gewonnen wurde. Der Knabe mit der dünnen Keule kann mit Sicherheit als Theseus identifiziert werden. Er stützt seine Keule auf einen Felsblock, nachdem er vielleicht gerade in Athen angekommen ist. Der Mann mit dem Zepter muß daher, obgleich er nach dem Zeus der Akropolis-Basis kopiert ist, Theseus' Vater Aigeus sein. Dann ist die Frau, die mit einer Phiale in der Hand davonläuft, Medea, die versucht hat, Theseus zu vergiften, um die Thronfolge für ihren eigenen Sohn zu sichern. Die drei Reliefs spielen auf eine bekannte athenische, von Euripides dramatisierte Sage an, und der archaistische Stil hebt diese heroischen Gestalten von der unerfreulichen Wirklichkeit des 2. Jahrhunderts ab.

B. A. 14

B. A. 15

B. A. 16

Die gleichen eng gelegten Falten mit Schwalbenschwanzenden, die

FIG. 45

bei der Medea der Agora wie eine elegante und strenge Stilisierung eines archaischen Gewandes wirken, erscheinen weniger passend für die kräftigen Siegesgöttinnen auf einem in Rom gefundenen Fries, den man für die Dekoration eines von Sulla errichteten Monumentes hält, das seinen Triumph über die Griechen verherrlichen sollte. Hier ist der Archaismus auf das Himation beschränkt, das die Siegesgöttinnen über ihren langen Chitonen tragen. Der übrige Fries ist eine Kombination von Elementen, die von andern hellenistischen Reliefs her bekannt sind. Das abgebildete Teilstück zeigt die Siegesgöttinnen zwischen zwei großen Weihrauchständern, wie sie mit einem Lorbeerkranz einen Schild schmücken, auf dem der Adler des Jupiter, auf Jupiters Donnerkeil stehend, im Relief dargestellt ist; über dem Adler halten zwei Cupido-Knaben eine Rolle, deren Inschrift nicht mehr lesbar ist. Das andere erhaltene Teilstück zeigt eine Profilbüste der Roma auf einem Schild zwischen zwei Trophäen. Die Ausführung ist äußerst sorgfältig und die Dekoration zwar vergangenheitsbezogen, aber passend.

Siegesgöttinnen, die Räucherständer tragen, waren auf dem Gewand der Despoina zu Lykosura zu sehen, aber damals hatten sie keine archaistischen Falten. Das Porträt auf einem Schild ist von andern Monumenten des 1. Jahrhunderts v. Chr. her bekannt, z. B. dem des Mithradates in Delos, und Plinius erwähnt einige auf der Basilica Aemilia, die 78 v. Chr. erbaut wurde. Plinius sagt seltsamerweise, die Porträts wären auf Schilde wie die im Trojanischen Krieg benutzten gesetzt. Nach den griechischen Helden auf pompejanischen Bildern zu urteilen, muß er sich solche Schilde rund und mit einer Vorderseite aus Bronze vorgestellt haben. Schildschmuck geht bis ins 8. Jahrhundert v. Chr. zurück. Eine der frühesten Dekorationen war ein Gorgonenhaupt in Vorderansicht. In der langen Zeit zwischen der archaischen und der späthellenistischen Periode beeinflußten sich Schild und andere Formen von Rundbildern wie Spiegel und Münzen wechselseitig, die Profil-, Halbprofil- und En-face-Köpfe und -Büsten zeigten. Wahrscheinlich setzten zuerst die hellenistischen Herrscher ihre Bildnisse auf Schilde; dies war um so natürlicher, als sie auf die gleiche Stufe mit Göttern gestellt wurden: Mithradates nannte sich selber den Neuen Dionysos. Die

Römer übernahmen die Sitte ohne eine solche Gleichsetzung; dazu bestand auch für sie kein Grund, da in Athen das Bildnis bereits im 1. Jahrhundert v. Chr. zu einer konventionellen Dekoration geworden war, von der Privatpersonen Gebrauch machen konnten.

Auf unserm Fries ist Rom als Kriegsgöttin personifiziert, wie in der griechischen Hymne der Dichterin Melinno, die Roma als eine Tochter des griechischen Kriegsgottes Ares anspricht. Trophäen erscheinen schon im späten 5. Jahrhundert auf der Balustrade des athenischen Niketempels, der Quelle so mancher neuattischen Inspiration. Später zeigte der Fries der Stoa um den Athena-Tempel zu Pergamon Schilde und Waffen. Dieser Fries in Rom ist also eine typische und gelungene eklektische Arbeit ihrer Zeit.

Neuattischer Stil

Die Mehrzahl der Reliefs, die wie die Agora-Reliefs neuattisch genannt werden, sind nicht im engeren Sinne archaistisch, sondern archaistisch oder klassizistisch im allgemeineren Sinn. Die Bezeichnung neuattisch ist zutreffend, auch wenn nur einige Künstler attisch waren und viele der Stücke anderswo, besonders in Italien, entstanden sind, wohin viele Künstler nach der Plünderung durch Sulla emigrierten. Viele der Vorbilder sind attisch, die Akropolis-Basis ist ein Vorläufer; einige Künstler, die ihre Werke signierten, waren Athener, und noch im 1. und 2. Jahrhundert n. Chr. wurden in Attika neuattische Reliefs hergestellt.

Von den Agora-Reliefs abgesehen, wurden gute Exemplare, die bestimmt in Attika entstanden sind, im Wrack eines Schiffes gefunden, das etwa 100 v. Chr. oder etwas später vor der Küste von Tunis gesunken war, als es eine Ladung von Kunstwerken nach Italien befördern sollte, zu der auch der oben erwähnte, den Agon verkörpernde Bronzeknabe gehörte. Unter den Arbeiten befanden sich Fragmente von vier Marmorkrateren mit neuattischen Reliefs. Es handelt sich dabei um je zwei identische Kratere, und gemeinsam zeugen sie von der Ausbreitung und der nicht ohne weiteres überschaubaren Abstammung dieser neuattischen Werke.

Das erste Vasen-Paar ist mit einem jugendlichen Dionysos und einer Leier spielenden Ariadne (?) mit einem Thiasos von Satyrn und Maenaden geschmückt; dieser gehört in die übliche Tradition der Dionysos-Thiasoi, die über den Dherveni-Krater bis ins 5. Jahr- ABB. SEITE 15

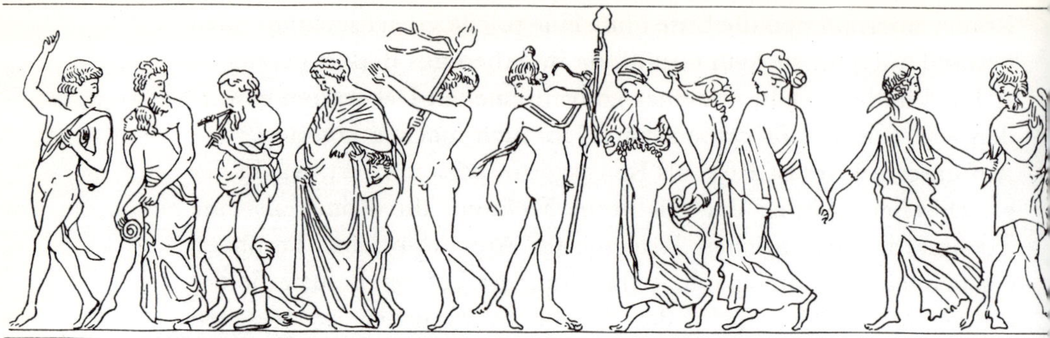

Fig. 46 – Abrollung eines Frieses mit Dionysos und Thiasos auf einer Marmorvase. 2. Jh. n.Chr. Camposanto, Pisa. Siehe unten

hundert v. Chr. und noch weiter zurückgeht. Doch ist dies nur eine Tradition des Themas; der Stil ist vollkommen modernisiert worden; so ist z. B. die wundervolle Gruppe mit einem jungen Satyr, der einen alten, fallenden Satyr stützt, vor den pergamenischen Galliern undenkbar. Der Künstler scheint tatsächlich sein Vorbild in einem pergamenischen Original des frühen 2. Jahrhunderts v. Chr. gefunden zu haben. Das gleiche Original, wahrscheinlich über das Zwischenstück eines andern späthellenistischen Kraters, der wohlbehalten nach Italien gelangte, wurde von einem Künstler des frühen 1. Jahrhunderts n. Chr. kopiert, der einen (heute im Louvre befindlichen) Marmorkrater schuf.

Das zweite Vasen-Paar aus dem Schiffswrack hat ebenfalls einen FIG. 46 Dionysos-Thiasos, Satyrn und Maenaden, doch Ariadne fehlt. Der Künstler (der sehr wohl mit dem des ersten Paares identisch sein kann) ist nicht einem einzelnen Vorbild gefolgt, sondern hat Figuren aus verschiedenen Quellen zu einem neuen, gefälligen Ganzen vereinigt. Wieder ist eine viel spätere Kopie erhalten, ein Marmorkrater des 2. Jahrhunderts n. Chr., heute in Pisa. Zwei Elemente in dieser Komposition mögen als Beispiele dienen, um zu zeigen, wie diese Künstler arbeiteten. Die Maenade, die ihre rechte Hand über den Kopf hebt und mit der linken das Handgelenk der ihr folgenden hält, ist eine nur leicht umgebildete Kopie nach einer Maenade, die von zwanzig anderen neuattischen Werken her bekannt ist.

Diese Maenade hält in der linken Hand ein Schwert und in der rechten ein Stück Wild; die Maenaden der Mahdia- und der pisanischen Vase unterscheiden sich von ihr nur durch Weglassung des Schwertes und des Tieres. Der Stil ist dem einiger Siegesgöttinnen von der Balustrade des Niketempels zu Athen so ähnlich, daß ein attisches Original des späten 5. Jahrhunderts für sie und die acht andern Typen neuattischer Maenaden, die ihr folgen, angenommen werden muß. Eine kürzlich durchgeführte Rekonstruktion läßt vermuten, daß das Original ein Bronzerelief mit drei Maenaden war, die sich nach rechts, und drei, die sich nach links bewegten, und daß die drei andern Typen neuattische Maenaden späterer Schöpfungen waren. Mindestens können wir annehmen, daß sechs der neuattischen Typen Kopien nach einem attischen Original des 5. Jahrhunderts sind.

Ein anderes Element auf dem Mahdia-Krater hat einen späteren und komplizierteren Ursprung. Dies ist die Gruppe mit Dionysos, den beiden Satyrn (von denen der eine den Schuh des Dionysos löst und der andere ihn stützt), den drei musizierenden Satyrn und endlich dem alten Satyr, der die fallende Maenade stützt. Der Dionysos basiert auf einer Statue, die durch mehrere Kopien bekannt ist; das Original ist Praxiteles zugeschrieben worden. Die übrige Gruppe scheint ihrer bewegten Haltung nach hellenistisch zu sein, und vermutlich wurde der frühere Dionysos umgebildet, damit er dazu paßte.

Besuch bei einem Komödiendichter

Aber warum sollte Dionysos der Schuh gelöst werden, es sei denn, er beträte ein Haus? Der Künstler des Mahdia-Kraters muß die Gruppe aus einem Zusammenhang übertragen haben, wo dies einen Sinn gab. Ein solcher Zusammenhang ist auf den Reliefs gegeben, auf denen Dionysos einen Komödiendichter besucht. Hier hat er seine Schuhe ausgezogen, weil er das Haus des Dichters betritt. Die Gruppe ist in vielen Versionen bekannt, die im Detail oder im Hintergrund variieren, doch in allen zeigen der Vorhang hinter dem Dichter, das Ruhebett, auf dem er liegt, und der Tisch davor an, daß er zu Hause ist, und ein Besucher muß also seine Schuhe ausziehen. Diese Szene kommt auf einer Marmorbasis im Vatikan vor, die in das 1. Jahrhundert v. Chr. datiert worden ist.

Diese hat zusätzlich ganz rechts eine ländliche Priapos-Statue. Die Schwärmenden kommen also vom Lande, um den Dichter zu besuchen. Im Britischen Museum befindet sich ein Exemplar, das in das 1. Jahrhundert n. Chr. datiert worden ist. Es hat einen viel sorgfältiger ausgearbeiteten Hintergrund mit einem weiteren, an der Wand stehenden Satyr. Dem Dichter ist ein Korb mit Komödienmasken beigegeben, um ihn sicher zu kennzeichnen. Der Künstler hat das Mädchen auf dem Ruhebett weggelassen und die Gruppe mit dem Satyr, der eine Maenade stützt, auf die Gestalt einer einzelnen Maenade beschränkt. Man wüßte gern, ob er nach einem Vorbild, etwa einem Gipsabguß gearbeitet hat, der an dieser Stelle undeutlich geworden war.

Aber wurde die Gruppe mit Dionysos und seinem Thiasos für den »Besuch bei einem Komödiendichter« ersonnen, und dürfen wir daher ein solches Original voraussetzen, das früher als der Mahdia-Krater datiert werden kann? Es gibt dabei zwei Schwierigkeiten. Die erste ist die unbeholfene Stellung des Dichters; man erwartet, daß er andersherum liegen müßte, damit er Dionysos ansehen kann. Diese Stellung paßt viel besser für einen Mann, der sich in der Mitte einer Dreiergruppe befindet und sich an den rechts von ihm befindlichen Mann wendet. Ein Glocken-Krater aus Paestum hat eine solche Gestalt als Mittelfigur von drei Kottabus spielenden Symposion-Teilnehmern. Der Dichter auf den Reliefs kann sich sehr wohl von einer solchen Figur herleiten. Der zweite Grund gegen die Annahme, daß die Gruppe auf dem Mahdia-Krater ursprünglich für den »Besuch bei einem Komödiendichter« gedacht war, ist der, daß eine viel überzeugendere Darstellung dieses Themas auf einem Relief (heute im Louvre) zu finden ist, das in das 2. Jahrhundert v. Chr. datiert worden ist. Hier kommt ein junger Dionysos, gestützt auf einen Satyr, von links, so daß der Komödiendichter ihn ansieht, ohne sich umdrehen zu müssen. Dies ist eine völlig befriedigende Komposition, und der junge Dionysos paßt als Besucher eines Komödiendichters viel besser als die feierliche bärtige Figur mit schwerem Faltenwurf auf dem Mahdia-Krater.

Man ist versucht, weitere Spekulationen über den Ursprung der Gruppe auf dem Mahdia-Krater anzustellen. Dionysos trägt manch-

Dionysos und Ariadne

mal einen Bart, wenn er dargestellt wird, wie er Ariadne auf Naxos findet, und eine unteritalische Vase des späten 5. Jahrhunderts zeigt Theseus, wie er nach links zu seinem Schiff davongeht. Ein Original mit allen drei Elementen – Theseus nach links davongehend, Ariadne schlafend und ein bärtiger Dionysos, der mit seinem Thiasos von rechts kommt – würde genau das Original sein, das wir für die Gruppe auf dem Mahdia-Krater brauchen. Der bärtige Dionysos, von dem der Mahdia-Dionysos abgeleitet ist, ist in das 4. Jahrhundert datiert worden. Das Original der Marmorstatue der schlafenden Ariadne wird in das späte 4. bis frühe 3. Jahrhundert datiert. Es sieht so aus, als ob ein bedeutender Entwurf aus dem späten 5. Jahrhundert mehrere Male im Stil späterer Perioden umgestaltet wurde (möglicherweise handelt es sich um das von Pausanias angeführte Gemälde im Dionysos-Tempel beim Theater zu Athen, doch ist dies als Original einer ganz anderen Tradition in Anspruch genommen worden, in der ein junger Dionysos von links auf Ariadne zukommt, während Theseus nach rechts entflieht). Eine dieser Umgestaltungen, ein hellenistisches Original, es mag ein Relief oder ein Gemälde gewesen sein, war das Vorbild, von dem die Künstler des Mahdia-Kraters und der frühesten Standardkomposition des »Besuches bei einem Komödiendichter« die Gruppe des Dionysos mit seinem Thiasos für ihre gesonderten Zwecke übernahmen.

Diese späthellenistischen Künstler waren Eklektiker: sie schöpften aus jeder Quelle, die ihnen gefiel, um den verfügbaren Raum mit einer interessanten Komposition zu füllen. Dionysos und sein Thiasos waren die sichtbaren Symbole der Hoffnung eines Griechen auf Unsterblichkeit, ob er nun in Athen, Pergamon, Alexandria oder Süditalien lebte. Die Sage von Dionysos, wie er Ariadne auf Naxos findet, wurde im späten 5. Jahrhundert auf zwei ganz verschiedene Arten interpretiert: als eine Geschichte leidenschaftlicher Seligkeit, wenn der strahlende junge Gott der schlafenden Schönheit beiwohnt, und als eine Geschichte mystischer Verzückung, wenn der feierliche bärtige Gott sich ihr langsam nähert. Dies sind die entgegengesetzten Pole der Ekstase, die Euripides, der die ganze Reichweite der dionysischen Religion begriff, in den »Bakchen«

darstellte. Die Ekstase hat nur noch ein schwaches Echo in der neuattischen Kunst, die größtenteils für römische Käufer geschaffen wurde, die für ihre Häuser und Gärten dekorative Kunstwerke haben wollten.

Kopien Die Einzelfiguren in der neuattischen Kunst stammten von früheren Schöpfungen, wurden aber in das Medium des neuen Werkes übersetzt. Auch wenn das frühere Werk selber ein Relief war, unterschied sich die neue Arbeit davon im Maßstab. Es handelte sich also nicht um mechanische Kopien. Doch auch das mechanische Kopieren hatte schon mindestens im frühen 1. Jahrhundert v. Chr. begonnen. Damit ist, zur Unterscheidung vom freien Kopieren, ein Verfahren gemeint, bei dem von einem Abguß des Originals Punkte auf den Marmorblock übertragen werden, der für die Kopie benutzt
FIG. 47 werden soll. Ein frühes Beispiel ist die Marmorkopie des polykletischen Diadumenos in Delos; diese Marmorkopie einer Bronze des 5. Jahrhunderts ist gewiß nicht später als im frühen 1. Jahrhundert entstanden, da man Plastik in Delos wahrscheinlich nicht nach der Zerstörung durch Mithradates datieren kann. Der Kopist hat die Stütze auf der Seite hinzugefügt, die bei dem Bronzeoriginal unnötig gewesen war. Andere Kopien haben einen einfachen Baumstamm, doch hier hängt ein Köcher von dem Baum herab, vermutlich eine Anspielung auf den Apoll von Delos. Von dieser Zeit an konnten die Römer, wenn sie wollten, mechanische Kopien griechischer Meisterwerke besitzen.

In einer Hinsicht jedoch folgten die Kopien augenscheinlich nicht den Originalen: sie waren nicht bemalt. Dies darf man nach Vitruv folgern, wenn er sagt, daß die nackten Marmorstatuen mit geschmolzenem Wachs bedeckt werden, das dann mit gewachsten Stricken und sauberen Tüchern überarbeitet wird. Wenn die Statuen bemalt wurden, wurden die Farben mit geschmolzenem Wachs aufgetragen; Vitruv beschreibt das Polierverfahren bei unbemaltem Marmor *(ganosis)*. Klassische Bronzen werden oft ihren goldenen Farbton verloren gehabt haben, bevor sie kopiert wurden, und die Kopien von Marmorstatuen müssen oft fern vom Original gemacht worden sein. Wenn die Römer Farbe wünschten, ließen sie ihre Statuen aus farbigem Stein machen.

Über das Kopieren von Gemälden ist weniger bekannt, aber alle Gemälde aus Rom und den campanischen Städten, die für eine Rekonstruktion der Entwicklung der hellenistischen Malerei herangezogen worden sind, sind tatsächlich Kopien oder Umbildungen. Das einzige Zeugnis für die Methode der Übertragung ist das Dioskurides-Mosaik, das selber in einem campanischen Hause als Gemälde kopiert ist; doch solche sehr feinen und kleinen Mosaiken müssen kostspielig und selten gewesen sein, und der gewöhnliche Maler hatte vermutlich eine Art Musterbuch. Im 2. Jahrhundert v.Chr. wurden Kopien klassischer Gemälde in Delphi für die königliche Sammlung zu Pergamon gemacht; 86 v.Chr. nahm Sulla ein Gemälde des späten 5. Jahrhunderts, Zeuxis' Kentaurenfamilie, aus Athen mit und hinterließ an seinem Platz eine Kopie; und 84 v.Chr. kaufte Lucullus, als er in Athen Dienst tat, eine Kopie von Pausias' Blumenbinderin.

Umbildungen

Neben mechanischen Kopien klassischer Plastik gibt es eine Fülle von Zeugnissen für Umbildungen. Der Idolino in Florenz wurde

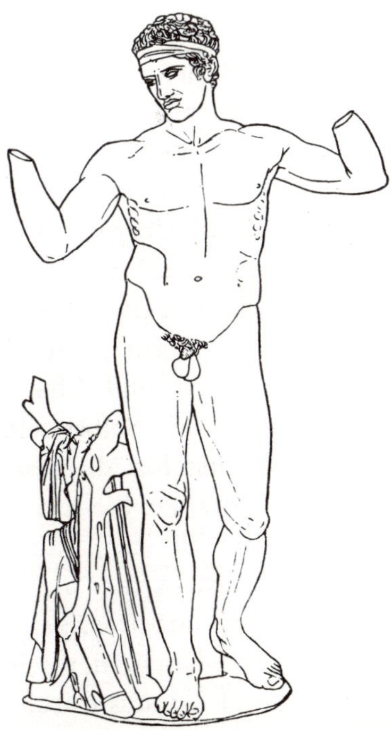

Fig. 47 – Jüngling mit Siegerbinde (Diadumenos). Römische Kopie nach einem Werk des Polyklet. Aus Delos. Um 100 v.Chr. Marmor. Höhe 1,86 m. Nationalmuseum, Athen. Vgl. Seite 184

lange Zeit für ein Bronzeoriginal Polyklets aus dem 5. Jahrhundert
ABB. SEITE 187 gehalten, doch ist nachgewiesen worden, daß er zu einer Gruppe von Bronze-Knaben gehört, die ursprünglich alle Kandelaber in den Händen hielten. Ihre Körper sind alle ähnlich, doch haben sie verschiedene Köpfe: der Kopf des Idolino ist nach einem polykletischen Kopf kopiert. Ein anderer Bronze-Knabe ist mit einem Mädchenkopf etwa aus der gleichen Zeit ausgestattet, der in mehreren Kopien bekannt ist; wieder ein anderer hat einen hellenistischen Kopf. Der mit dem Mädchenkopf war ursprünglich vergoldet, und für vergoldete Knaben-Statuetten mit Kandelabern kann ein römischer Text herangezogen werden. Lucrez, der seine Dichtung unvollendet hinterließ, als er 55 v. Chr. starb, stellt die einfachen Vergnügungen epikureischer Philosophen den kunstvoll ersonnenen Banketten in reichen Häusern gegenüber, wo »goldene Jünglingsstatuen brennende Fackeln in den rechten Händen hielten«. Die vergoldeten Bronzen zeigen, daß es sich um eine dem Dichter bekannte römische Mode handelte. Nicht nur der Dichter, auch der Erfinder dieser Mode erinnerte sich der Beschreibung von Alkinoos' Palast in Homers *Odyssee:*

»Bilder von Jünglingen standen aus Gold auf schönen Gestellen,
Jeder in Händen ein strahlend Licht, damit er die Halle
Für die Genossen des Mahls erleuchtete, über die Nacht hin.«

Die Römer liebten Anspielungen auf griechische Literatur.

FIG. 48 Eine Marmorstatue, die in mehreren Repliken bekannt ist, kann bald nach 50 v. Chr. datiert werden, weil eine Replik von Stephanos signiert ist, der ein Schüler des Pasiteles war. Zwei Exemplare sind mit Figuren in ähnlichem Stil zu Gruppen vereinigt; eine ist »Orest und Elektra«, die andere »Orest und Pylades« genannt worden. Selbst schräg von vorn betrachtet – dem üblichen Blickpunkt für all diese klassizistischen Figuren – hat die Figur wenig Vorzüge. Sie hat eine Weichheit, die in Mißklang zu der Haltung des frühen 5. Jahrhunderts steht, und der Kopf mit seinem faden Lächeln paßt nicht zu einem nackten Athletenkörper. Für uns ist es eine unbefriedigende Kombination von hergebrachten Elementen.

Stephanos, der seinerseits einen Schüler namens Menelaos hatte, welcher uns durch seine Signatur auf einer andern klassizistischen

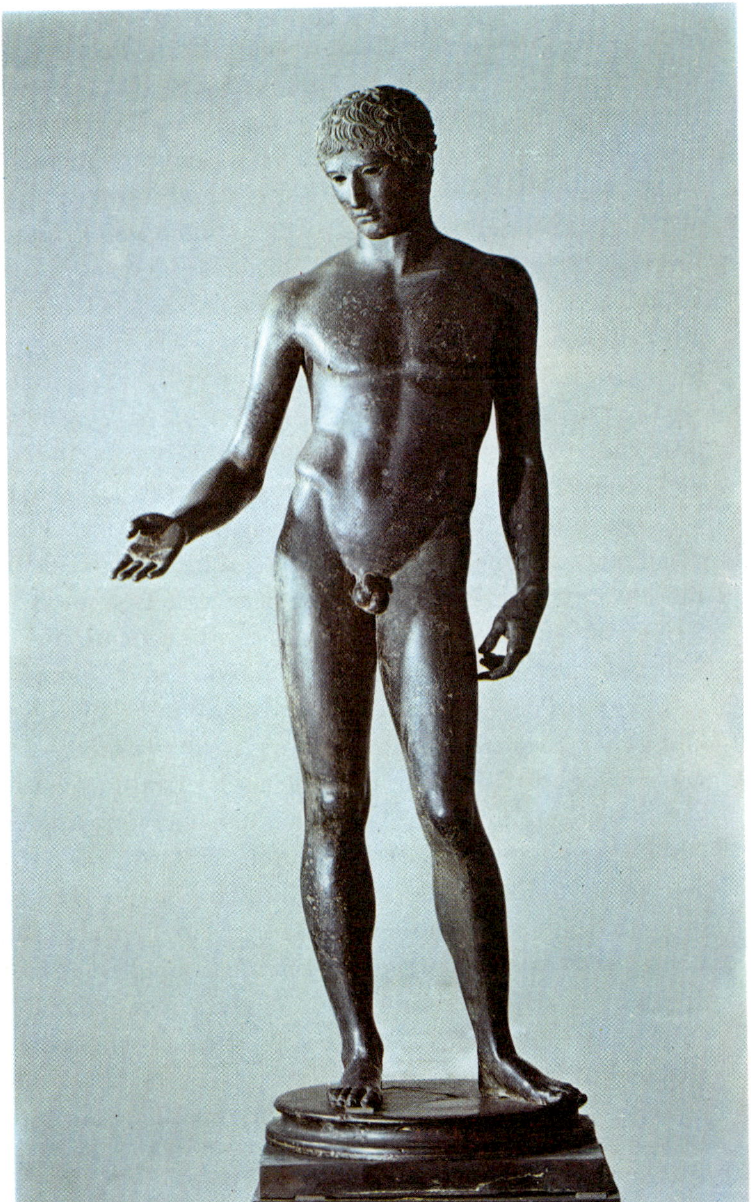

Idolino (italienisch »kleiner Götze«). Lebensgroße Bronzefigur eines Knaben. *Museo Archeologico, Florenz. Vgl. Seite 186*

Gruppe bekannt ist, ist hauptsächlich deshalb interessant, weil sein Meister Pasiteles vermutlich ein Künstler in dem gleichen Genre war. Ein anderer Schüler, Kolotes, kam aus Herakleia und arbeitete in Olympia in der neuattischen Tradition. Drei seiner schriftlich bezeugten Werke waren aus Elfenbein, und die Überlieferung, daß er mit Phidias am Olympischen Zeus und an der Athena zu Elis arbeitete, mag bedeuten, daß er diese Standbilder restaurierte.

Pasiteles

Pasiteles selber ist einer der wenigen Künstler des 1. Jahrhunderts v.Chr., der uns von literarischen Quellen her bekannt ist. Er war ein Zeitgenosse von Pompeius Magnus, wurde in einer griechischen Stadt Süditaliens geboren und erhielt 89 v.Chr. römisches Bürgerrecht, kann also nicht nach 110 v.Chr. geboren sein. Er schrieb fünf Bände über »hervorragende Kunstwerke der Welt« (an anderer Stelle nennt Plinius sie »wundervolle Werke«). Es handelte sich vermutlich um Meisterwerke der klassischen Kunst. Plinius gibt in einem kurzen Abschnitt eine Künstler-Chronologie: sie beginnt mit Phidias und geht bis zu den Schülern von Lysipp und Praxiteles weiter, die er 296–293 v.Chr. datiert. »Dann kam die Kunst zum Stillstand und belebte sich wieder bei der 156. Olympiade (156–3 v.Chr.) mit Polykles und Timokles etc.« Plinius' Quelle war nur an klassischer und neuklassischer Kunst interessiert und sparte die kraftvolle und realistische pergamenische Kunst säuberlich aus. Es könnte sich gut um einen Auszug aus den »hervorragenden Werken« des Pasiteles handeln. Der Polykles dieser Liste war der Bildhauer, der die marmorne Jupiter-Statue für den Metellus-Tempel machte; Pasiteles schuf einen Elfenbein-Jupiter für den gleichen Tempel. Leider wissen wir nichts über den Zusammenhang dieser beiden Statuen; im Hinblick auf Kolotes' Werk in Olympia ist die Annahme verführerisch, daß Pasiteles den Olympischen Zeus im gleichen Material kopierte.

Pasiteles und Kolotes arbeiteten beide in Elfenbein, Stephanos in Marmor, Pasiteles auch in Silber. Er sagte selber, daß »das Modell-

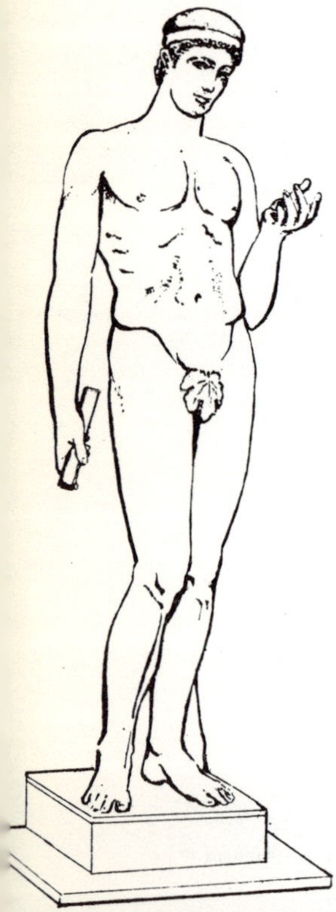

Fig. 48 – Marmorstatue eines jugendlichen Wettkämpfers. Signiert von Stephanos. 50 v.Chr. Villa Albani, Rom. Vgl. Seite 186

machen die Mutter der Gravier- und der Erzgießerkunst wie auch der Bildhauerei wäre«, und Plinius fügt hinzu, vermutlich auch nach Pasiteles' eigenen Schriften, daß er, obwohl er in all diesen Künsten hervorragend war, niemals irgend etwas schuf, ohne ein Modell dafür gemacht zu haben. Der letzte Satz hat mit Recht zu der Annahme geführt, daß er vielleicht das mechanische Punktierverfahren erfunden, auf alle Fälle aber benutzt hatte, daß er in Wirklichkeit ein typischer akademischer Künstler des 1. Jahrhunderts war, mechanisch kopierte, soweit dies möglich war, wenn nicht, dann frei kopierte und umbildete. Die drei Kunstgattungen, in denen er seine Modelle zu neuen Werken umschuf, waren die Feinschmiedekunst, die Erzgießerei und die Marmorbildhauerei.

Ein anderer Bildhauer der gleichen Zeit und etwa der gleichen Bedeutung war Arkesilaos. Er war mit L. Lucullus befreundet und schuf die Venus Genetrix für den Tempel, den Julius Caesar in Rom baute; diese war höchstwahrscheinlich die Kopie einer allgemein bekannten Statue des 5. Jahrhunderts, die im Stil mit der Balustrade des Niketempels zu Athen übereinstimmt, dem Stil der auf den neuattischen Reliefs kopierten Maenaden. Aus welchem Material die Venus war, steht nicht fest. Arkesilaos' Marmorwerke – Nymphen tragende Kentauren und mit einer Löwin spielende Cupido-Knaben – vielleicht eher Reliefs als freistehende Gruppen – müssen wohl von hellenistischen, nicht von klassischen Originalen inspiriert gewesen sein; das ist nicht erstaunlicher als die Benutzung hellenistischer Originale durch den Künstler der Mahdia-Kratere. *Arkesilaos*

Diese Art hellenistischer Kunst wird manchmal Rokoko genannt, doch sollte man die irreführenden Assoziationen der modernen Bezeichnung lieber vermeiden. Kleine Eroten (oder, wie die Römer sie nannten, Cupidines) sind erheiternd, wenn sie sich wie ausgewachsene Männer benehmen. Auf einem Gnathia-Krater lenkt ein Eros einen Streitwagen mit zwei Panthern als Zugtieren. Auf einer Hadra-Vase und auf einem späteren alexandrinischen Mosaik jagen Eroten Hochwild. Cupidoknaben bringen eine Inschrift auf einem Schild auf dem capitolinischen Fries an. In ähnlicher Weise sind Unholde ergötzlich, wenn sie Dinge wie schwache Menschen tun. FIG. 45

Das Liebesleben der riesenhaften Kyklopen wird in Theokrits »Polyphemos und Galateia«, das um 270 v.Chr. entstanden ist, mitfühlend dargestellt. Eine Gnathia-Vase, auf der zwei Kentauren vor einen Streitwagen gespannt sind, den eine kleine geflügelte Siegesgottheit lenkt, ist ungefähr aus der gleichen Zeit. Auf dem Becken eines Marmorspringbrunnens aus dem 1. Jahrhundert v.Chr. tragen Tritonen Nymphen davon. Hier könnte es sich um ein Werk von Arkesilaos handeln, jedenfalls zeigt es die gleiche Spätphase der gleichen hellenistischen Tradition.

ABB. SEITE 3

Kunsthandel Zwei weitere Aufzeichnungen werfen ein Licht auf den Kunsthandel dieser Zeit. Arkesilaos' Modelle wurden zu höheren Preisen an Künstler verkauft, als die fertigen Kunstwerke anderer Künstler erzielten. Die Künstler waren vermutlich Handwerker, die mechanische Kopien für den Handel anfertigten. Arkesilaos stellte auch ein Gipsmodell her für Octavius, einen römischen Ritter, der einen Krater machen wollte. Hier denkt man natürlich an die neuattischen Kratere; wir erfahren nicht, ob Octavius das Modell in Bronze oder Marmor nachahmte. Doch ist es interessant, einen wohlhabenden Römer – wie Verres, auf den wir noch zurückkommen werden – mit dem Kunsthandel befaßt zu sehen.

Zeugnisse aus augusteischer Zeit zeigen etwas von dieser Vermischung der Künste. Die in Begram in Afghanistan gefundenen Gipsabgüsse sind bereits erwähnt worden wegen der Kette von Vorbildern, von denen sie abgeleitet sind. Ebenso interessant ist die Reihe von Objekten, die angeführt worden sind, um sie zu erklären. Zu diesen gehören freie Plastiken, Marmorreliefs und Gemälde ebenso wie Bronzereliefs, die im Maßstab den Gipsabgüssen viel näher kommen. Der Bildhauer des späten 5. Jahrhunderts, Kallimachos, schuf lakonische Tänzerinnen, Mädchen in kurzen Gewändern mit Körben auf den Köpfen. Sie befanden sich wahrscheinlich auf einem Bronzerelief. Die neuattischen Künstler kopierten sie in Marmor, aber auch auf arretinischer Ware sind sie zu finden, jenen sehr hübschen Tonschalen, die in augusteischer Zeit mit Stempeln gearbeitet wurden; diese waren in Hohlformen hergestellt, die man von Silber- oder Bronzeschalen abgenommen hatte. Für die lakonischen Tänzerinnen muß eine Metallschüssel

als Zwischenstück zwischen den augusteischen Tonschalen und den neuattischen Nachahmungen in Marmor angenommen werden.
Die führenden Künstler wie Pasiteles und Arkesilaos waren zweifellos hervorragende Handwerker in vielen Medien, und sie besaßen Geschmack und Kenntnisse genug, die geeigneten Originale zum Kopieren oder Umbilden auszuwählen, um die Bedürfnisse des einzelnen Käufers zu befriedigen. Auch hatten sie mehr Möglichkeiten als die kleineren Handwerker. Pasiteles schuf eine Statue für die mächtigen Metelli, die in der Mitte des 2. Jahrhunderts den Portikus gebaut und mit klassischen Werken angefüllt und den Jupiter- und den Juno-Tempel mit ihren neuklassischen Kultstatuen geweiht

Fig. 49 – Propyläen des Appius Claudius Pulcher in Eleusys. 48 v.Chr. Vgl. S. 192

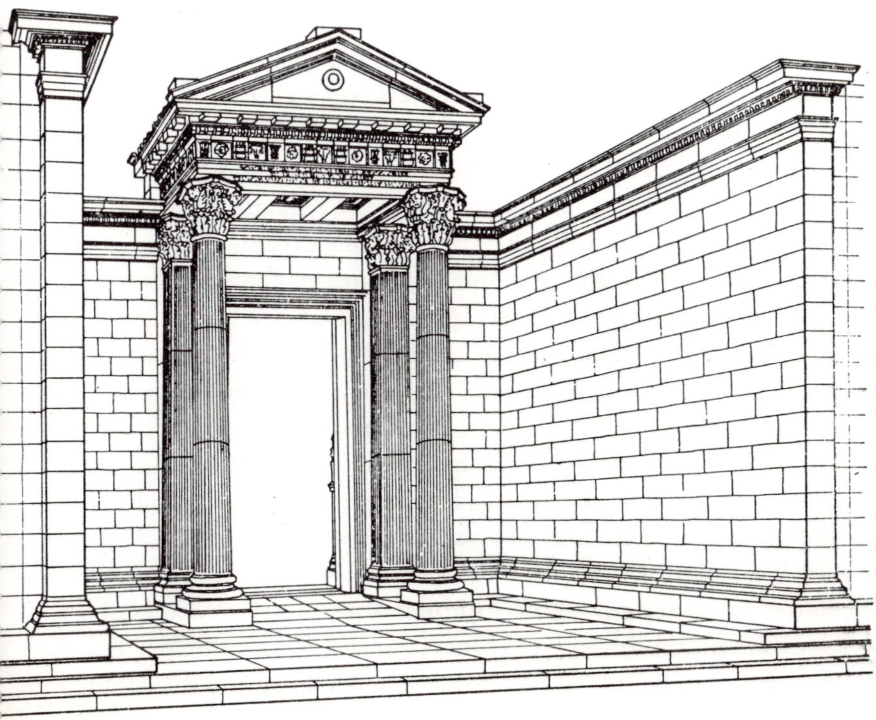

hatten. Arkesilaos war ein Freund des Lucullus, der einen frühklassischen Apoll des Kalamis nach Rom brachte. Diese Künstler müssen viele Originale gesehen haben und in der Lage gewesen sein, Abgüsse davon zu machen, mit denen sie arbeiten konnten.

Architektur Drei Beispiele mögen den gleichen klassizistischen Charakter in der

ABB. SEITE 194 späthellenistischen Architektur zeigen. Der Rundtempel in Tivoli ist ein reizvolles Bauwerk in schöner Umgebung. Die verwendeten Materialien datieren ihn in das frühe 1. Jahrhundert v. Chr., aber die einzelnen Dekorationselemente wären auch mit einer hundert Jahre früheren Datierung vereinbar. Die Proportionen der Säulen stimmen mit denen des Olympieions zu Athen überein, und auch die korinthischen Kapitelle kommen aus derselben Tradition, nur daß hier die Mittelblume in die Horizontale gebogen ist, die Voluten tiefer eingeschnitten und plastischer und die Akanthosblätter weicher und fleischiger gebildet sind. Der Fries mit den Stierköpfen und den schweren Girlanden erinnert an den Fries mit den Stier-

FIG. 16 schädeln und Girlanden am Altar des Rathauses zu Priene.

FIG. 49 Im Jahre 54 v. Chr. gelobte Appius Claudius Pulcher während seines Konsulats ein neues Propylon für den Demeter-Bezirk in Eleusis zu errichten, und dies regte Cicero zu dem Gedanken an, der Akademie ein Tor zu stiften. Das Propylon zu Eleusis wurde 48 v. Chr. nach dem Tode des Appius Claudius Pulcher fertiggestellt. Vieles daran ist modern und interessant, doch die Grundidee scheint aus dem 5. Jahrhundert, vom Erechtheion in Athen zu stammen. Dort hatte der eine Säulengang ionische Säulen und einen Fries, der andere Karyatiden. Hier ist der Eingang zwischen Seitenwänden zurückgesetzt: die äußere Säulenhalle hat korinthische Säulen, die innere hat Karyatiden. Sie sind in etwas überladenem Stil in der Art des späten 5. Jahrhunderts gearbeitet und tragen sorgfältig geschmückte, zylindrische Kisten auf den Köpfen, die heiligen Kisten der Demeter. Die korinthischen Kapitelle an der Außenseite sind reicher ausgearbeitet als die in Tivoli. Geflügelte Greifen nehmen den Platz der Eckvoluten ein; die Akanthosblätter sind von gemischten Blumenornamenten – Ranken, Trauben, Lilien und Rosen – gekrönt. Hier in Eleusis faßte der Künstler die Greifen sicher als Symbole der Auferstehung und die gemischten

Blumenornamente als dem Reich der Seligen zugehörig auf. Der Fries auf dieser Seite steht auch zu Demeter in Beziehung: die Rosen und Stierschädel in den Metopen sind traditionell, aber anstatt der Triglyphen hat der Bildhauer Weizengarben und zylindrische Kisten, die Demeter eigentümlich sind, angebracht. Ob Appius Claudius Pulcher diese Details verlangte, wissen wir nicht, aber wer auch dafür verantwortlich war – er hatte sich genau überlegt, was für dieses besondere Monument paßte. Man sollte ihn eher neuklassisch als klassizistisch nennen.

Der reizvolle Turm der Winde in Athen beherbergte eine Wasseruhr, Sonnenuhren und einen Windmesser. Er wurde um die Mitte des 1. Jahrhunderts v. Chr. von Andronikos aus Kyrrha in Syrien erbaut. Der achteckige Turm hatte auf dem Dach einen Bronze-Triton, der sich im Winde herumschwang und eine Meßrute über jeweils die Seite des Turmes hielt, auf welcher der gerade das Ungeheuer anblasende Wind plastisch dargestellt war. Das Hauptvorbild für den Turm ist der Pharos oder Leuchtturm zu Alexandria, der uns von Beschreibungen und Darstellungen her bekannt ist. Ursprünglich war dieser ein achteckiger Turm, auf dem ein Feuer brannte, aber schon zu Lebzeiten des Andronikos hatte man an den Ecken Tritonen und oben darauf eine männliche Figur, die eine Fackel hielt, angebracht. Die Reliefs mit den Winden auf dem Monument des Andronikos sind nicht besonders gelungen. Ihr Fliegen ist nicht gerade überzeugend dargestellt, aber natürlich hatte der Maler etwa des esquilinischen Odyssee-Bildes es leichter, da er seine Windgötter in stürmische Wolken gehüllt abbilden konnte. Hier hält der jugendliche Westwind ein Himation voller Blumen, und der bärtige Nordwind hebt eine Muscheltrompete zum Munde. Die Falten an den Gewandrändern haben, der Entstehungszeit entsprechend, ein leicht archaistisches Aussehen.

FIG. 50

ABB. SEITE 146

Das einzige Bindeglied zwischen den bisher erwähnten Bildhauern und der Porträtkunst ist sehr bezeichnend. Dionysios, der mit seinem Bruder an den Kultstatuen für die Tempel des Metellus arbei-

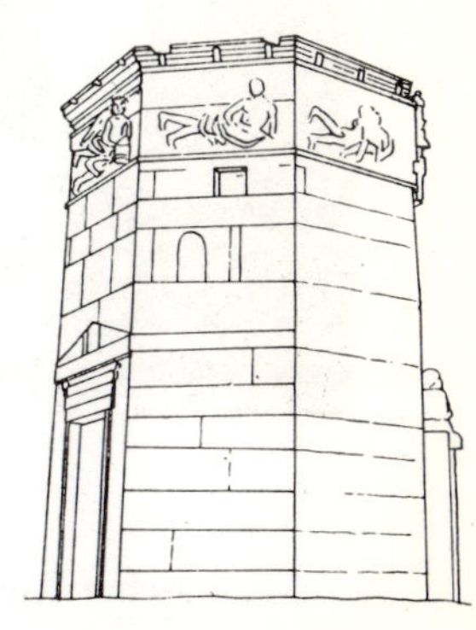

Fig. 50 – Turm der Winde in Athen. 40 v. Chr. Siehe oben

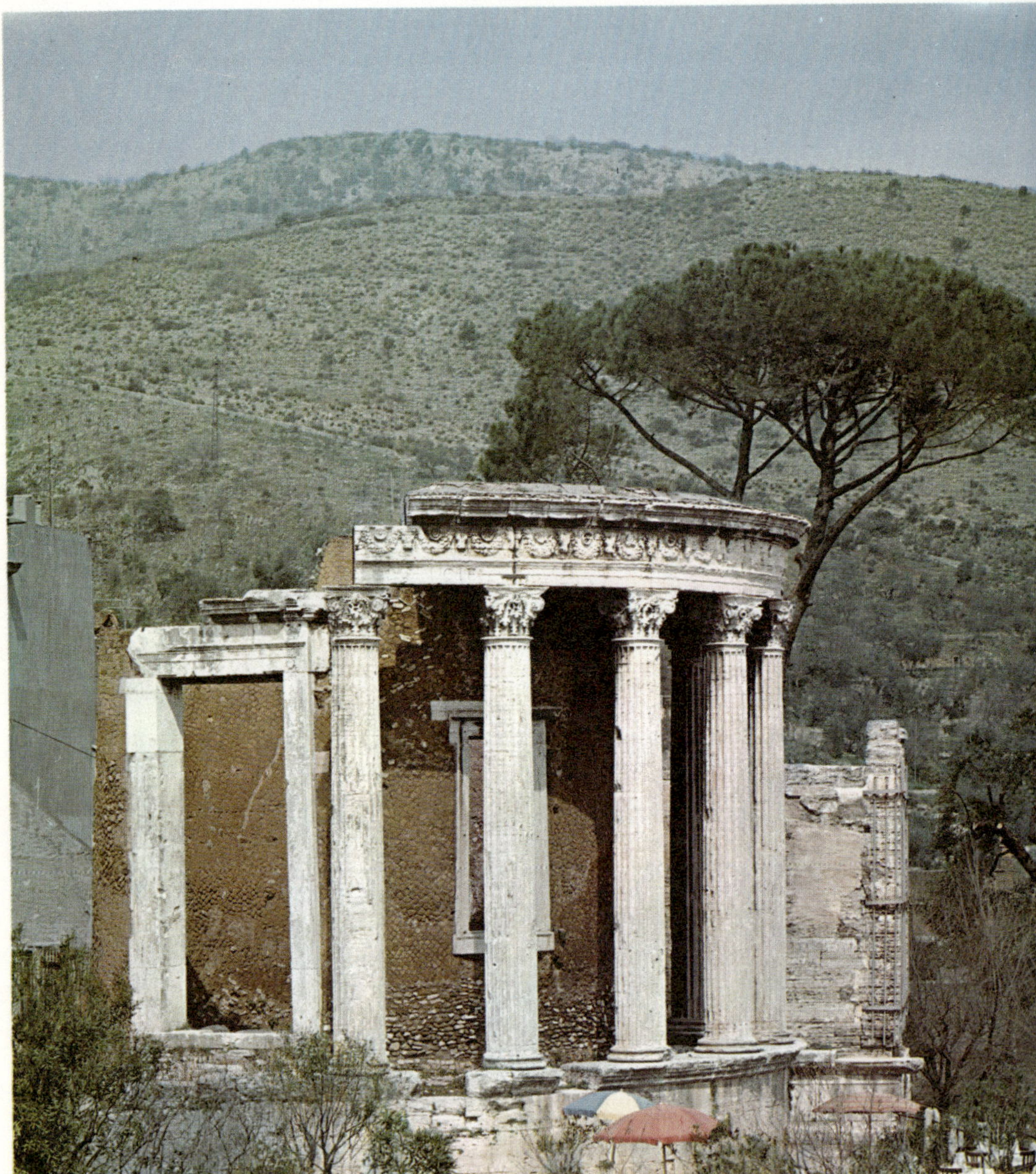

Römischer Rundtempel in Tibur-Tivoli. Aus dem 1. Viertel des 1. Jh. v.Chr. *Vgl. Seite 192*

tete, signierte eine – teilweise erhaltene – Statue eines Römers,
C. Ofellius Ferus, in Delos. Dionysios' Partner war dort sein Neffe, *Porträtkunst*
so daß die Statue im späten 2. Jahrhundert v. Chr. entstanden sein
wird. Im allgemeinen hatte die hellenistische Bildnisdarstellung
bestimmte, gut gekennzeichnete Typen benutzt – Variationen
stehender männlicher und weiblicher und sitzender männlicher
Figuren – und wenn, wie in der frühhellenistischen Periode, die
Bildniskunst realistischer war, erstreckte sich der Realismus auf die
Kleidung wie auf Gesicht und Haar. Auch gab es eine klare Unter-
scheidung zwischen gewöhnlichen Menschen, wie hoch sie auch
stehen mochten, und den hellenistischen Königen und Königinnen,
die oft mit den Körpern von Göttern oder Göttinnen, doch mit
Porträtköpfen gezeigt wurden. Ihre Gesichter wurden genügend
idealisiert, um einen krassen Gegensatz zu den Körpern zu vermei-
den. Königin Arsinoe kann eine Artemis darstellen, und König FIG. 11
Demetrios von Syrien kann als jugendlicher Herakles posieren. Tat- ABB. SEITE 116
sächlich hatten sie in den Augen ihrer Untertanen eine echte
Wesensverwandtschaft mit diesen Göttern und Heroen, und min-
destens nach ihrem Tode würden sie wie ihre Vorfahren in einem
Kult verehrt werden. Wenn römische Generäle hellenistische
Könige besiegten, fühlten sie sich selber wie Könige. Flamininus
besiegte Philipp V. von Makedonien und wurde von den Griechen
als Herakles und Apoll ebenbürtig begrüßt. Wir wissen nicht, in
welcher Gestalt ihn die Bronzestatue in Rom darstellte, doch hat
sie eine griechische Inschrift. Dem Lucius Scipio Asiagenus wurde
auf dem Capitol eine Statue errichtet, die ihn mit griechischer
Chlamys und griechischen Sandalen zeigte. Beides sind Werke des
frühen 2. Jahrhunderts v. Chr. und können sehr wohl der Tradition
der hellenistischen Könige gefolgt sein.

Doch bei einem gewöhnlichen Römer wie C. Ofellius Ferus er- FIG. 51
scheint es uns etwas seltsam, daß er als neuklassischer Hermes auf-
tritt. Der Kopf ist nicht erhalten, doch eine andere zeitgenössische
Statue in Delos hat einen realistischen, kahlen und gänzlich B. A. 21
unheroischen Römerkopf auf einem nackten Körper, der wahr-
scheinlich auch eine Kopie nach einem Hermes ist. Daß Griechen
auf Delos einem Römer eine besondere Ehre erweisen oder einen

vorhandenen Körper noch einmal verwenden wollten, könnte diese beiden Statuen erklären, aber die gleiche Praxis findet sich auch in
B. A. 11 Italien. Eine Statue aus Tivoli aus dem frühen 1. Jahrhundert v. Chr. kombiniert einen ältlichen Römerkopf mit einem Körper, der an den Poseidon von Melos erinnert. Hier in Italien, wenige Kilometer von Rom entfernt, wird ein erfolgreicher römischer Befehlshaber (der Harnisch neben ihm kann sein eigener sein, doch wahrscheinlich symbolisiert er einen besiegten Feind) als griechischer Gott dargestellt. Der neoklassische Stil des nackten Körpers und des Faltenwurfs kontrastiert seltsam mit dem schlichten, durchfurchten, gewöhnlichen Gesicht. Das Gesicht erinnert an die Bronze des »Arringatore« in Florenz,[1] aber dort stimmen Gesicht und Kleidung zusammen. Der »Arringatore« ist realistisch in dem Sinne wie der
B. A. 5 Demosthenes des Polyeuktos – ein nicht idealisiertes Porträt einer öffentlich bekannten Persönlichkeit in ihrer üblichen Kleidung. Der »Arringatore« war wirklich ein Römer, Aulus Metellus, dessen Bildnis von einem außerordentlich fähigen etruskischen Bronzehandwerker in hellenistischer Tradition geschaffen wurde. Der Bronze-»Brutus« ist stilistisch nicht unähnlich, stellt aber wahrscheinlich einen Philosophen dar.[2] Er ist zu Recht mit den Bildnissen von Cicero und Poseidonios verglichen worden. Bei diesen dreien handelt es sich um Büsten, nicht um Statuen, aber die Büsten zeigen in jedem Fall, daß die ganze Gestalt bekleidet gedacht war. Die Tivoli-Statue ist also eine Ausnahme.

Wahrscheinlich ist daher eine besondere Erklärung für die Tivoli-Statue und die beiden Bildnisse aus Delos gerechtfertigt. Die Menschen, die sie errichteten, wollten diesen Männern eine besondere Ehre erweisen, und die Bildhauer konnten auf Wunsch Körper von griechischen Göttern liefern. Für gewöhnliche Menschen standen den Bildhauern bekleidete oder teilweise bekleidete Körper zur Verfügung, die sie direkt kopieren oder umbilden konnten. Bei den weiblichen Körpern, die in klassischer oder frühhellenistischer Zeit für Göttinnen verwendet worden waren, würde niemand die Frage

[1] G.A. Mansuelli, ETRURIEN, Seite 166
[2] G.A. Mansuelli, ETRURIEN, Seite 167

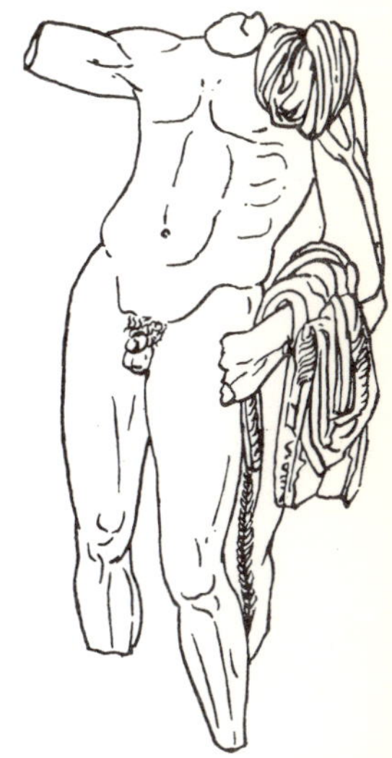

Fig. 51 – Fragment einer Bildnisstatue des C. Ofellius Ferus von den Bildhauern Dionysios und Timarchides. Aus Delos. Marmor. 100 v. Chr. Museum Delos. Vgl. S. 195

erheben, ob diese vornehme Römerin mit einer Göttin gleichgesetzt wurde, da griechische Göttinnen – mit Ausnahme der Aphrodite – wie gewöhnliche Frauen gekleidet waren. Zwar trifft es zu, daß die Tochter des Balbus, der im 1. Jahrhundert v. Chr. das Theater zu Herculaneum weihte, den Körper einer Persephone des späten 4. Jahrhundert hat, doch diese war ihrerseits wie die zeitgenössischen Tanagra-Statuetten gekleidet, die gewöhnliche Frauen darstellten. Hätte der »Befehlshaber« in Tivoli einen Chiton erhalten, würde er nicht viel anders als das neoklassische Reliefbildnis des griechischen Staatsmannes und Geschichtsschreibers Polybios ausgesehen haben, das nach dessen Rückkehr aus Rom nach Griechenland im Jahre 150 v. Chr. entstanden ist. Wieder erinnern die Haltung und die tief fließende Linie des Himation schräg vor den Beinen an den Poseidon von Melos, aber Polybios posiert nicht als Gott. Chiton, Schild, Helm und Speer kennzeichnen ihn als militärischen Befehlshaber, der zu seinen Leuten spricht. Pausanias vermerkt vier solche zu Ehren von Polybios errichtete Reliefs: eins davon in Megalopolis hatte ein Epigramm, das besagte, Polybios sei über Land und Meer gefahren, ein Verbündeter der Römer geworden und habe ihrem Zorn gegen die Griechen ein Ende gesetzt. Diese überlebensgroßen Reliefs waren ein sehr beachtlicher Tribut an einen Mann, der sich um sein Land verdient gemacht hatte – doch ist er nicht als Gott oder Heros dargestellt, sondern so wie er in der Öffentlichkeit auftrat, wie der römische »Arringatore«.

Grabbildnisse

Polybios selber war von den römischen Bestattungssitten beeindruckt: »Sie stellen ein Bildnis des Toten an bevorzugter Stelle im Hause auf und umgeben es mit einem Holzaltar. Das Bildnis ist eine Maske, die in Modellierung und Umriß zu einer bemerkenswerten Ähnlichkeit gebracht worden ist.« Er fährt dann fort, daß bei Bestattungen die Masken der Vorfahren getragen würden. Plinius schaut mit Bedauern auf die gleiche Sitte zurück, die es zu seinen Lebzeiten nicht mehr gab: »In Wachs modellierte Gesichter wurden in Schränken ausgestellt« (dies waren die »Holz-Altäre« in

Polybios' Bericht), »so daß sie als die Bildnisse dienen konnten, die bei Beisetzungen von der Familie benutzt wurden«. Was über frühere Bildniskunst in Italien bekannt ist, läßt vermuten, daß ihre Entwicklung in der gleichen Richtung wie die griechische verlief, wie überhaupt die italienische Kunst von der griechischen immer stark beeinflußt war. Realismus ist vor dem 3. Jahrhundert v. Chr. kaum anzunehmen. Doch Polybios empfand offensichtlich einen bemerkenswerten Realismus in diesen Masken, und seine Beschreibung hat zu der Annahme geführt, daß diese Wachsbildnisse echte Totenmasken waren. Trifft dies zu, so wird der Brauch, Totenmasken abzunehmen, nicht vor dem Anfang des 3. Jahrhunderts v. Chr. entstanden sein, als Lysistratos, der Bruder Lysipps, damit anfing, Abdrücke von menschlichen Gesichtern zu machen. Dies hing vermutlich mit der realistischen Bewegung zusammen, die die Porträts von Demosthenes und Chrysipp hervorbrachte. Es ist gut möglich, daß dieser Stil in Rom populär und für Grabbildnisse beibehalten wurde, die sowohl von neuklassischer Erhabenheit als auch vom Klassizismus unberührt blieben. Vergleichsweise wenig ist über griechische Grabmonumente hellenistischer Zeit bekannt. Viele der erhaltenen Reliefs sind reizvolle Bilder von Kindern in mehr oder weniger ländlich-idyllischer Umgebung. Die Erwachsenendarstellungen folgen oft dem Schema bekannter Statuen und sind selten im echten Sinne Porträts. Aber die wenigen Bildnisstatuen und -köpfe, die aus Delos erhalten sind und aus dem späten 2. und frühen 1. Jahrhundert v. Chr. stammen, zeigen den gleichen Realismus wie römische Köpfe von der Art des Befehlshabers in Tivoli. Die griechische Bildniskunst scheint also im späten 2. Jahrhundert v. Chr. wieder realistischer geworden zu sein, und die Römer begrüßten diese Tendenz mit offenen Armen. Diesem wiedererwachten Realismus verdanken wir die zahlreichen erhaltenen Statuen und Reliefs von häßlichen älteren Römern. Die Künstlersignaturen sind, soweit erhalten, griechisch, und die ganze Gruppe wird vermutlich von griechischen Künstlern geschaffen worden sein. Ob sie Abdrücke der Gesichter von Lebenden oder von jüngst Verstorbenen machten, können wir nicht sagen; doch nachdem das Verfahren bekannt war, ist es wahrscheinlich, daß sie dies in manchen Fällen taten.

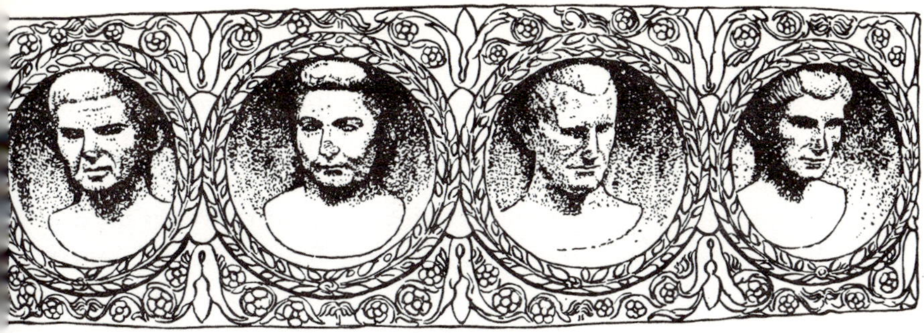

Fig. 52 – Grabrelief mit vier Köpfen in flachen Rundnischen von Lorbeerkränzen und Blütenornamenten umgeben. Spätes 1. Jh. v.Chr. bis 1. Jh. n.Chr. Nuovo Museo Capitolino, Rom. Siehe unten

Römische Grabreliefs

FIG. 52

Ein Grabrelief in Rom mag zur Erläuterung der römischen Grabplastik dienen, wenn auch die Köpfe nicht ganz so viel Warzen und Runzeln, wie man erwartet, zeigen, da bereits eine Reaktion gegen den übertriebenen Realismus eingesetzt hatte. Die vier Büsten stellen vermutlich Sohn, Mutter, Vater und Tochter dar. Die Haartrachten sind die des 1. Jahrhunderts v. Chr., aber das Relief kann im frühen 1. Jahrhundert n. Chr. entstanden sein. Die Gesichter sind sehr individuell gestaltet, und die einzelnen Personen würden leicht wieder zu erkennen sein. Die Köpfe sind in runde konkave, lorbeerumkränzte Fassungen gesetzt. Diese runden Einrahmungen stehen zwischen den konvexen Schilden und den konkaven Muschelschalen, die auf späteren Reliefs auftreten. Wir haben vorher ein gutes griechisches Beispiel für die traditionelle Verwendung des Bildnisses auf dem Schild gesehen, die Büste der Roma zwischen zwei Trophäen. Plinius sagt, als er über Bildnisse auf Schilden spricht, daß andern Mut eingeflößt würde, wenn sie das Bildnis des Benutzers auf seinem Schild dargestellt sähen. Dies ist ein hübscher Gedanke, aber die Mutter und die Tochter auf unserm Relief benutzten gewiß keine Schilde. Der runde Rahmen war schon lange vorher zu einer dekorativen Konvention geworden.

Doch ist es interessant, daß Plinius im Rückblick auf die Bildnisse auf Schilden an der Basilica Aemilia sie in dieser Art interpretieren konnte. Es veranlaßt zu der Frage, ob das Blumenornament, das die

Blumenornament

Zwischenräume auf unserm Relief ausfüllt, rein dekorativ ist oder ob es, jedenfalls für einige Betrachter, nicht noch die tiefere Bedeutung tragen mochte, daß die Toten die schönere Vegetation des Jenseits genießen.

Dieses gemischte Blumenornament ist ein spätes Glied in der langen Reihe, die bis ins 4. Jahrhundert v. Chr., aber kaum weiter zurückgeht. Seine Vorgänger sind wohl stilisierte Blumenornamente wie Palmetten und Lotosblüten, die eine symbolische Deutung erlaubt erscheinen lassen. Wir haben gemischte Blumenornamente bei Grabvasen und -monumenten frühhellenistischer Zeit festgestellt, wo es sich um eine Anspielung auf die elysischen Gefilde gehandelt ABB. SEITE 17 haben muß. Die Personifikation heilsamer Winde, Aura, ist manchmal von verschiedenen Blumen umgeben; sie ist der Lufthauch, der die Seelen der Toten zu den elysischen Gefilden führt, doch wenn sie auf einer Hochzeitsvase eine stilisierte Blume trägt, ist sie eine Windbotin, die der jungen Frau Gesundheit und Fruchtbarkeit bringt. Sie ist ganz am richtigen Platz zwischen Blumen auf dem Fries im Asklepios-Bezirk zu Pergamon, da Asklepios der Gott der Heilkunst ist und die Lüfte Heilung bringen. Sie paßt auch in den Fries des Tempels für den vergöttlichten Julius Caesar zu Rom, weil sie hier auf das selige Leben auf dem Olymp anspielt. Die FIG. 49 Blumenkapitelle der Propyläen zu Eleusis weisen auf Demeter als Göttin aller Vegetation und als Bürgin für Unsterblichkeit hin. Schließlich ist das herrliche gemischte Blumenornament auf der Ara Pacis[1] am Platze, da uns Vergil erzählt, daß in einer Ära des Friedens Efeu, Baldrian, Lilien, Akanthos und Wein ohne Kultivierung des Bodens blühen würden. Vielleicht können wir nicht in jedem Einzelfall hinsichtlich der Intentionen des Künstlers oder seines Auftraggebers sicher sein, doch steht fest, besonders wenn wir uns auf alte Texte stützen können, daß manche antiken Betrachter die gleiche Deutung wie wir zu geben pflegten.

Porträts in Bibliotheken

Plinius hat einen kurzen Exkurs über Schriftstellerporträts in Bibliotheken geschrieben. Er datiert sie beginnend von der Zeit des

[1] H. Kähler, ROM UND SEIN IMPERIUM, S. 68

Asinius Pollio, der 39 v. Chr. die erste öffentliche Bibliothek in Rom eröffnete, die neben vielen andern Kunstwerken auch Autorenporträts enthielt. In Wirklichkeit hatten die Könige von Pergamon – mag Plinius auch daran zweifeln – selbstverständlich bereits Dichterstatuen in ihrer Bibliothek aufgestellt, und das Sarapieion zu Memphis bezeugt den gleichen Brauch in Alexandria. Die Bibliothek der Pisonen zu Herculaneum hatte viele Bronze- und Marmorbüsten, einschließlich Philetairos von Pergamon, Ptolemaios III. von Ägypten (den Auftraggeber des großen Gelehrten Eratosthenes), Seleukos I., Sappho, Solon, Pythagoras, Demosthenes, Aristoteles, Zeno, den ersten Stoiker, Epikur und Hermarchos. Diese stammen wahrscheinlich größtenteils wenn nicht alle aus der Zeit der Renovierung der Villa im 1. Jahrhundert n. Chr., sind aber als Zeugnisse dafür interessant, welche Ansammlung von Porträts in einer Bibliothek erwartet wurde. Es handelt sich hier um einen speziellen Zweig von Gedächtnis-Bildnissen, dem wir eine große Anzahl erhaltener Köpfe und Büsten verdanken, die oft nach ganzen Statuen kopiert waren.

In Alexandria und Pergamon haben wir als Grund für die Aufstellung von Statuen lebender und verstorbener Schriftsteller in der Bibliothek oder im Vortragsraum angenommen, daß die Kontinuität mit der griechischen Tradition betont werden sollte. Kallimachos' Gedicht, in dem Hipponax aus dem Grabe steigt, um die Gelehrtendichter zu ermahnen, ihre Fehden beizulegen, weist auf diese Interpretation hin. Plinius führt die Bildnisse in den Bibliotheken auf das Verlangen des Lesers zurück, zu erfahren, wie ihre Autoren aussahen. Cicero begründet in gleicher Weise den Ärger der Syrakusaner über den Verlust ihrer Königsbildnisse, die Verres fortgeschafft hatte. Dies ist mehr römische als griechische Empfindungsweise, natürlich für Menschen, die die Bildnisse ihrer Ahnen in ihren Häusern aufbewahrten und von den Einzelheiten ihrer Physiognomien fasziniert waren.

Buchillustrationen

Der gleiche Wunsch nach Porträts großer Persönlichkeiten der Vergangenheit führte zu der Erfindung der Buchillustration. Plinius erzählt, daß Varro in sein Werk *Imagines* siebenhundert Porträts einfügte. Dies war ein Werk über die berühmten Männer der Vergangenheit, zu Siebenergruppen zusammengefaßt. Davor haben wir keinerlei Zeugnis für eine Buchillustration, und es kann gut sein, daß das römische Verlangen zu erfahren, wie die bedeutenden Männer der Vergangenheit ausgesehen hatten, zu dem Gedanken anregte, die Büsten in der Bibliothek in Illustrationen umzuarbeiten. Das nächste Stadium bildete wahrscheinlich das Ausschmücken poetischer Texte mit Bildnissen des Autors. Buchillustrationen im üblichen Sinne gab es erst später. Man hat einleuchtend nachgewiesen, daß sowohl Theokrits Hirtengedichte wie Vergils Aeneis im 1. Jahrhundert n. Chr. mit einem vorgesetzten Porträt herausgegeben wurden. Das Porträt am Anfang der illustrierten Terenz-Manuskripte könnte auf ein Original zurückgehen, das früher als die Urmanuskripte entstanden ist, die wohl ins 3. Jahrhundert n. Chr. zu datieren sind. Vor Varro gibt es keine Szenenillustration in einem Buch. Ein Bild von einem komischen Sklaven ist auf einem Papyros aus der Zeit um die 1. Jahrhundertwende n. Chr. erkannt worden, kann aber möglicherweise auf einer Täuschung beruhen. Die erste sichere Illustration auf Papyros ist um 250 n. Chr. datiert, nicht unbedingt eher als die komischen Szenen in den Originalmanuskripten des Terenz. In jedem Fall sieht es so aus, als ob ein Bildnis des Autors die früheste Form von Buchillustration war und daß Szenenillustrationen in Büchern erst später vorkamen. Varro war ein Zeitgenosse und Bewunderer von Pasiteles, der ihm bei seinen weltweiten Kenntnissen über Plastik leicht gesagt haben kann, wo die Bildnisse berühmter Männer für seine *Imagines* zu finden waren, und ihm Künstler, um sie zu kopieren, vermitteln konnte.

Silberbecher

FIG. 4

Offensichtlich bildeten Silberbecher dafür eine der Quellen. Wir haben die beiden Silberbecher aus Bernay Berthouville mit Bildern von vier frühhellenistischen Schriftstellern vermerkt. Sie sind in das 1. Jahrhundert n. Chr. datiert worden, leiten sich aber von Originalen des frühen 3. Jahrhunderts v. Chr. ab – ob diese Originale nun auch Silberbecher waren oder nicht. Pasiteles war als Silberschmied berühmt. Nichts kann ihm zugeschrieben werden, doch zeigen zwei sehr feine Silberbecher im Britischen Museum, die sicher zu seinen Lebzeiten entstanden sind, die Art Kunst, wie er sie schuf.

ABB. SEITE 203

Der erste Becher, der zu einem Paar gehört, hat beide Henkel und

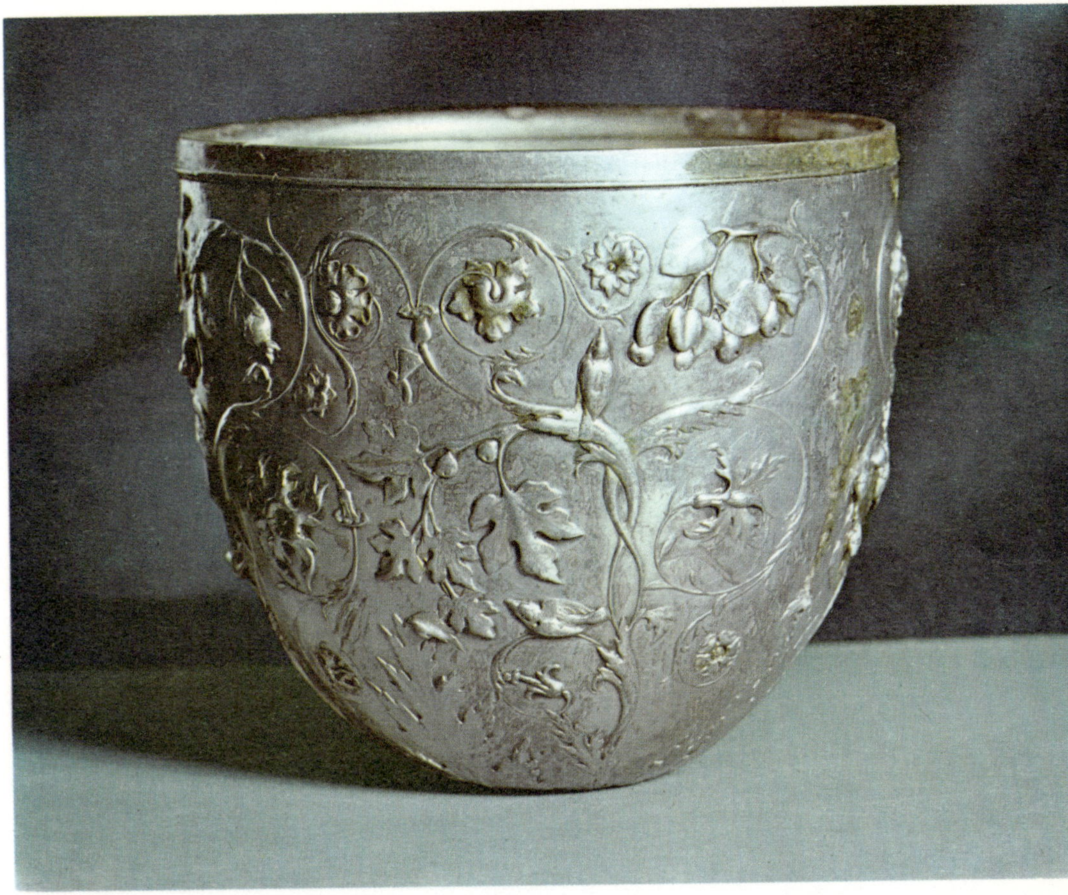

Silberbecher mit Blüten und Blattranken. 1. Jh. v. Chr. *British Museum, London. Vgl. Seite 202*

den Fuß verloren, aber der Leib mit seinem Ornament ist vollkommen erhalten. Beide Seiten sind mit außerordentlich schönen, gemischten Blumenornamenten geschmückt. Vögel und Insekten sind zwischen der Vegetation zu sehen. Auf der einen Seite kommt Akanthos mit einem Weizenhalm mit Grannen von unten nach rechts herüber; zwei Hauptstämme wachsen aus dem Akanthosschaft: der linke Stamm trägt links oben einen Birnenzweig und

rechts darunter einen Feigenzweig. Der rechte Stamm trägt links oben einen Granatapfel und rechts darunter einen Pinienzweig. Zu den Blumen am Ende des Stammes gehören Immergrün (vinca) und die große wolfsmilchartige Blume, die schon auf dem Pella-
ABB. SEITE 17, 65 Mosaik und der Aura-Vase zu sehen war. Die andere Seite des Bechers zeigt außerdem Myrte, Haselnuß, Wein, Winde, Apfel und Eichel. Der Becher ist mit großer Wahrscheinlichkeit ins frühe 1. Jahrhundert v. Chr. zu datieren. Er ist ein spätes und kostbares Beispiel für die gemischte Blumendekoration, die wir unser ganzes Zeitalter hindurch verfolgt haben. Dieses späte Exemplar unterscheidet sich von früheren hauptsächlich durch die Reduzierung rein formaler Elemente (nur die Schnörkel, die das ganze Muster zusammenhalten, sind geblieben) und durch den größeren Realismus der dargestellten Pflanzen, die nun viel einfacher zu identifizieren sind. Die Vögel und Tiere tragen zu der Lebendigkeit bei.

Wahrscheinlich sollten wir dieser entzückenden Dekoration keinerlei Bedeutung unterlegen. Doch wollte ein schwärmerischer Zecher ihr eine Bedeutung verleihen, so konnte niemand widersprechen, wenn er darin eine Anspielung auf den Garten der Hesperiden oder die Höhle der Nymphen sah, wo der junge Dionysos aufwuchs. Oder er konnte sich natürlich auch die Blumen und Zweige als Material für eine Girlande aus verschiedenen Blumen und Früchten vorstellen, wie er sie vielleicht während des Gelages um den Kopf trug. Und dann konnte er daran erinnern, daß Meleager vor einiger Zeit (etwa 70 v. Chr.) seine Anthologie von kurzen Gedichten veröffentlicht hatte, die er die »Girlande« nannte, weil er die Dichter mit den Blumen und Früchten verglich, die zur Girlande eines Zechers gewunden werden konnten. Von den Blumen und Früchten auf dem Becher werden von Meleager nur Feige, Haselnuß, Eichel und Winde nicht mit Dichtern verglichen. Bei dem zweiten Becher, der ebenfalls Henkel und Fuß verloren hat, ist das gemischte Blumenornament auf den unteren Teil beschränkt: es ergänzt die Hauptszene, wie das Blumenornament auf dem Gnosis-Mosaik der Hochwildjagd untergeordnet ist. Der Besitzer dieses Bechers muß ebenso an Literatur interessiert gewesen sein wie die Käufer der
FIG. 26, 27 Homerischen Becher. Die dargestellte Geschichte ist von Hyginus

und von dem römischen Tragödiendichter Pacuvius her bekannt, der in der ersten Hälfte des 2. Jahrhunderts v. Chr. schrieb. Orest, Iphigenie und Pylades, die aus Taurien mit dem Bild der Artemis entflohen sind, haben im heiligen Bezirk des Apoll auf der Insel Sminthe Zuflucht gesucht. Thoas, der König der Taurier, folgt ihnen nach Sminthe und fordert von Chrysis, dem Herrscher der Insel, ihre Auslieferung. Dieser will zustimmen, aber seine Mutter Chryseis erzählt ihm, daß er nicht, wie sie bisher gesagt hat, ein Sohn des Apoll, sondern ein Sohn Agamemnons sei und Orest also sein Halbbruder. Daraufhin verschwören sich die beiden Halbbrüder, Thoas zu töten und bringen das Bild der Artemis nach Mykene zurück. Das griechische Original, das Pacuvius übersetzte, war offensichtlich als eine Fortsetzung von Euripides *Taurischer Iphigenie* geplant, doch war der Dichter sicher kein Athener, da die Statue nach Mykene und nicht nach Brauron in Attika gebracht werden soll.

Der Becher zeigt links das ländliche Apollon-Heiligtum zu Sminthe. ABB. SEITE 206, 207
Der Omphalos weist auf die Zugehörigkeit zu Apoll. Seine Statue steht, mit einem Vogel auf der rechten Hand, auf einem hohen Sockel vor dem Baum. Die Statue ist archaisch, um anzudeuten, daß die Geschichte vor langer Zeit geschehen ist, oder einfach, weil es üblich war, archaische Statuen in ländlichen Heiligtümern zu errichten. Die sitzende verschleierte Frau ist Iphigenie, sie hat ein archaisches, vielbrüstiges Artemis-Bild auf den Knien. Der Künstler spielt auf die Artemis von Ephesos an. Er kann nicht meinen, daß dies die Artemis von Ephesos sei, er kann nur gefolgert (oder in dem Text der Tragödie gefunden) haben, daß die Amazonen in Südrußland die gleiche Artemis verehrten wie die Amazonen in Ephesos. Bei den beiden jungen Männern ist es schwierig zu bestimmen, welcher Orest, welcher Pylades ist (und in Pacuvius' Stück sahen sie sich so ähnlich, daß Pylades behaupten konnte, Orest zu sein, um seinen Freund zu retten). In diesem Stück betet jemand, die Götter möchten »den Wahn von ihm nehmen«, Orest sah also offenbar immer noch die Furien seiner Mutter. Der sitzende Jüngling hat die Hand am Mund – die Geste eines Menschen, der eine Vision hat (wie der tragische Dichter in Pompeji). Vielleicht ist er ABB. SEITE 35

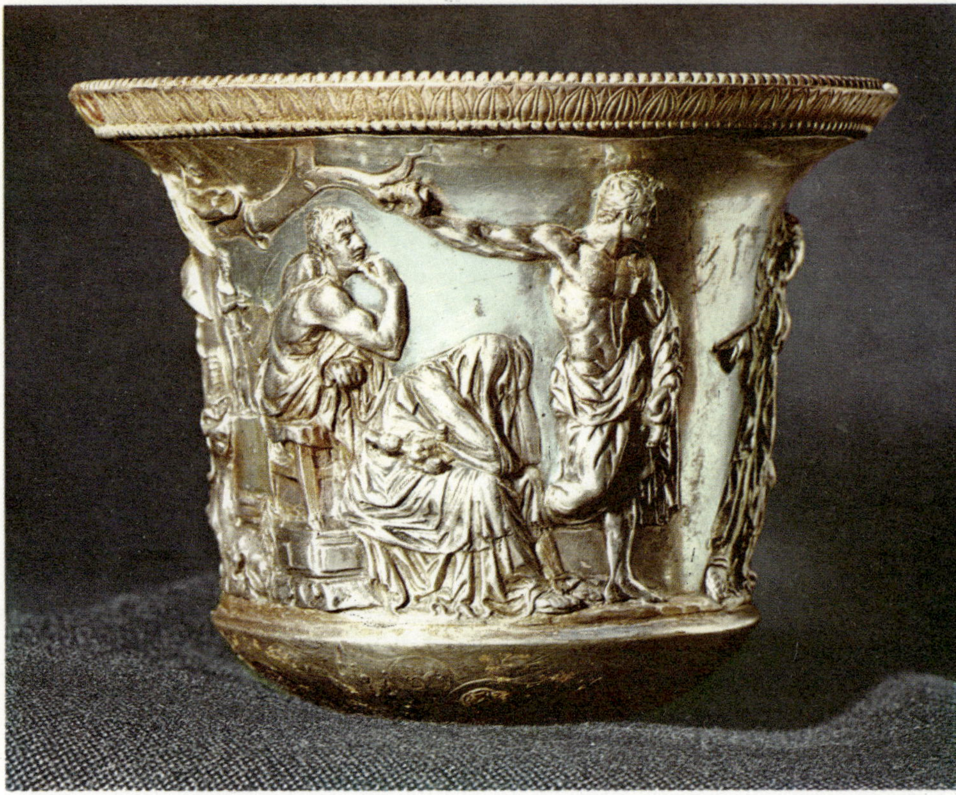

Silberner Kantharos mit Darstellungen aus der Iphigenien-Sage. 1. Jh. v. Chr. *British Museum, London.* *Vgl. Seite 205*

also Orest, und Pylades ist der entschlossene Jüngling, der bereit ist, der Situation ins Auge zu sehen, aber gescheit genug, eine Hand am heiligen Baum des Apoll zu behalten. Rechts eilt Chryseis herbei, um Chrysis die Wahrheit zu sagen, gerade als er mit Thoas verhandelt, hinter dem ein Gefolgsmann steht.

Die Entstehungszeit des Bechers ist wahrscheinlich die gleiche wie die des Blumenbechers, nämlich die erste Hälfte des 1. Jahrhunderts v. Chr. Das ergibt sich aus dem Blumenornament und der reichen Ausarbeitung des ländlichen Altars. Die ganze Komposition könnte

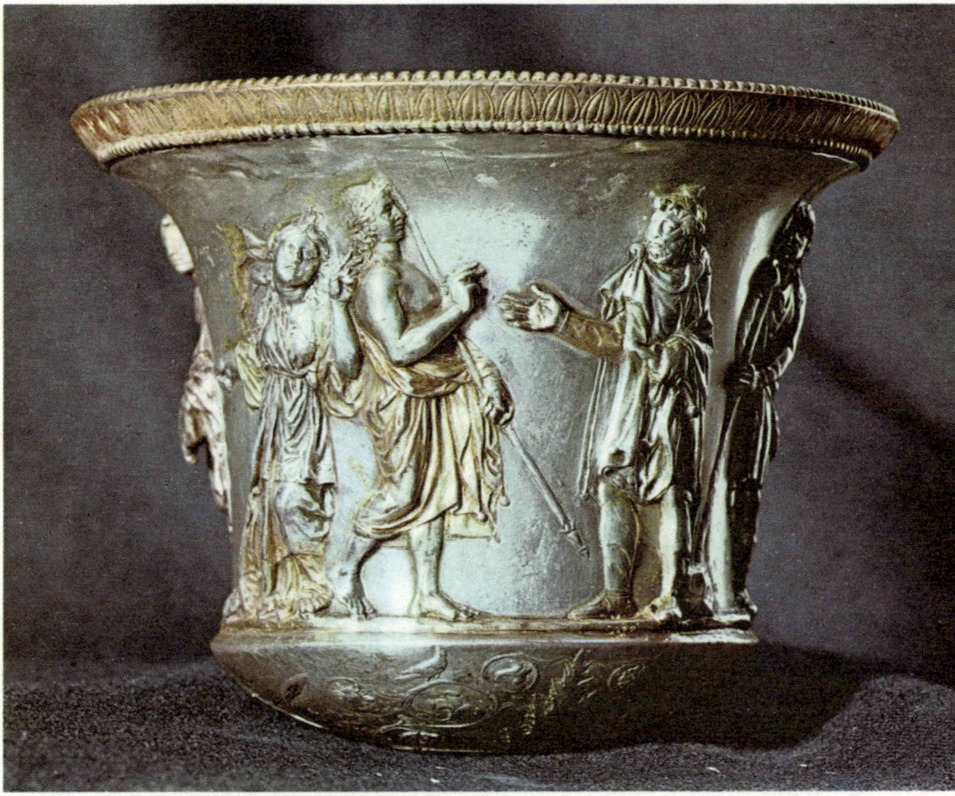

Silberner Kantharos (wie nebenstehende Abbildung). Mit Darstellungen aus der Iphigenien-Sage. 1. Jh. v. Chr. *British Museum, London. Vgl. Seite 205*

die Erfindung des Künstlers sein, doch ist es zu dieser Entstehungszeit wahrscheinlicher, daß es sich um die Kopie einer früheren Komposition handelt, die dem Maßstab und dem verfügbaren Raum entsprechend umgebildet wurde. Die Ähnlichkeit des Pylades und des Chryses mit dem Poseidon von Melos und dem Polybios-Porträt legt ein Original zu Lebzeiten des Pacuvius nahe. Die Chryseis erinnert an die Frauen auf den großen apulischen Vasen wie etwa der Medea-Vase. Aber das soll nicht mehr besagen, als daß die tragische Heldin reiche Kleidung trug und diese natürlich ABB. SEITE 21 in jeder Kunstgattung wiedergegeben wurde, selbst wenn es wie hier keinen Bezug auf eine Theateraufführung gab. Thoas' barbarischer Gefolgsmann ist vor den pergamenischen Galliern ganz undenkbar. Man kann höchstens sagen, daß die Szene den Eindruck einer einheitlichen Komposition macht; sie ist nicht eklektisch wie das zweite Paar der Mahdia-Kratere, sondern einheitlich wie das erste Paar. Das Original kann, gleichgültig in welcher Kunstgattung es ausgeführt war, im frühen 2. Jahrhundert v.Chr. entstanden sein. Trifft das zu, so ist es wahrscheinlicher, daß es eher auf Pacuvius griechischen Urtext als auf seiner eigenen lateinischen Tragödie fußte.

Theater und Szenerie

Der Chryses-Becher geht auf eine Tragödie zurück, gibt aber keinen Hinweis auf Szenerie, Hintergrund, Kostüme oder Masken. Doch haben wir eine Illustration, wie eine Tragödie in einem römischen Theater um 50 v.Chr. aufgeführt wurde, und zwar auf einem Ton-
FIG. 53
relief, das aus dem Grab des P. Numitorius Hilarus in Rom stammt. Das Relief war am Fuß eines kleinen Altars angebracht, der aus einer von zwei Säulen und einem Giebel eingerahmten Nische bestand. Auf beiden Seiten des Altars befanden sich in den Wänden zwei Vertiefungen für Graburnen. Die Farbe auf dem Relief war größtenteils erhalten. Die Hauptfiguren sind eine Frau, die ein Kind an der Hand hält, und ein Mann, der eine schlechte Nachricht bringt. Beide Hauptfiguren haben dicke rote Sohlen an den Schuhen; diese Mode hatte sich jetzt also bis nach Rom ausgebreitet. Beide haben gelbe Ärmel, lange Chitone und weite Himatien. Das Kind, in Gelb gekleidet, trägt eine phrygische Mütze. Die verführerische Deutung, daß dies die Szene aus Accius' »Astyanax« sei, in der Odysseus Astyanax von Andromache fordert, muß leider zurückgewiesen werden, da der Mann eine schlechte Botschaft zu überbringen scheint, was für Odysseus nicht passen würde. Aus diesem Grunde wäre der bessere Vorschlag der, daß hier Talthybios (in Accius' »Troades«) ankündigt, die Griechen hätten beschlossen, Astyanax zu töten. Doch hat es keinen Sinn herumzuraten. Die beiden kleinen Figuren links, die eine männlich, die andere weiblich, sind wahrscheinlich nur Gefolge. Da es sich um ein römisches Grabmonument handelt, ist das Stück wahrscheinlich eine lateini-

Fig. 53 – Tragödienszene. Terrakottarelief aus dem Grab des P. Numitorius Hilarus in Rom. Thermen-Museum, Rom. *Vgl. S. 208*

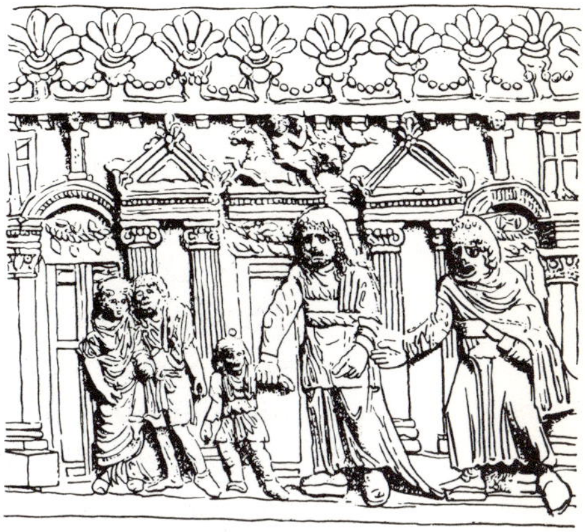

sche Tragödie. Trifft das zu, so zeigt das Relief, daß es zwischen griechischem und römischem Tragödienkostüm keinen Unterschied gab.

Der Hintergrund ist sorgfältig ausgearbeitet. Die Türen sind blau bemalt. Die äußeren Säulen sind korinthisch, die inneren ionisch. Über den korinthischen Säulen befinden sich gelbe Dreifüße, der traditionelle Preis bei griechischen athletischen und choregischen Wettkämpfen. Die Seitentüren haben Bögen, darüber Hermen. Die Säulen zwischen den Türen tragen steile römische Giebel mit roten Palmetten als Akroterien. Über der Mitteltür befindet sich eine plastische Gruppe: eine Nereide, die Achills Helm hält und auf einem Seeungeheuer reitet (wie auf dem im Zusammenhang mit Arkesilaos erwähnten Marmorbrunnen). Das obere Dachsims, das im Theater zu einem höheren Stockwerk gehören würde, ist mit gelben Stierschädeln und roten Palmetten geschmückt. Der Hintergrund steht sichtlich in keinem speziellen Zusammenhang mit einer Tragödie, und ein zeitgenössisches Terrakottarelief zeigt eine Komödienszene, die vor einem ähnlich reichen architektonischen Hintergrund spielt. Dort haben alle drei Türen auf beiden Seiten korinthische Säulen. Ein Fries mit einer dicken plastischen Girlande läuft oben entlang. Darüber krönt jede Tür ein Giebel, der mit einem Schild und Palmetten-Akroterien geschmückt ist. Zwischen den Giebeln befinden sich Urnen. Der Hintergrund könnte ebensogut für eine Tragödie wie für eine Komödie benutzt werden.

Die Dramenschreiber und Veranstalter haben nun nicht einmal mehr die bescheidenen Variationen, die das hellenistische Bühnenbild zwischen Tragödie, Satyrspiel und Komödie erlaubte. Alle Stücke werden vor einem reichen architektonischen Hintergrund gespielt. Diese Veränderung kann ziemlich genau datiert werden. Rom hatte bis zur Mitte des 1. Jahrhunderts v. Chr. kein ständiges Theater, aber das hinderte nicht den Aufbau sorgfältig ausgearbeiteter Szenenwände und Bühnen. Wahrscheinlich haben die Römer niemals die griechische hohe Bühne übernommen. In der Frühzeit standen die Zuschauer stets so nah wie möglich an der Bühne. Aus Polybios' etwas schwer verständlichem Bericht über die Vorstellungen bei Anicius' Triumph im Jahre 167 v. Chr. scheint sich eine einfache Verbindung zwischen Grundfläche und Bühne zu ergeben, und das bedeutet ein Zeugnis für eine niedrige Bühne in Rom zu einer Zeit, da alle griechischen Theater hohe Bühnen hatten.

Polybios erwähnt eine sehr große *skene* bei dieser Vorstellung. Es ist genau die Zeit, in der sich der alexandrinische Landschaftsmaler Demetrios in Rom aufhielt und die griechischen Theater mit *thyromata* umgebaut wurden. Hintergründe mit illusionistischen Architekturgemälden sind also wahrscheinlich zu dieser Zeit in Rom benutzt worden, und sie werden für die Vorstellungen bei den Spielen des Appius Claudius Pulcher im Jahre 99 v. Chr. bezeugt. Ein Maler namens Serapion war, ebenfalls zu Beginn des 1. Jahrhunderts v. Chr., »der erfolgreichste Szenenmaler, konnte aber keine menschlichen Figuren malen«. Es war die Art Szenerie, wie sie für Hausdekorationen übernommen wurde und in dem Cubiculum in Boscoreale erhalten ist.

ABB. SEITE 141, 144

Doch diese realistisch gemalten Hintergründe blieben nicht mehr lange in Gebrauch. 58 v. Chr. baute Aemilius Scaurus eine dreistöckige Szenenwand mit Marmorsäulen im Untergeschoß, Glassäulen im mittleren und vergoldeten Holzsäulen im oberen Stockwerk. Zwischen den Säulen befanden sich dreitausend Bronzestatuen, und alle Gemälde aus Sikyon, die nach Rom verkauft worden waren, um eine Schuld zu decken, waren ausgestellt. Vielleicht hat sich ein wenig Übertreibung in Plinius' Bericht eingeschlichen, aber offenbar war hier doch ein sehr reich ausgeschmückter architektonischer Hintergrund für zeitgenössisches Theater geschaffen. Das Terrakottarelief gibt in kleinerem Umfang seine wesentlichen Elemente wieder.

Ein sehr einleuchtender Vorschlag ist dahingehend gemacht worden, daß Scaurus' dreigeschossiger Hintergrund als Modell in Originalgröße für die Szenenwand des neuen Theaters diente, das Pompejus als erstes ständiges Theater in Rom baute und im Jahre 55 v.Chr. mit großem Gepränge der Venus Victrix weihte. Cicero bemerkt zu den ersten Theateraufführungen: »Warum 600 Maultiere in der ›Clytemnestra‹? Und warum 3000 Kratere im ›Trojanischen Pferd‹?« Die Tragödie scheint sich also in eine Prunkdarbietung zu verwandeln. Die alte Karte von Rom bewahrt den Grundriß von Pompejus' Theater und zeigt ganz deutlich die breite römische Bühne, hinter der sich eine Fassade mit Säulen an beiden Seiten der Türen und mit großen säulengeschmückten Nischen an beiden Enden jenseits der Türen erhebt. Diese Fassade hatte eng nebeneinander gesetzte Säulen wie jene auf dem Terrakottarelief, und ließ dazwischen keinen Raum für Prospekte wie die Boscoreale-Szenerien. Sie war reich mit Standbildern geschmückt. Das Grundschema ist das von Vitruv in seiner Beschreibung des römischen Theaters befürwortete mit säulengeschmückter Fassade, breiter, niedriger Bühne, halbkreisförmiger Orchestra; und vermutlich befand sich, wie er anrät, das Dach des Säulenganges über der obersten Sitzreihe auf gleicher Höhe mit dem oberen Rand des Bühnenhintergrundes, so daß Auditorium und Bühnenhaus zu einem Ganzen verbunden waren. In diesem Theatertypus war die Vorderwand des Bühnenhauses rechtwinklig vor den Seiteneingängen eingeknickt (die im Theater zu Epidauros von einem einfachen Torbogen überspannt waren) und bildete dann wieder im rechten Winkel die Seitenwände des Auditoriums. Auf diese Weise wurde der scharfe Einschnitt zwischen Auditorium und Bühnenhaus vermieden, und zudem hatte die Anordnung den Vorteil, daß die Seiteneingänge überdacht waren.

Das Theater des Pompejus hatte noch zwei weitere auffallende Abweichungen von der griechischen Baupraxis. Sein Auditorium lag nicht mit dem Rücken zu einem Berg, sondern war ein frei-

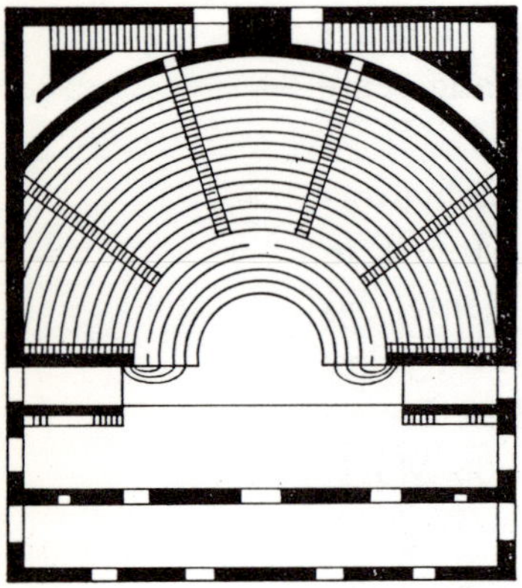

Fig. 54 – Grundriß des kleinen Theaters in Pompeji. 80-75 v. Chr. Siehe unten

stehendes Bauwerk mit Säulengängen rund um die Rückseite, um die aufsteigenden Sitzreihen zu stützen. Zweitens schlossen die Sitze eine breite Treppenflucht ein, die zum Venustempel hinaufführte, der mit dem Säulengang rund um die oberste Sitzreihe auf einer Ebene lag.

Öffentliche Darbietungen einschließlich der Theateraufführungen wurden in Rom meistens an religiösen Festtagen und oft vor dem Tempel eines Gottes oder einer Göttin veranstaltet. Sie wurden so arrangiert, daß der Gott sie von seinem Tempel und das Volk sie von den zum Tempel führenden Treppen aus sehen konnte. Pompejus hatte diese Anordnung vereinfacht, indem er den Tempel in den Bauplan einbezog. Als er seine Stiftung proklamierte, berichtet Tertullian, nannte er sie nicht ein Theater, sondern »den Tempel der Venus, unter den wir Stufen für Aufführungen gesetzt haben«. Es besteht kein Grund, Pompejus' Aufrichtigkeit anzuzweifeln: Sulla hatte die Venus Felix angebetet, und Caesar sollte bald der Venus Genetrix einen Tempel weihen. Aber architektonisch ist der Schritt wichtig, daß das Bühnenhaus mit dem Auditorium zu einem einzigen Komplex vereint wurde.

FIG. 54 Das kleine Theater zu Pompeji hatte ein halbkreisförmiges Auditorium, das in ein längliches, überdachtes Gebäude hineingesetzt war. Es faßte nur ungefähr 1500 Zuschauer und wurde zwischen 80 und 75 v.Chr. erbaut. Es besteht kein Grund anzunehmen, daß Pompejus es kannte. Plutarch berichtet, daß Pompejus 62 v.Chr. Mytilene besuchte und als Zuschauer an dem traditionellen Dichterwettstreit teilnahm. »Er war von dem Theater entzückt und ließ von seinem Grundriß und Aufriß eine Kopie machen, weil er ein ähnliches, nur größer und imposanter, in Rom bauen wollte.« Mytilene hatte ein normales griechisches Theater, das Pompejus nichts Neues hätte lehren können, und es ist unwahrscheinlich, daß die Dichter (im Gegensatz zu den Schauspielern) in dem großen Theater ihre Werke vortrugen. Daher hat der Vorschlag viel für sich, daß sie in einem kleineren Gebäude auftraten (man weiß durch eine Inschrift von einem Rathaus) und daß dieses kleinere Bauwerk Pompejus die Anregung für sein Theater gab. Im Rathaus zu Priene gab es in geraden Reihen ansteigende Sitze, doch das Rathaus zu Milet hatte halbkreisförmige Sitzreihen in einem rechtwinkligen Gebäude; diese Art Bauwerke waren die Vorläufer des Theaters zu Pompeji. Mytilene mag ein ähnliches Gebäude besessen haben, in dem die Dichter vor Pompejus auftraten. Was Pompejus im wesentlichen tat, war, es so zu vergrößern, daß es 10000 anstatt 1500 Zuschauer aufnehmen konnte, und die äußeren Ecken abzurunden. Ein großer Säulengang lief hinter dem Bühnenhaus nach außen und umschloß einen rechtwinkligen Hof, der als Garten angelegt war. In dem Säulengang befanden sich Kunstwerke, zu denen Bilder von Polygnot, Pausias, Apelles und Antiphilos gehörten. Die ganze Anlage hatte einen einzigen Grundriß, in dem das Theater eine Art Apsis zu den Säulenhallen und dem Garten bildete.

FIG. 16

Man gewinnt den Eindruck, daß inzwischen ganz Rom eine Kunstgalerie war und daß die Künstler so viele Werke der Vergangenheit um sich hatten, daß ihnen nichts anderes übrig blieb, als klassizistisch zu werden. Weit von Rom und noch weiter von Griechenland und Kleinasien, in St. Rémy, steht das Monument der Julier. Wahrscheinlich ist es etwas später als in der von uns behandelten Periode entstanden, wenn auch eine gewisse Unsicherheit besteht, ob die Inschrift nicht hinzugefügt worden ist, nachdem das Monument schon fertig war. Sie spricht von der Errichtung des Bauwerks durch drei Söhne zu Ehren ihrer Eltern.

St. Rémy

FIG. 55

Die Tradition solcher Denkmäler kann auf so fürstliche Monumente wie das Mausoleum zu Halikarnass in der Mitte des 4. Jahrhunderts zurückverfolgt werden. In St. Rémy stehen die Statuen des Verstorbenen und seiner Frau in einem offenen, runden Heiligtum mit korinthischen Säulen, die einen Fries mit gemischtem Blumenornament tragen. Die korinthischen Kapitelle haben ebenfalls andere Blumenelemente zwischen ihren Akanthosblättern. Man könnte hierin die Vegetation der Gefilde der Seligen sehen, wo die Verstorbenen nun weilen. Das nächsttiefere Geschoß hat wieder korinthische Säulen an den Ecken und Bögen, die mit ihrem markanten Schlußstein typisch römisch sind. Der Fries darüber ist mit Tritonen und mit Greifen, die in Schlangenschwänzen enden, geschmückt. Wieder mögen die Ungeheuer die Reise der Seele über das Meer zu den Inseln der Seligen symbolisieren.

Die Basis zeigt vier große Reliefs: im Nordosten eine Reiterschlacht; im Südosten eine Schlacht, die augenscheinlich zu Recht als Kampf zwischen Griechen und Amazonen gedeutet worden ist; im Südwesten eine Eberjagd und im Nordwesten einen Kampf zwischen Römern und Galliern. Die beiden letzten Szenen gehören in das Leben oder jedenfalls in die Lebzeiten des Verstorbenen. Es sieht fast so aus, als ob die beiden anderen als mythologische Parallelen dazu dargestellt wären. Trifft das zu, so denkt der Bildhauer in griechischer Überlieferung: er erinnert sich direkt oder mittelbar an die Monumente, die die Attaliden zum Andenken an ihren Sieg über die Gallier errichteten. Die Schlachtenszenen sind erregende Kompositionen. Die verschlungenen, verkürzt dargestellten Pferde erinnern an das Monument des Aemilius Paulus (Fig. 40). Die Figuren hinten sind in den Hintergrund geritzte Zeichnungen. Verzerrte Gestalten von Toten und Sterbenden füllen den Vordergrund. Hier ist der heftige Stil der pergamenischen Gigantomachie noch immer lebendig und ausdrucksvoll.

Über den vier Schlachtenszenen hängen schwere Girlanden. Kleine

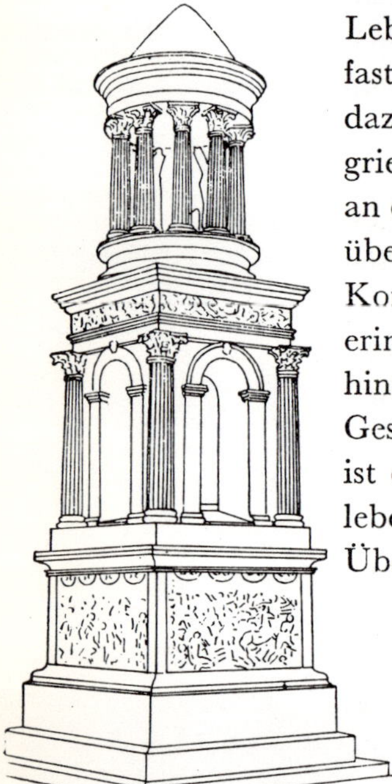

Fig. 55 – Das Juliergrab von St. Rémy. Letztes Viertel des 1. Jh. v. Chr. Errichtet von Marcus Julius, Sextus und Lucius als Grabmal für ihre verstorbenen Eltern. Höhe 18 m. Vgl. S. 213ff.

Cupidoknaben haben sie dort über ihre Pflöcke gehängt, und vier Masken liegen auf jeder Girlande. Diese sind in der Tradition der schweren gemischten Girlanden am pergamenischen Altar zu Athen gearbeitet, und auf drei Seiten zeigen die Masken den gleichen Wechsel von Paposilenen und wildhaarigen Satyrn, doch ist die Anordnung ganz anders. Dort befinden sich die Masken an den Pflöcken, die die Girlande tragen; hier liegen sie auf den Girlanden selber. Die vierte Seite zeigt Komödienmasken: ein Mädchen, einen alten Mann, einen Sklaven und einen jungen Mann. Die Girlanden sind dicker und die Cupidoknaben runder und lustiger als die auf dem capitolinischen Fries. Auch hier ist wieder eine symbolische Deutung möglich. Die Symposion-Dekoration mag auf die Gelage anspielen, an denen der Verstorbene im Jenseits teilzunehmen hofft, und etwas von dieser Bedeutung muß auf die späteren Sarkophage übergegangen sein, die mit ähnlichen Arrangements von Cupidoknaben, Girlanden und Masken geschmückt sind.

ABB. SEITE 158

FIG. 45

Die symbolische Interpretation kann nur als eine Möglichkeit aufgezeigt werden. Wir kennen den Glauben des Verstorbenen oder seiner Söhne nicht, noch wissen wir, wie stark der Bildhauer die symbolische Bedeutung dessen, was er schuf, empfand. Sicher war er ein tüchtiger Künstler, der in einer hellenistischen Tradition arbeitete, die in seinen Händen noch lebendig war, so daß er sie den Themen seiner Zeit anpassen konnte. Ob nun der Vater der Familie in erster Generation römischer Bürger war oder nicht, sicher war sie wohlhabend und gebildet und kann sehr wohl die Bedeutung des Details erkannt haben. Doch in dieser letzten Phase der hellenistischen Kunst, als griechische Künstler, oft mit ortsansässigen Lehrlingen, für Römer oder romanisierte Nichtgriechen arbeiteten, können wir niemals sicher sein, wie weit wir in der Deutung der Dekoration jedes einzelnen Monumentes gehen dürfen. Ein großes offizielles Monument wie die Ara Pacis wurde zweifellos mit größter Sorgfalt geplant, und die Dekoration hat höchstwahrscheinlich eine Bedeutung gehabt; aber es wäre gewagt anzunehmen, daß all die neuattischen Maenaden, wo immer sie vorkommen, im Geiste ihrer Besitzer die ewige Seligkeit der Anbeter des Dionysos oder Bacchus heraufbeschworen hätten. Wir müssen uns mit dem Wissen begnügen, daß manche Menschen den Bezug empfunden haben, während andere nur die Schönheit ihrer Posen und Faltenwürfe bewundert haben werden.

Zwei bekannte Römer mögen am Abschluß dieses Überblickes stehen: der eine Sammler und Kunsthändler, bei dem wir genau so starke kommerzielle wie ästhetische Motive erwarten dürfen, der andere ein gebildeter Mann, der in kleinem Umfang sammelt und uns seine Gedanken mitteilt.

Verres Verres war ein Römer aus vornehmer Familie und bekleidete von 80–79 v. Chr. ein öffentliches Amt in Asien und von 73–70 v. Chr. in Sizilien. Er nutzte seine Stellung aus, um die Provinzbewohner ihrer Kunstschätze zu berauben. Er fand nichts dabei, den Hera-Tempel zu Samos auszuplündern oder die Gemälde aus dem Athena-Tempel zu Syrakus fortzuschaffen. Zu den Künstlern, deren Werke er aus Tempeln und Privatsammlungen raubte, gehörten die Bildhauer des 5. Jahrhunderts Myron und Polyklet und die Bildhauer des 4. Jahrhunderts Praxiteles und Silanion. Ein Bildnis des Stesichoros als gekrümmter alter Mann, der ein Buch hält, war höchstwahrscheinlich hellenistisch. Die Kollektion ist so, wie man sie von einem Kenner in dieser Zeit erwartet: sie geht bis zu dem frühklassischen Bildhauer Myron, aber, soviel wir wissen, nicht weiter zurück.

Verres teilte auch den zeitgenössischen Geschmack an Gefäßen aus Edelmetall. Er fand eine Hydria von Boethos, die ein Erbstück war. Es handelt sich vermutlich um jenen Boethos, der eine Gruppe mit FIG. 15 einem Kind, das eine Gans um den Hals packt, geschaffen hatte, denn Plinius sagt von diesem Boethos, er habe seinen wahren Ruhm als Silberschmied erlangt. Verres ergatterte auch Becher von Mentor, einem der berühmtesten Silberschmiede des 5. oder frühen 4. Jahrhunderts v. Chr. Bei all diesen Unternehmungen benutzte er zwei asiatische Griechen als Helfer, der eine Wachsmodellierer, der andere Maler. Sie waren Experten darin, wertvolle Kunstwerke ausfindig zu machen und ihrer habhaft zu werden.

Vermutlich halfen sie ihm auch in der Werkstatt, die er im Palast zu Syrakus einrichtete. Hier sammelte er eine große Anzahl Goldreliefs von Schüsseln und Weihrauchgefäßen, die er den Siziliancrn gestohlen hatte. Er stellte eine Anzahl Ciseleure und Vasenmacher an, die acht Monate lang damit beschäftigt waren, die Goldreliefs so geschickt in Becher und Trinkgefäße einzuarbeiten, daß sie dazugehörig erschienen. Faktisch errichtete Verres in Syrakus eine Antikenfabrik.

Verres ist vielleicht nicht so vollkommen gewissenlos gewesen, wie Cicero ihn darstellt. Er bezeugt uns das Geschmacksniveau und die Marktlage im Rom des 1. Jahrhunderts v. Chr. Er sammelte selber und benutzte zweifellos Kunstwerke für Bestechungen und Belohnungen, war aber offensichtlich auch ein Händler von beträchtlichem Rang.

Cicero

Cicero, dem wir unsere Informationen über Verres verdanken, ist selber eine interessante Gestalt. Aus der Provinz stammend, kam er als Knabe nach Rom und verbrachte später zwei Jahre in Athen und Rhodos, wo er Rhetorik und Philosophie studierte; er ist als Redner und Politiker berühmt. Seine zahlreichen Bücher waren außerordentlich erfolgreich. Sie erschlossen den Römern die griechische Philosophie und Rhetorik. Außerdem war er ein vorzüglicher Übersetzer griechischer Dichtung. In seinen Reden gegen Verres zeigt er, daß er genug von Kunstgeschichte versteht, um Verres' ungeheuerliche Kunstfrevel beurteilen und aufdecken zu können. In seinem »Brutus« skizziert er eine Geschichte der Entwicklung der Kunst als Parallele zur literarischen Entwicklung in Rom: die Statuen des Kanachos sind ziemlich steif, Kalamis ist weicher, Myron ist noch nicht ganz überzeugend, aber Polyklets Werke sind nahezu vollkommen. In der Malerei stehen Zeuxis, Polygnot und Timanthes auf einer weniger vollkommenen Entwicklungsstufe als Protogenes und Apelles. Er mag diese Erkenntnisse natürlich eher einem Kunsthistoriker als eigener Beobachtung verdankt haben; wahrscheinlich ist es so, aber er behauptet, in Rhodos den Ialysos des Protogenes gesehen zu haben, und in jedem Fall zeigt diese Aufzählung, was man von einem gebildeten Mann an Kenntnissen erwartete. Es ist interessant, daß seine Bildhauerreihe mit Kanachos beginnt, der im späten 6. Jahrhundert arbeitete, und bei Polyklet in der zweiten Hälfte des 5. Jahrhunderts gipfelt: das ist genau die Gruppe, die von den akademischeren unter den neuattischen Künstlern kopiert wurde.

Der Schauplatz des »Brutus« ist sein eigener Garten, zu Füßen der Platon-Statue. Der große griechische Philosoph führt den Vorsitz bei den Gesprächen. Entsprechend hat sein Freund Atticus einen Platz unter der Statue des Aristoteles. Die griechische Situation ist nach Rom übertragen. Als Cicero an Atticus nach Griechenland schreibt, wo man Kunstwerke kaufen kann, ist es ihm sehr um Statuen zu tun, die für ein Gymnasium oder eine Palaestra passen, nicht weil er sich selber Bewegung im Freien machen wollte, sondern weil das Gymnasium oder die Ringerschule in Griechenland auch Vortragsräume und Bibliotheken enthielt. Er ist entzückt von dem Gedanken an Marmorhermen mit Bronzeköpfen, die uns natürlich an die den polykletischen Doryphoros kopierende Bronzeherme in der Villa der Pisonen zu Herculaneum erinnern. Sehr gefällt ihm eine Herme mit einem Kopf der Athena, der Göttin der Wissenschaft, und ebenso schätzt er Herakles-Hermen. Vermutlich denkt er dabei mehr daran, daß Herakles den steilen Pfad der Tugend anstatt die abschüssige Straße des Lasters wählte – die Allegorie des Prodikos, die Cicero in »De Officiis« zitiert. Auf der andern Seite hat er keine Verwendung für Statuen von Maenaden, wie »hübsch« sie auch sein mögen; die von ihnen ausgehenden Assoziationen sind für eine Bibliothek unpassend.
Hier haben wir also einen gebildeten Römer, der Kunstwerke ausschließlich nach ihren inhaltlichen Assoziationen auswählt. Das bedeutet, daß eine Interpretation, wie wir sie oben für das Denkmal in St. Rémy gegeben haben, wahrscheinlich gerechtfertigt ist. Es bedeutet außerdem, daß bei einem großen nationalen Monument wie der Ara Pacis Auftraggeber und Künstler mit einem aufgeschlossenen Publikum, das die Anspielung versteht, rechnen können. Gewiß ist die späthellenistische Kunst eine Gebildetenkunst, da sie eine solche Ausdeutung von den Gebildeten fordert, die die Geschichte der Kunst kennen und eine Anspielung auf griechische Literatur verstehen. Technisch sind die Künstler höchst vollendet. Aber Maenaden sollten nicht »hübsch« sein, und »sanft atmend« (Vergil) mag eine passende Bezeichnung für neuattische Werke sein, aber niemand würde daran denken, sie auf einen archaischen Kuros oder die Elgin Marbles oder die pergamenische Giganto-

machie anzuwenden. Jetzt werden keine großen Gedanken ausgedrückt, keine neuen ästhetischen oder technischen Probleme gelöst. Stattdessen haben wir eine akademische Kunst, wirkungsvoll, raffiniert und voller Charme.

ANHANG

ZEITTAFELN

	GRIECHENLAND UND DIE INSELN	ÄGYTEN
350 v.Chr.	Bildhauer: Lysipp, Bryaxis, Leochares, Söhne des Praxiteles	
	Maler: Pausias, Nikias, Apelles	
	Relief-Vase: Dionysos in der Höhle der Nymphen	
325 v.Chr.		
	323 Tod Alexanders 322 Tod des Aristoteles Pella-Mosaiken Dherveni-Krater	(323)–283 Ptolemaios I.
	Frühe Tanagra-Statuetten	Protogenes, Apelles, Antiphilos als Maler Bildnis eines tragischen Schauspielers
300 v.Chr.	292 Tod Menanders	
		285–246 Ptolemaios II.
	283–239 Antigonos II. 280 Statue des Demosthenes Themis von Rhamnus	
	Tanagra-Statuetten Kantharos des Menokles	Apollonios Rhodios, Theokrit, Kallimachos, Philikos, Lykophron als Schriftsteller
	Musen in Ambrakien	Bildnisse von Philikos, Lykophron
	Theater zu Epidauros Monument des Choregos auf Thasos	Sarapieion Ptolemaios' Symposionzelt
	Originale der Boscoreale-Fresken Delos: Bronzerelief Komödienmasken aus Amphipolis Original der vatikanischen Ariadne Menedemos von Eretria Aratos von Soli als Schriftsteller	Fayence-Oinochoen
275 v.Chr.		
	272 Tod des Pyrrhos 251–213 Aratos von Sikyon	
250 v.Chr.	Trag. Schauspieler als Herakles (Terrakotte)	Hadra-Hydrien
225 v.Chr.	221–179 Philipp V. von Makedonien	246–221 Ptolemaios III. 221–203 Ptolemaios IV.
	Chrysipp-Porträt Grab zu Vergina	Homereion Homerische Becher 203–181 Ptolemaios V. Bronze-Tänzerin
200 v.Chr.		
	197 Flaminius besiegt Philipp V.	
		181 Ptolemaios VI.

ZEITTAFELN

KLEINASIEN	SIZILIEN UND ITALIEN	
	Apulische, paestische, campanische, Gnathia-Vasen	350 v.Chr.
		325 v.Chr.
(323)–280 Seleukos I. von Syrien		
Alexander-Sarkophag		
Tyche von Antiochia	Ficoroni Cista	
		300 v.Chr.
280–262 Antiochos I. von Syrien		
Herondas als Schriftsteller	Spätere Gnathia-Vasen	
Söhne des Praxiteles in Kos		
Asklepieion in Kos		
Knabe mit Gans (Boethos)		
	275 Niederlage des Pyrrhos bei Benevent	275 v.Chr.
	272 Rom erobert Tarent	
	265 Hieron II. von Syrakus	
	Centuripe Vasen	250 v.Chr.
241–197 Attalos I. von Pergamon	240 Livius Andronicus in Rom	
Porträt von Antiochos III./Gallier-Monument	Theater zu Akrai	225 v.Chr.
Relief von Tralles, Trunkene Alte (Myron)	212 Marcellus erobert Syrakus	
Menelaos und Patroklos, Artemis und Iphigenie		
Originale der Dioskurides-Mosaiken	Plautus und Ennius als Schriftsteller	
Tempel der Artemis zu Magnesia		
Ekklesiasterion zu Priene		200 v.Chr.
197–160 Eumenes II. von Pergamon		
Nike von Samothrake	194 Triumph des Flamininus	
Pergamon: Bibliothek, Altar, Theater	187 Triumph des Fulvius Nobilior	
Laokoon	Tempel des Hercules Musarum	
Taubenmosaik / Telephos-Bild	Apoll von Falerii	
Bronze-Satyr (Casa del Fauno)		

ZEITTAFELN

	GRIECHENLAND UND DIE INSELN	ÄGYPTEN
175 v. Chr.		
	174 Tempel des Olympischen Zeus, Athen 168 Aemilius Paulus schlägt Perseus von Makedonien 167 Monument des Aemilius Paulus zu Delphi	
150 v. Chr.	Stoa des Attalos zu Athen Bildnis des Karneades Theater zu Oropos Zeus von Aigeira Lykosoura-Gruppe	
	146 Mummius plündert Korinth Achaea: Bildnis des Polybios Melos: Aphrodite und Poseidon Delos: Haus der Masken	Apotheose des Homer (Relief)
125 v. Chr.	Theater zu Athen: Rundbasis mit Masken Agora: Archaistische Reliefs Delos: Porträts Delos: Diadumenos Thessalien: Halskette mit Masken	
100 v. Chr.		
	86 Sulla plündert Athen	
	Neuattische Reliefs aus dem Mahdia-Wrack	Mosaik mit jagenden Eroten
75 v. Chr.		
50 v. Chr.	48 Propyläen von Eleusis Turm der Winde	

ZEITTAFELN

KLEINASIEN	SIZILIEN UND ITALIEN	
175 Antiochos IV. Epiphanes von Syrien		175 v.Chr.
	168 Pacuvius und Terenz als Schriftsteller	
	167 Polybios in Rom. Triumph des Anicius	
	164 Demetrios Topographos in Rom	
162 Demetrios I. von Syrien		
160–139 Attalos II. von Pergamon	Originale des Cubiculum von Boscoreale	150 v.Chr.
Hellenistischer Herrscher (Bronze)	Originale der esquilinischen Landschaften	
Myrina-Terrakotten	Kopf vom Lago Argentino	
	Syrakus: Musen	
	146 Porticus des Metellus	
139–133 Attalos III. von Pergamon	Dionysios und Polykles in Rom	
133 Rom beerbt Pergamon		
129 Organisation der römischen Provinz Asia		
Myrina-Terrakotten		
Amisos-Terrakotte:		125 v.Chr.
tragischer Schauspieler als Herakles		
Pergamon: Maenaden-Relief		
	99 Spiele des Appius Claudius Pulcher	100 v.Chr.
	89 Pasiteles wird römischer Bürger	
88 Mithradates verheert Kleinasien	78 Basilica Aemilia	
	Sieges-Fries vom Capitol	
	Rundtempel zu Tivoli	
	Pompeji: Kleines Theater	
	Bildnis eines römischen Generals	
	›Arringatore‹	
	›Brutus'‹	75 v.Chr.
	73–70 Verres in Sizilien	
	67 Münzen des Pomponius Musa	
70 Rhodos: archaistisches Relief	58 Spiele des Aemilius Scaurus	
	55 Theater des Pompejus.	
	Tod des Lukrez	
	Silberbecher (Brit. Museum)	
	›Idolino‹	
	Numitorius-Relief (Terrakotta)	
	Jünglingsstatue des Stephanos	
	Dionysos und Komödiendichter (Vatikan)	
	Casa del Fauno	
	Villa der Mysterien	50 v.Chr.
	48 Tempel der Venus Genetrix (Arkesilaos)	
	44 Tod des Julius Caesar	
	39 Varro, *Imagines*	
	St. Rémy, Frankreich:	
	Monument der Julier	
	Cicero- und Pompejus-Büsten	
	Esquilinische Fresken, Fresken von Boscoreale	
	13–9 Ara Pacis	
	Arretinische Ware, Relief mit Porträt-Büsten	

ERLÄUTERUNGEN ZUM BILDANHANG

Die Buchstaben B. A. *in margine* im Innern des Bandes verweisen auf folgende Aufnahmen:

1 – Tyche von Antiochia. Kopie nach Original um 300 v.Chr. Marmor. Höhe 0,89 m. Rom, Vatikanische Museen. *Vgl. S. 13, 28,* 61

2 – Kore. Weihgeschenk für die Themis von Rhamnus. 300 v.Chr. Marmor. Höhe 2,22 m. Athen, Nationalmuseum 231. *Vgl. S. 61f.*

3 – Chrysipp. Kopie nach Original um 210 v.Chr. Marmor. Paris, Louvre 80. *Vgl. S. 44*

4 – Seitenwand eines Kastens aus Amphipolis. 3. Jahrhundert v.Chr. Terrakotta. Höhe 0,18 m. Kavalla. *Vgl. S. 60*

5 – Demosthenes-Statue von Polyeuktos. Kopie nach Original 280 v.Chr. Marmor. Höhe 2,07 m. Rom, Braccio Nuovo 62. *Vgl. S. 41,196*

6 – Apotheose des Homer. 150–125 v.Chr. Marmorrelief aus Bovillae. Höhe 1,17 m. London, British Museum 2191. *Vgl. S. 114*

7 – Zeus und Porphyrion. 200–175 v.Chr. Marmorrelief vom Zeusaltar zu Pergamon. Höhe 2,30 m. Berlin. *Vgl. S. 122f.*

8 – Alkyoneus, Athena, Nike und Ge. 200–175 v. Chr. Marmorrelief vom Zeusaltar zu Pergamon. Höhe 2,30 m. Berlin. *Vgl. S. 122f.*

9 – Fragment des Mantels von der Marmorgruppe des Damophon in Lykosura. 180 v.Chr. Athen, Nationalmuseum. *Vgl. S. 154, 178*

10 – Tragödie. 200 v.Chr. Pergamon. Marmor. Höhe 1,80 m. Berlin. *Vgl. S. 56, 135*

11 – Bildnis eines Römers. 100/75 v.Chr. Tivoli. Marmor. Höhe 1,93 m. Rom, Thermenmuseum 106513. *Vgl. S. 196*

12 – Dionysos und Thiasos. 100–85 v.Chr. Marmorkrater aus Mahdia. Höhe der Figuren 0,60 m. Musée National de Bardo (Tunis), C 1204. *Vgl. S. 180f.*

13 – Tänzerin. 220–200 v.Chr. Bronze-Statuette. Alexandria (?). Höhe 0,207 m. New York, Walter C. Baker Collection. *Vgl. S. 78*

14 – 15 – 16 – Theseus, Aigeus, Medea. 125 v.Chr. Marmorreliefs von der Agora. Höhe 1,09 m. Athen, Agora-Museum S 7327. *Vgl. S. 177*

17 – Maenade. 150–130 v.Chr. Marmorrelief aus Pergamon. Höhe 1,45 m. Istanbul 575. *Vgl. S. 132f.*

18 – 19 – 20 – Despoina, Demeter, Anytos. 180 v. Chr. Marmorköpfe aus Lykosura. Athen, Nationalmuseum 1734–6. *Vgl. S. 154*

21 – Bildnis eines Römers. 100 v.Chr. Höhe 2,25 m. Marmorstatue aus Delos. Athen, Nationalmuseum, 1828. *Vgl. S. 195*

22 – Theater zu Akrai. *Vgl. S. 52*

23 – Fragment einer Vase aus Centuripe. 3. Jahrhundert v.Chr. Syrakus, Nationalmuseum. *Vgl. S. 27*

24 – Olympieion zu Athen. *Vgl. S. 92f.*

25 – Das Fortuna-Heiligtum von Praeneste-Palestrina, eines der bedeutendsten Baudenkmäler aus der republikanischen Zeit Roms; Anfang 1. Jahrhundert v.Chr. Das Heiligtum wurde unter Sulla als gewaltige Terrassenanlage in enger Verbindung mit der Stadt am Westhang der Sabinerberge errichtet. Zwei solcher halbkreisförmiger Exedren erweiterten die geräumigen Wandelhalle auf der 5. Terrasse, die den Pilgern Schutz vor Sonne und Regen bot.

26 – Alexander-Sarkophag. *Vgl. S. 36, 37*

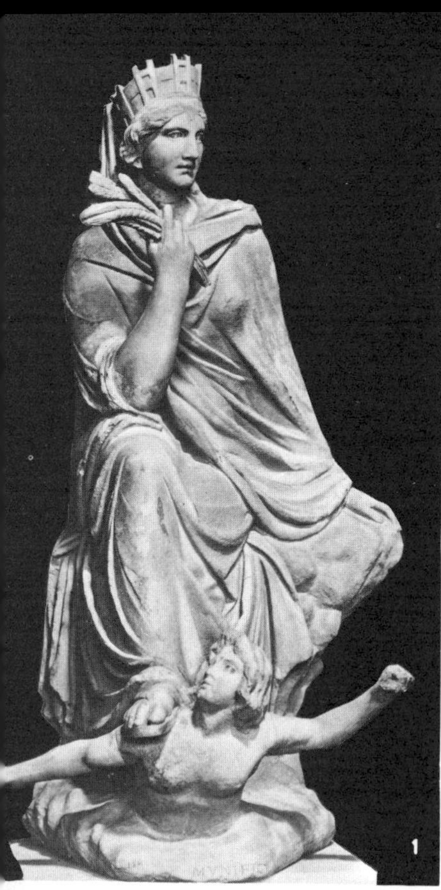
1

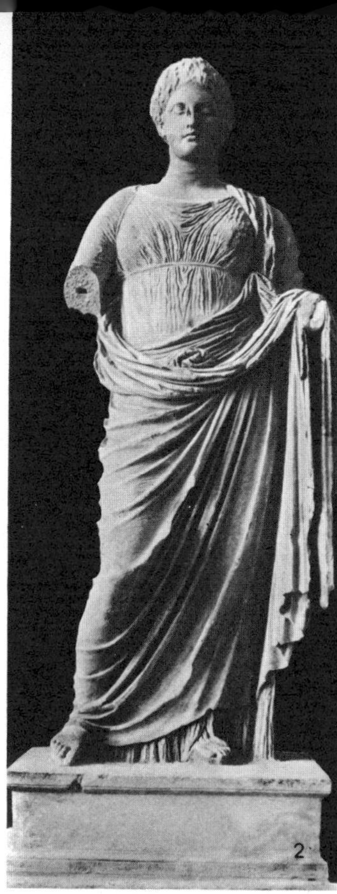
2

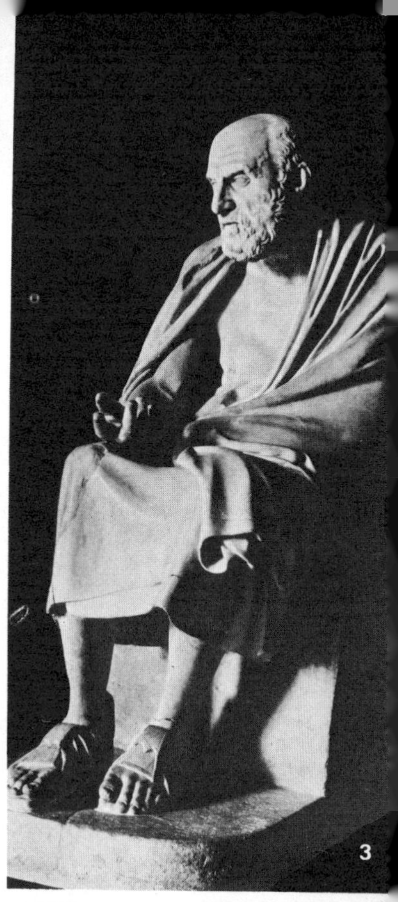
3

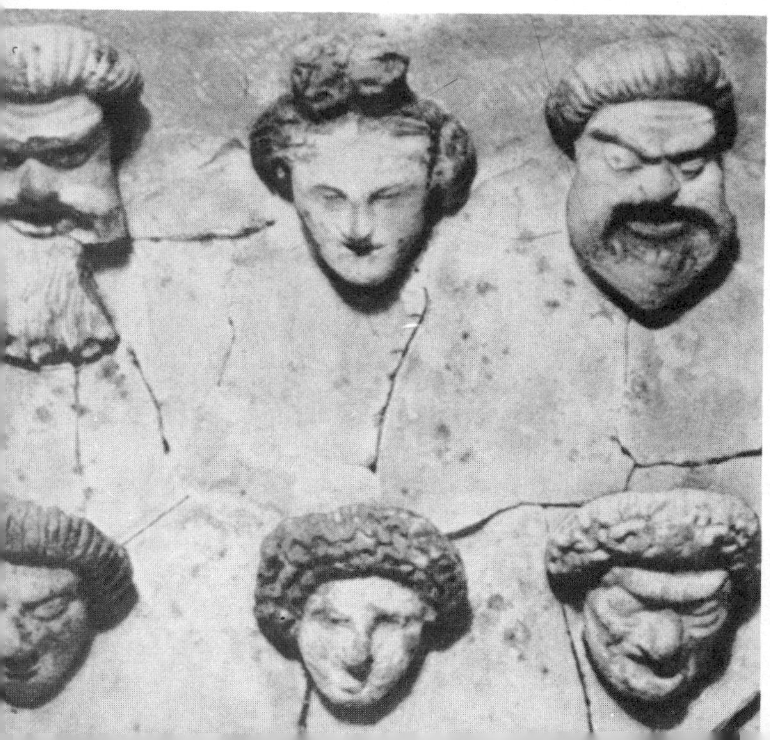

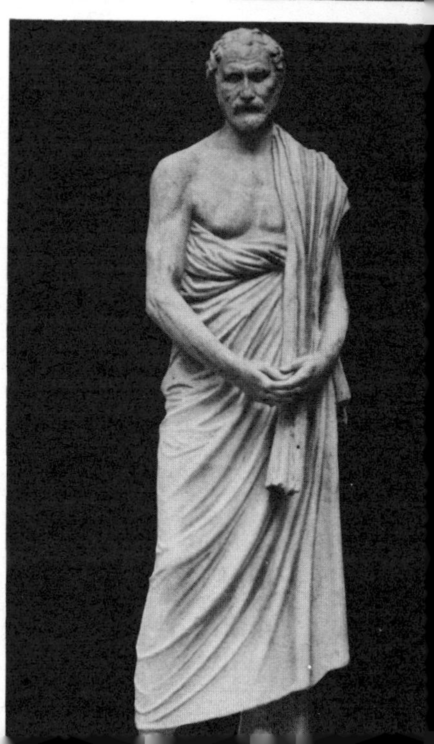

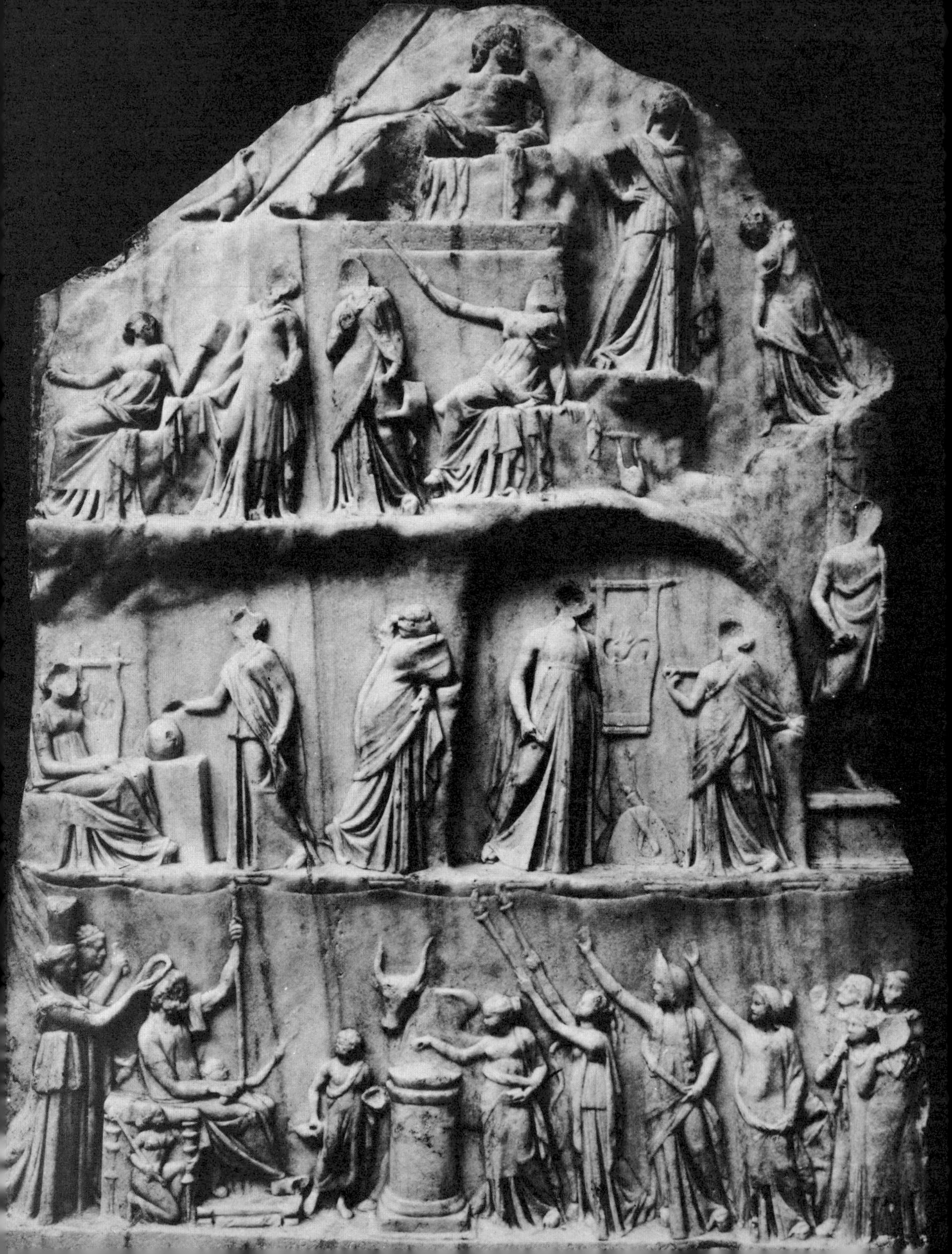

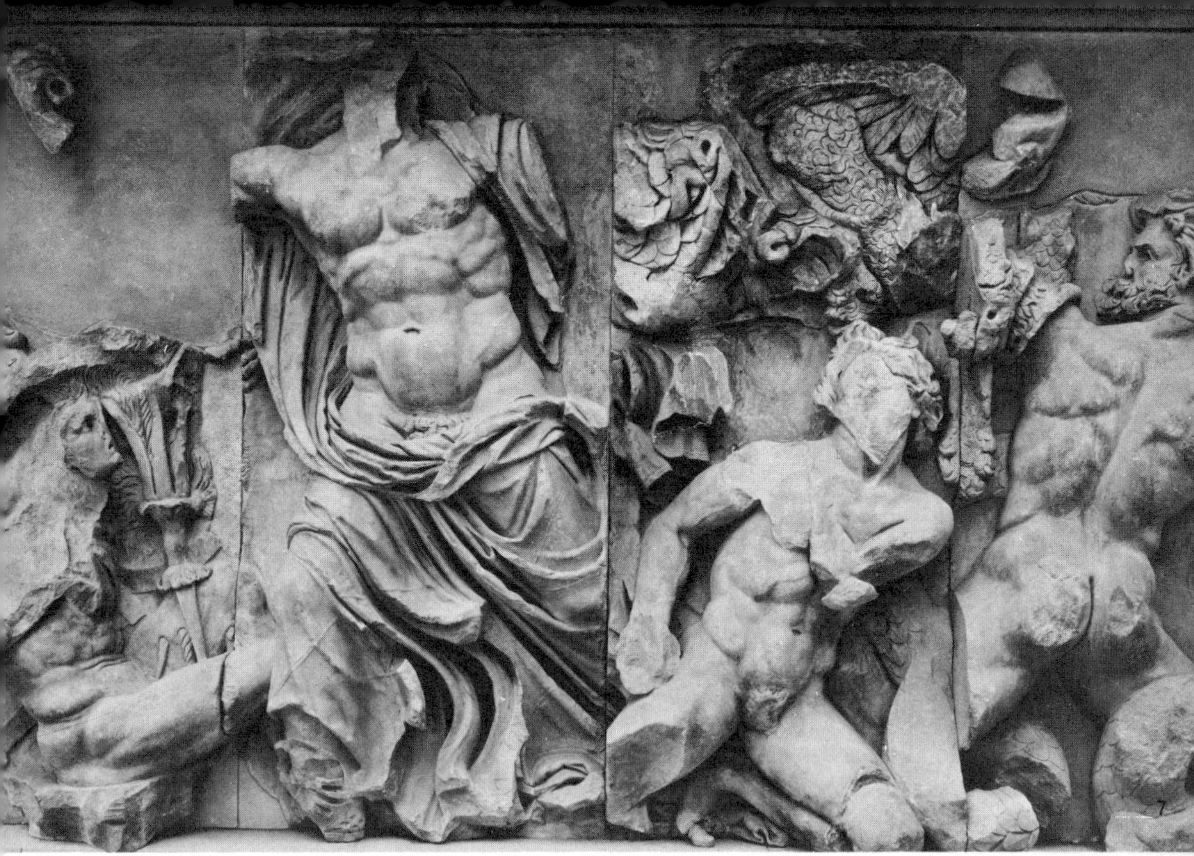

7

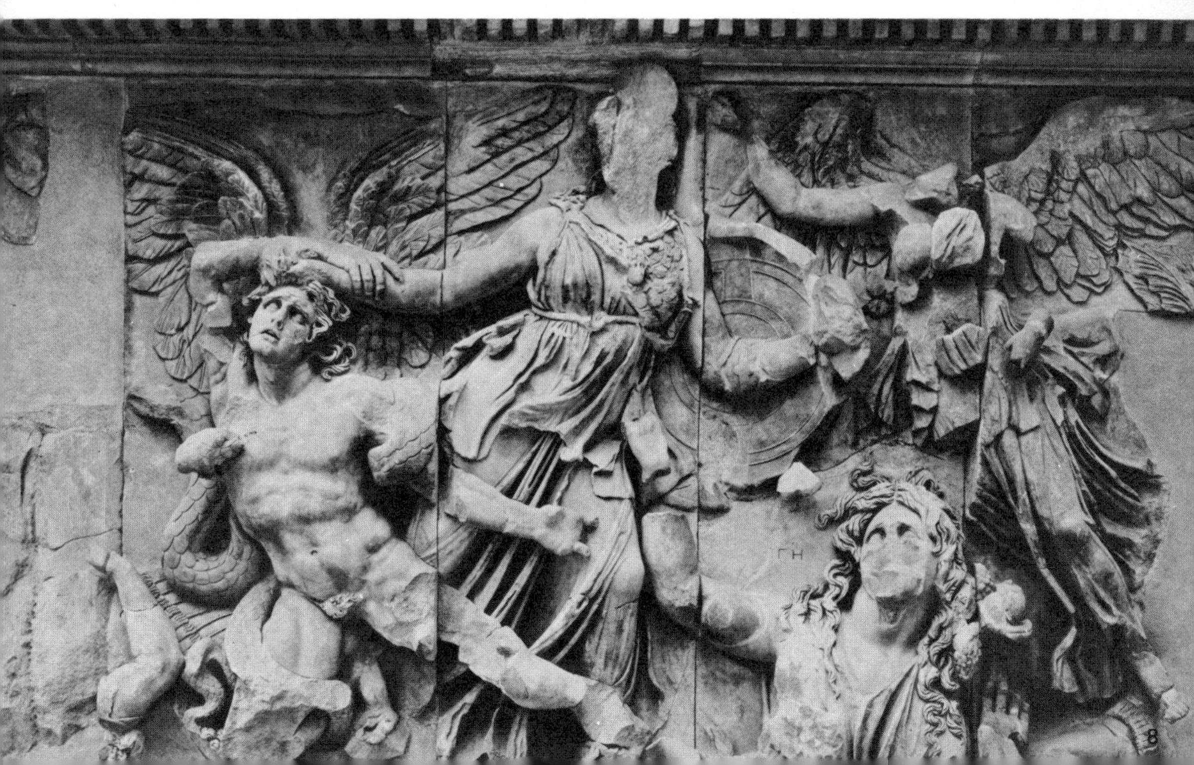

8

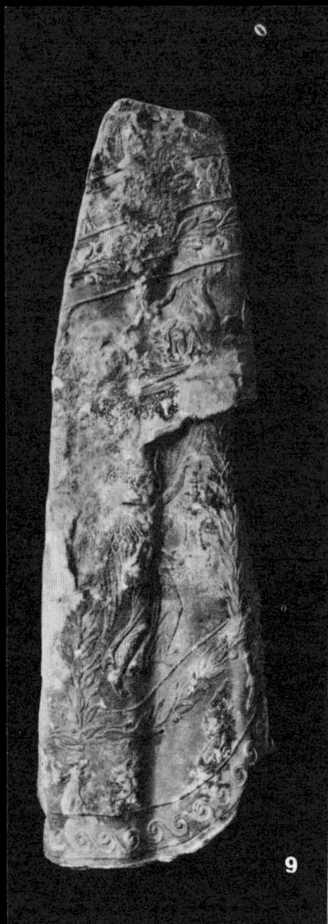
9

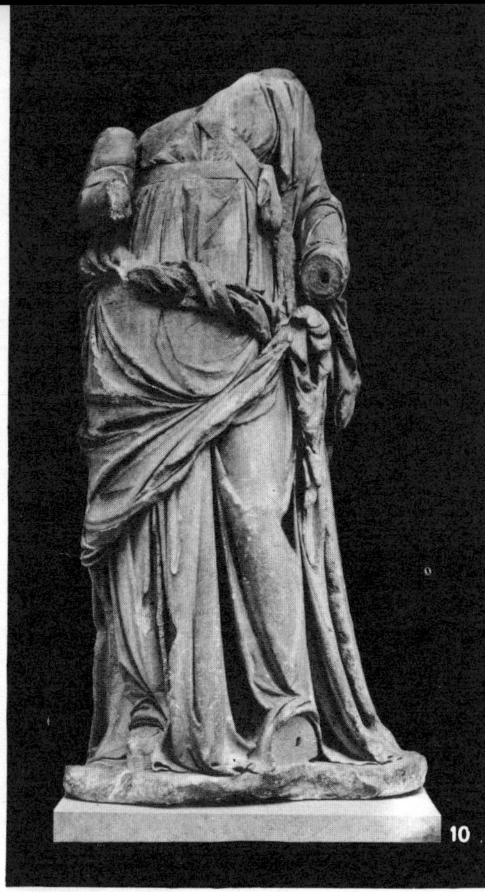
10

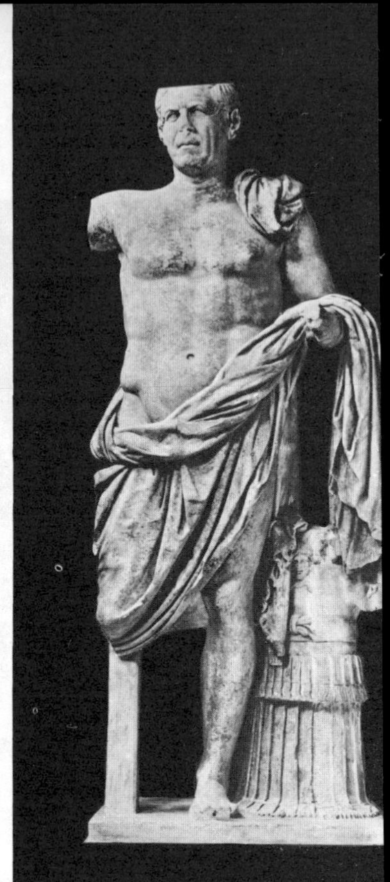

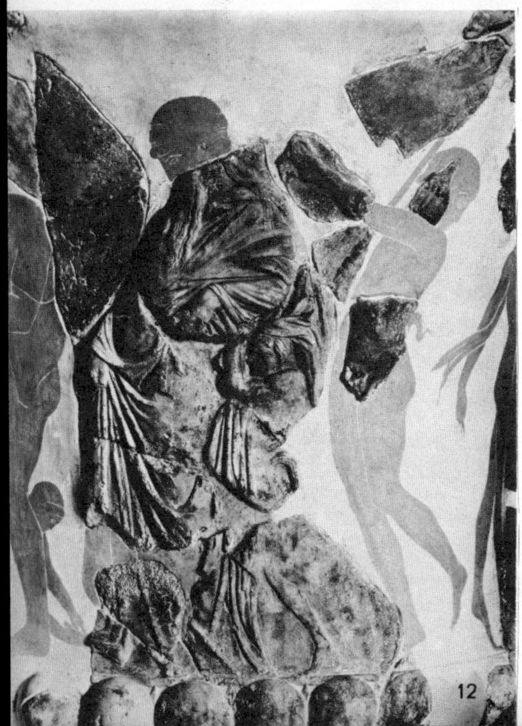
12

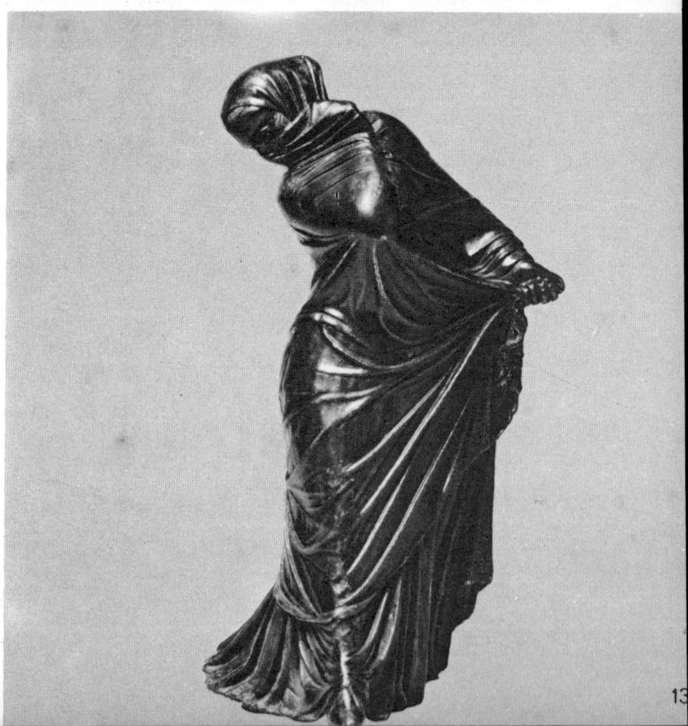
13

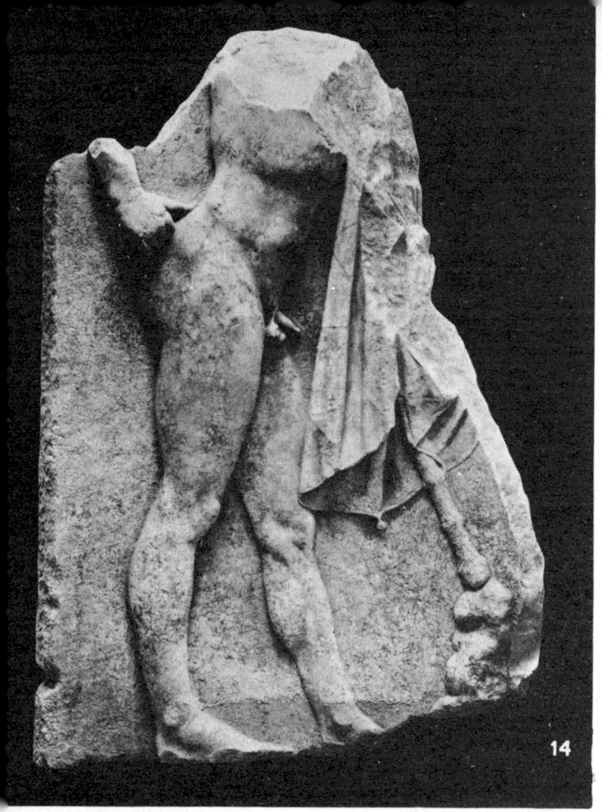
14

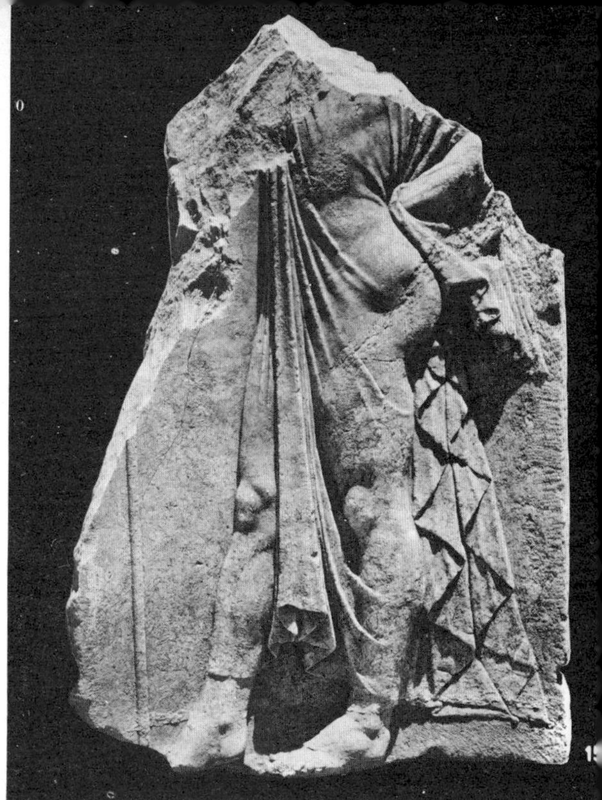
1

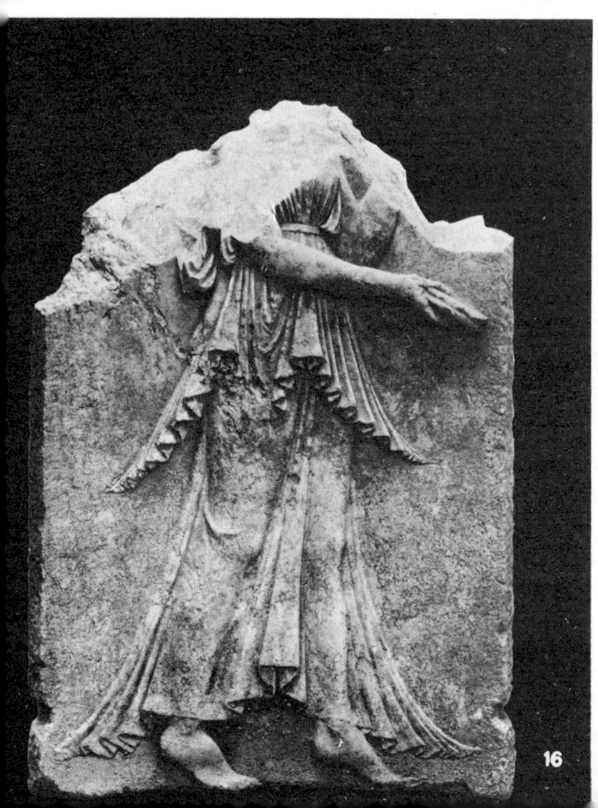
16

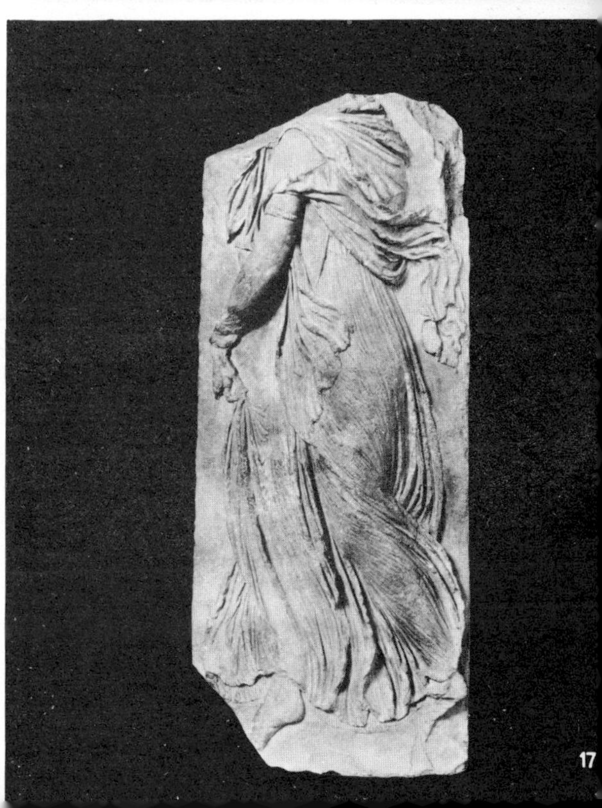
17

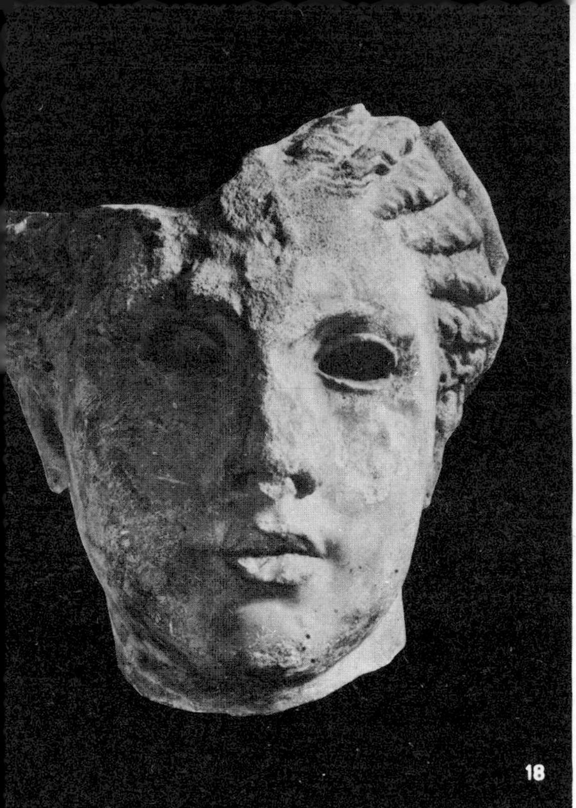
18

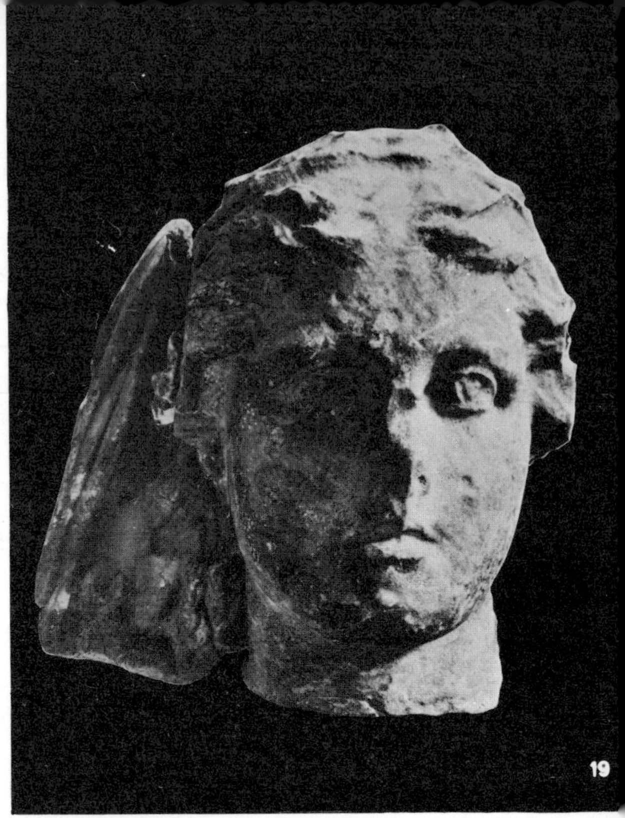
19

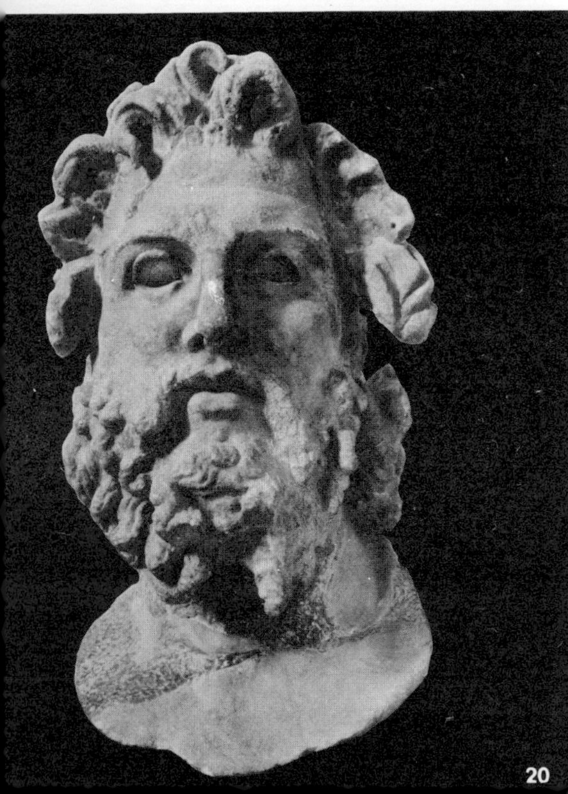
20

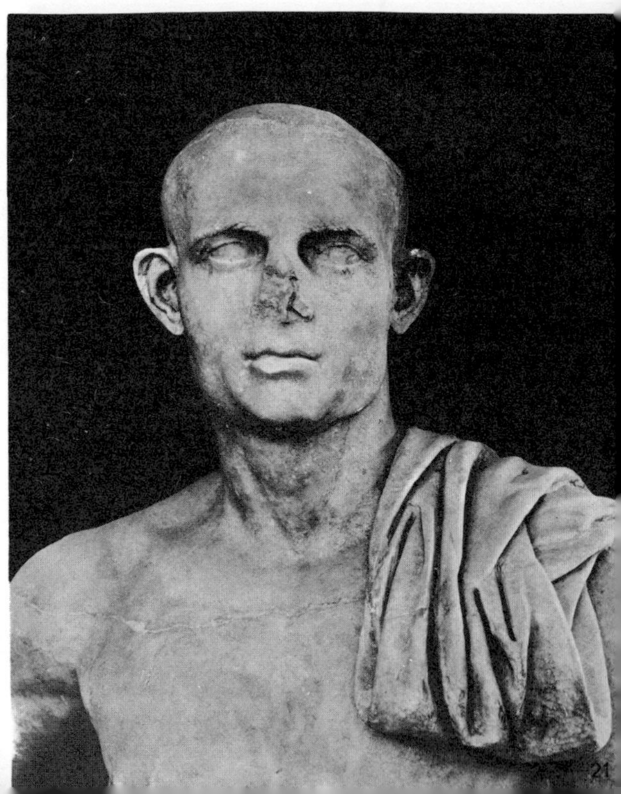
21

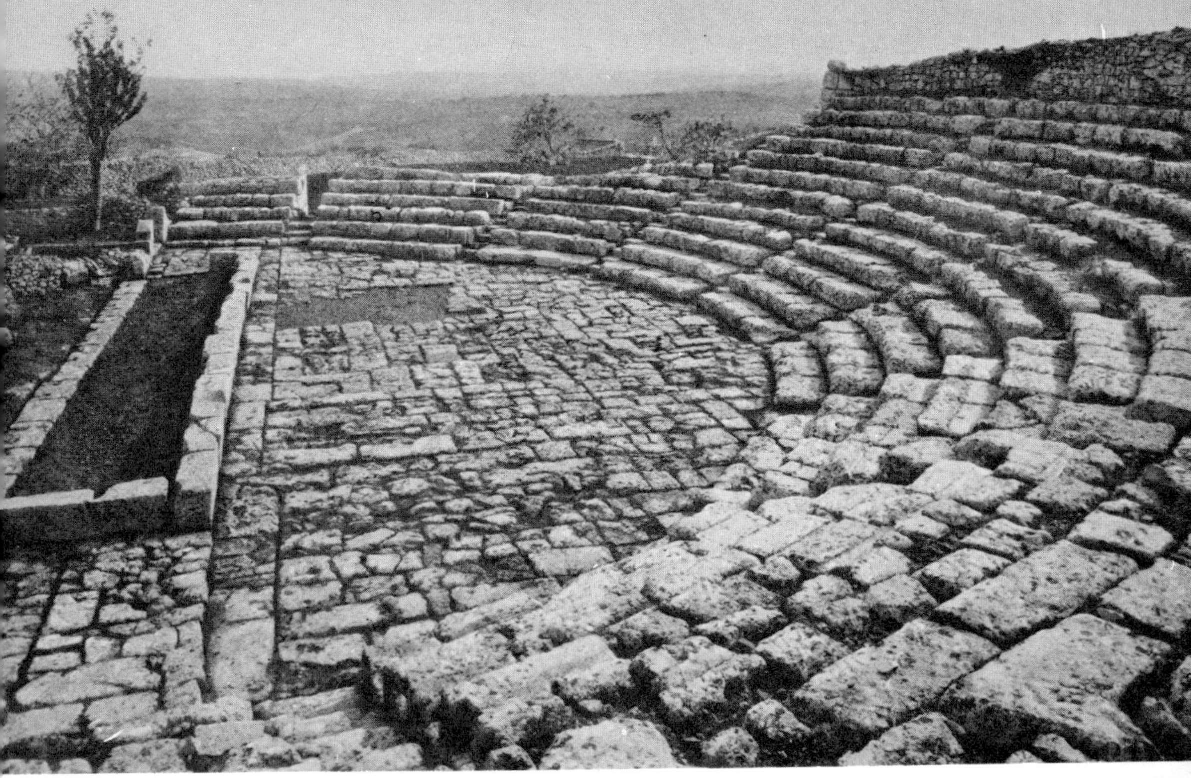

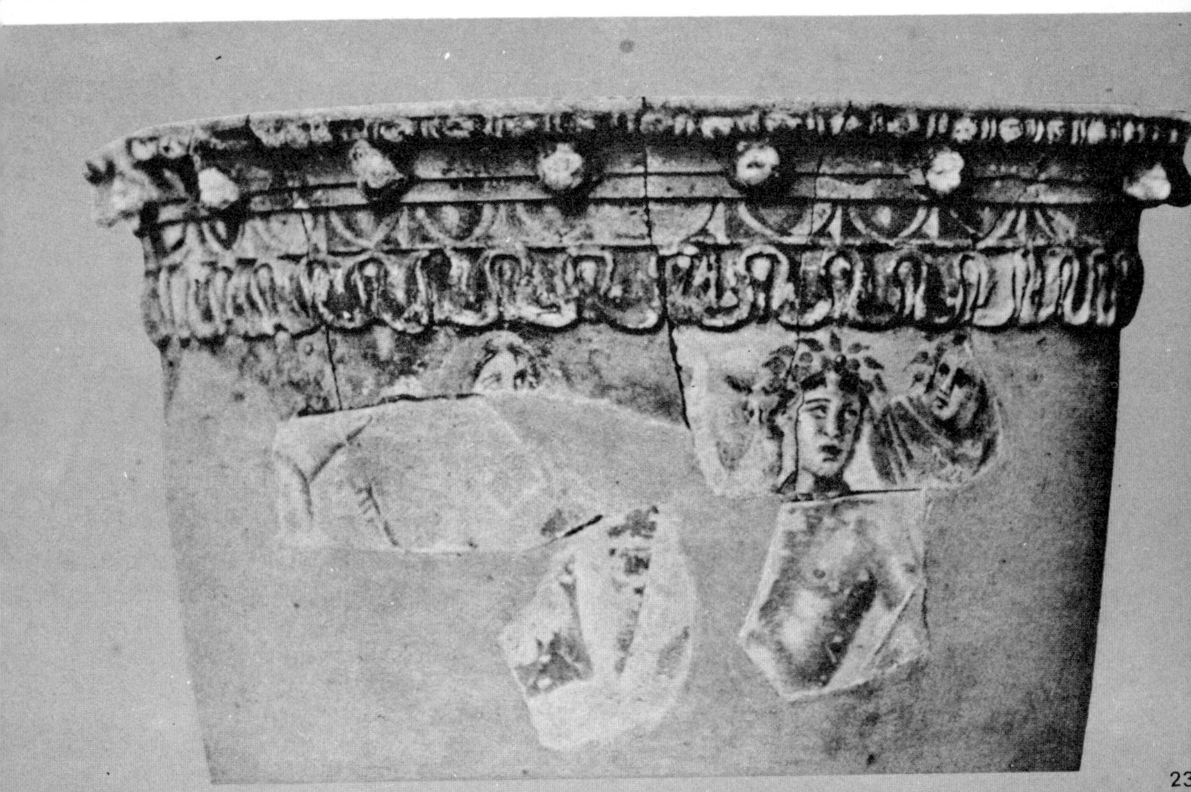

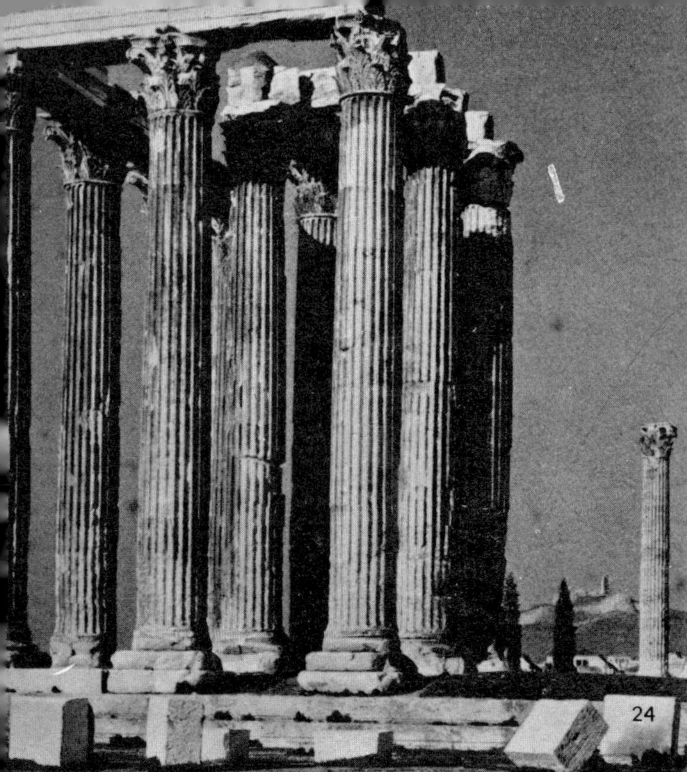
24

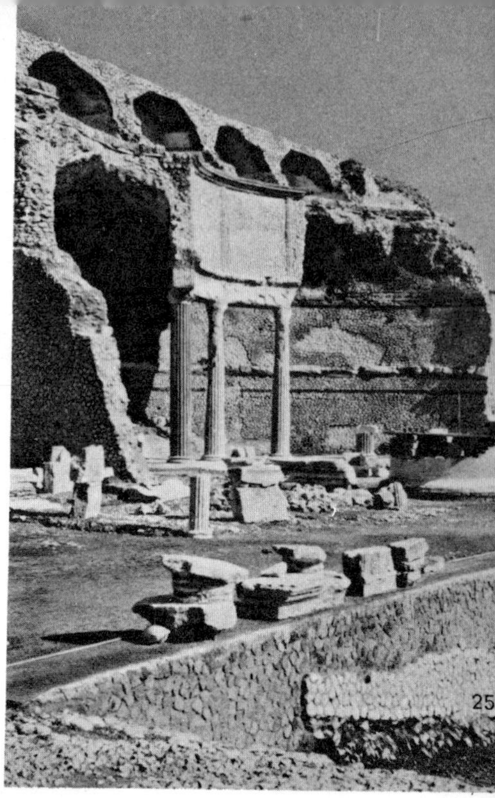
25

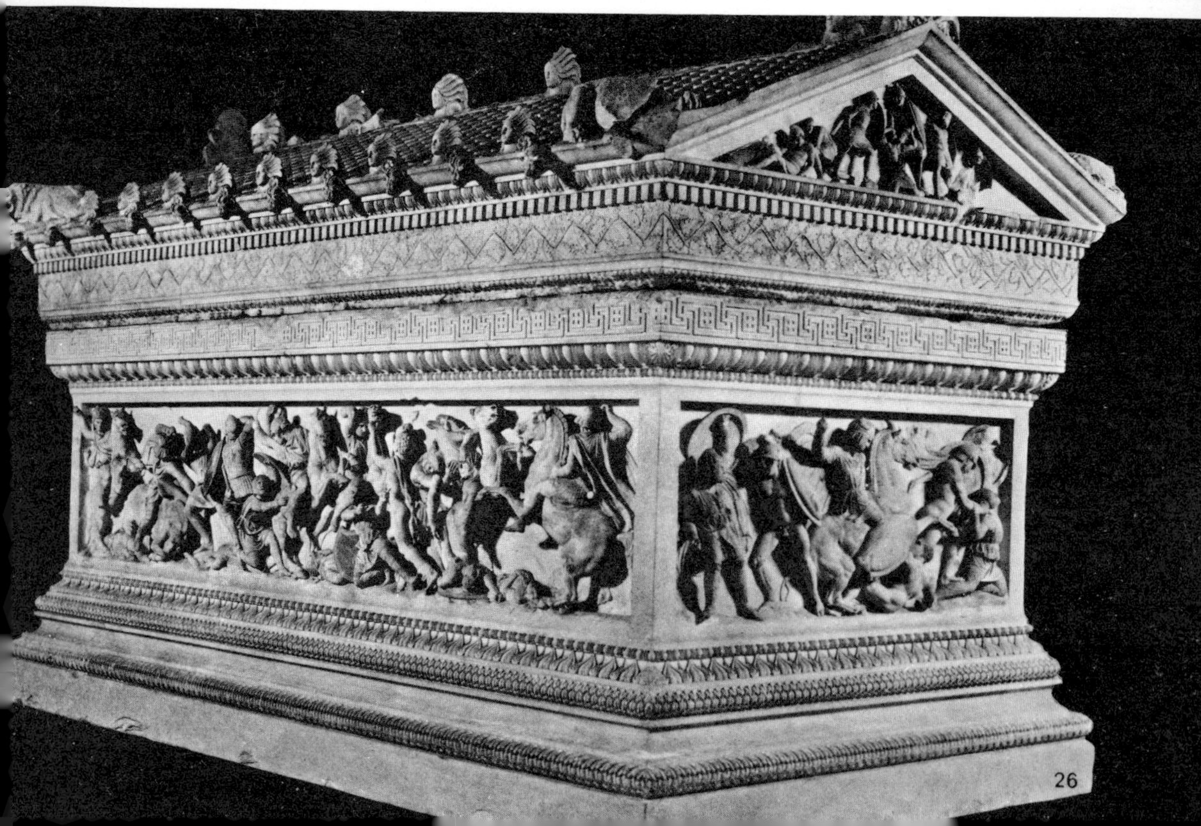
26

ERLÄUTERUNGEN ZU DEN WICHTIGSTEN FACHAUSDRÜCKEN

Akroterien
Plastische Verzierungen an den drei Ecken eines Giebels.

Chiton
Langes oder kurzes Gewand aus feiner Wolle oder Leinen, von Männern und von Frauen getragen.

Choregos
Wohlhabender Bürger, der vom griechischen Stadt-Staat mit der Leitung einer Chor- oder Dramenaufführung beauftragt wurde.

Enkaustik
Maltechnik, bei der die Farbe mit erhitztem Wachs aufgetragen wurde.

Exedra
Ein meist abgerundeter Raumteil mit Sitzen, oft groß genug, um als Vortragsraum zu dienen.

Herme
Viereckiger Pfeiler mit Kopf bekrönt und Phallos versehen. In klassicher Zeit war der Kopf ein Hermeskopf, und Hermen wurden an Torbögen und Eingängen aufgestellt. Vom 4. Jh. an wurde der Hermeskopf oft durch andere Köpfe ersetzt.

Hetäre
Freudenmädchen.

Himation
Wollenes, meist schweres Gewand, von Männern und Frauen über dem Chiton getragen.

Hydria
Wassergefäß mit senkrechtem Rückenhenkel zum Ausschenken und zwei waagerechten Seitenhenkeln zum Anheben.

Jambos
Kürzeres, in jambischem Metrum geschriebenes Gedicht.

Kerameikos
Töpfer-Viertel in Athen, zu dem ein großes Gräberfeld gehört.

Krater
Mischgefäß für Wein und Wasser mit weiter Öffnung.

Lagynos
Krug mit fast halbkugelförmigem Bauch, langem, schmalem, geradem Hals, Rückenhenkel; benutzt zum Tragen und Ausschenken von Wein.

Mimiambos
Ziemlich kurzes Gedicht in jambischem Metrum, dramatischer Form.

Oinochoe
Weinkanne, oft mit Kleeblattöffnung, Rückenhenkel; zum Tragen und Einschenken von Wein.

Orchestra
Runder Tanzplatz des griechischen Theaters.

Propyläen
Festtor mit mehr oder weniger ausgestalteten Säulenhallen auf beiden Seiten.

Rotfigurige Malerei
Technik der Vasendekoration, bei der die Figuren in der Farbe des Tons ausgespart und der Hintergrund mit einem sogenannten Firnis bedeckt wurde, der beim Brand schwarz wurde. Die Binnenzeichnung der Figuren wurde mit dem gleichen schwarzen Firnis, Details in Weiß, Rot, Gelb, Gold und gelegentlich anderen Farben hinzugefügt.

Symposion
Trinkgelage.

Taenie
Lange Binde, die bei festlichen Gelegenheiten getragen und als Schmuck benutzt wurde.

Thiasos
Jeder religiöse Bund, insbesondere das Gefolge des Dionysos: Satyrn und Maenaden.

Thyrsos
Fenchelstock mit einem Büschel aus Efeublättern, von Dionysos und seinen Thiasos getragen.

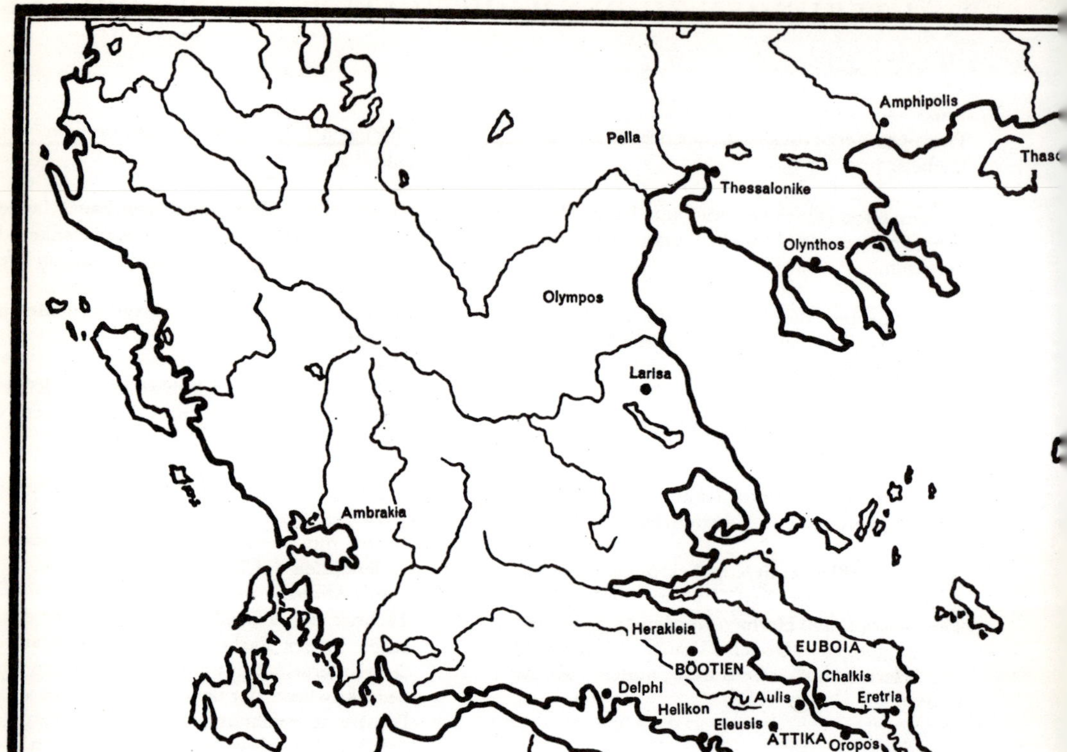

GRIECHENLAND UND KLEINASIEN

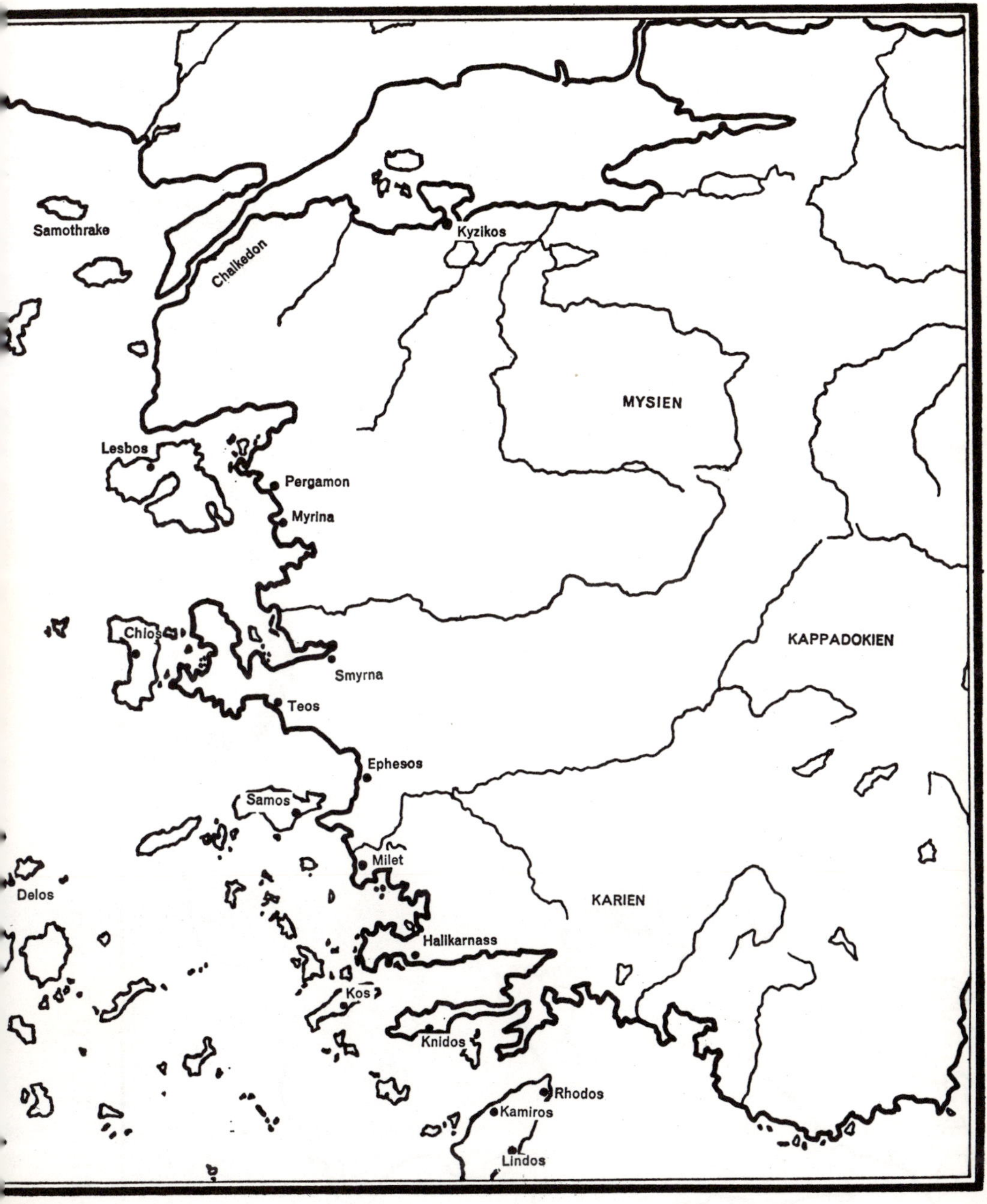
Samothrake
Chalkedon
Kyzikos
MYSIEN
Lesbos
Pergamon
Myrina
Chios
Smyrna
KAPPADOKIEN
Teos
Ephesos
Samos
Milet
Delos
KARIEN
Halikarnass
Kos
Knidos
Rhodos
Kamiros
Lindos

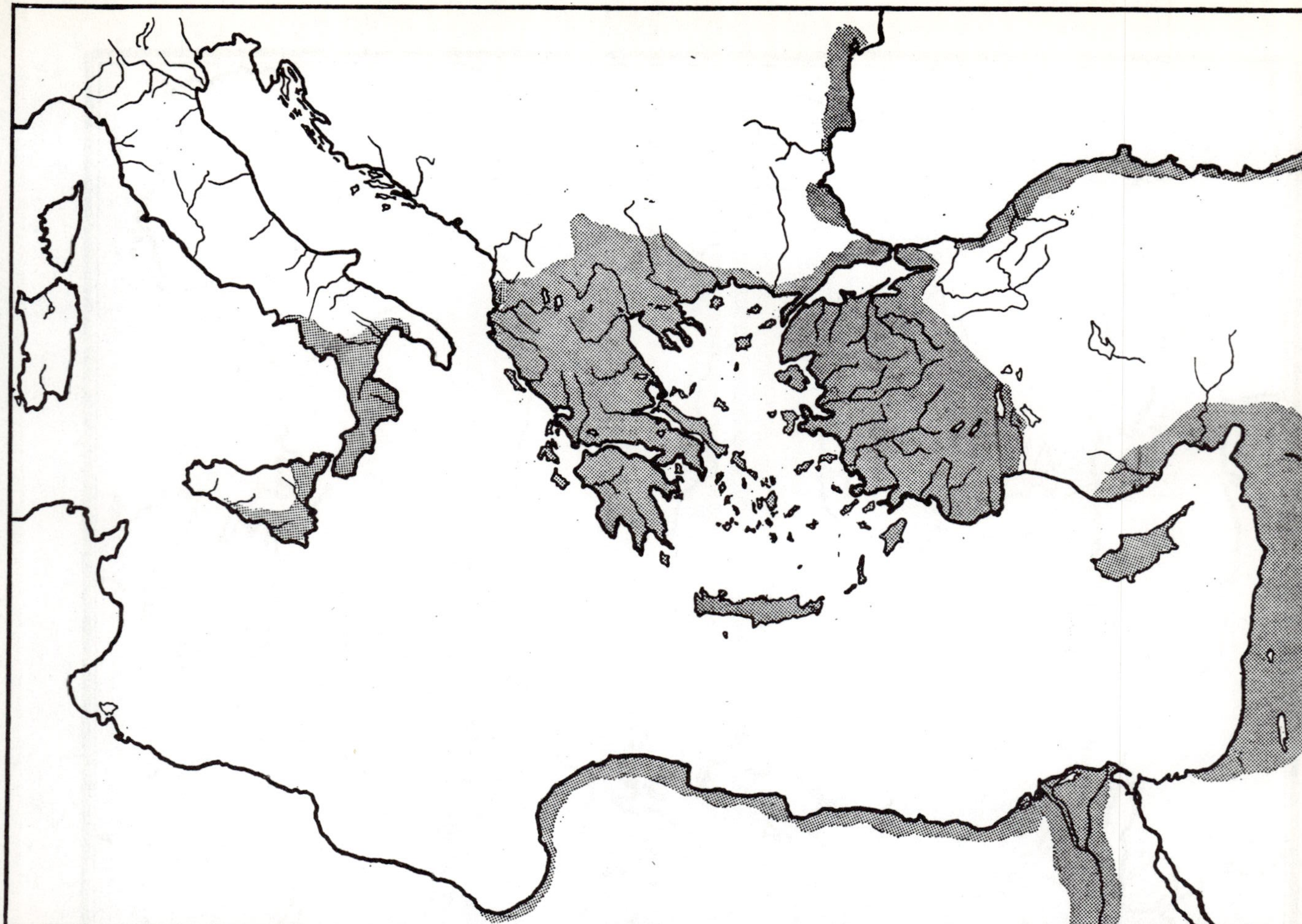

AUSBREITUNG DES HELLENISMUS

LITERATURVERZEICHNIS

Für Zeitschriftenzitate wurden folgende Sigel verwandt:

A.J.A.	American Journal of Archaeology
A.M.	Mitteilungen des deutschen archäologischen Instituts (Athenische Abteilung)
B.C.H.	Bulletin de Correspondence Hellénique
B.J.	Bonner Jahrbücher
B.S.A.	Annual of the British School at Athens
J.D.A.I.	Jahrbuch des deutschen archäologischen Instituts
J.H.S.	Journal of Hellenic Studies
J.R.S.	Journal of Roman Studies
J.W.I.	Journal of the Warburg and Courtauld Institutes
R.M.	Mitteilungen des deutschen archäologischen Instituts (Römische Abteilung)

Das Literaturverzeichnis gibt eine kleine Auswahl der einschlägigen allgemeinen Literatur und anschließend Hinweise zu den einzelnen im Text besprochenen Themen und Objekten. Nach der ersten Erwähnung sind abgekürzte Titel verwendet worden.

GESCHICHTE

M. Rostovtzeff, Die hellenistische Welt, Gesellschaft und Wirtschaft, Bd. 1–3, 1955/56

V. Ehrenberg, Der Staat der Griechen, Zürich 1965, Teil II

LITERATUR

A. Lesky, Geschichte der griechischen Literatur, Bern 1963

T. B. L. Webster, Hellenistic Poetry and Art, London 1964

PLASTIK

G. Lippold, Die griechische Plastik, München 1950

M. Bieber, The Sculpture of the Hellenistic Age, New York 1961 (abgekürzt *Hell. Sc.*)

MALEREI

A. Rumpf, Malerei und Zeichnung, München 1953 (abgekürzt *M.u.Z.*)

ARCHITEKTUR

A. W. Lawrence, Greek Architecture, London 1957

Einführung

Seite 5 — Hellenistische Königreiche und griechische Städte:
V. Ehrenberg, Der Staat der Griechen, Teil II, Kap. III, 3

Seite 6 — Etruskische Kunst:
G. A. Mansuelli, Etrurien und die Anfänge Roms, Kunst der Welt, Baden-Baden 1963

Aristotelischer Einfluss auf die hellenistische Kunstkritik:
T. B. L. Webster, Art and Literature in Fourth Century Athens, London 1956, 53f., 123f.

Kunsttheorie im hellenistischen Zeitalter:
K. Jex-Blake und *E. Sellers,* The Elder Pliny's chapters on the History of Art, London 1896, XIII ff.
E. Pernice, Handbuch der Archäologie, II, München 1938, 313ff.

Seite 8 — Kallimachos:
Fr. 196 *R. Pfeiffer,* J.H.S. 61, 1941, 1. Fr. 114, *R. Pfeiffer,* J.W.I. 15, 1952, 20

Seite 9 — Kunstsammlungen:
A. Rumpf, Archäologie, I, Berlin 1953, 12f.

Aratos:
Plutarch, Aratos 12

Pergamon:
Alterthümer von Pergamon, VIII, 46–50

Seite 10 — Tempel:
Herondas, Mimiambos IV.

Mummius:
Plinius, Nat.Hist. 35, 24

Syracus:
Cicero, in Verr. II, IV, 122–3

Seite 11 — Kopien:
G. M. A. Richter, Three critical periods in Greek Sculpture, Oxford 1952, 34, 37f.
A. Rumpf, Archäologie, II, 81ff.

Bilder in Delphi:
W. Dittenberger, S.I.G.^{3}, Nr. 682

I. Der Frühhellenismus

Seite 13 — Tyche von Antiochia:
T. Dohrn, Die Tyche von Antiocheia, Berlin 1960

Seite 14 — *Apollonios Rhodios,* Die Argonauten, 1, 549
L. Petersen, Zur Geschichte der Personifikation, Würzburg 1939

Dherveni-Krater:
Makaronas, Archeiologikon Deltion, 18 B, 1963

Seite 16 — Zur Symbolik Dionysischer Szenen im 4. Jahrhundert:
H. Metzger, Les Représentations dans la céramique attique du IVe siècle, Paris 1951, 409ff.

Pella-Mosaiken:
M. Robertson, J.H.S. 85 (1965), 75ff.
Makaronas, Archeiologikon Deltion, 17 B, 1961/62, 209ff.

Seite 18 — Mosaiken und Textilien:
F. von Lorentz, R.M. 52, 1937, 165ff. und mit neuerer Literatur:
T.B.L. Webster, Bulletin of the John Rylands Library, 45, 1962, 263f.
Krateros' weihgeschenk:
Plinius, Nat.Hist., 34, 64
Plutarch, Alexandros, 40
Pausias:
Plinius, Nat.Hist., 35, 127; 125
Nikias:
Demetrios, de Elocutione, 76

Seite 19 — Hellenistisches Epigramm:
C.H. Roberts, Journal of Juristic Papyrology, 4, 1950, 215
T.B.L. Webster, ibid., 5, 1951

Seite 20 — Palast zu Vergina (Palatitsa):
M. Andronikos, To anaktoro tes Verghinas, Athen, 1961
Grab:
A. W. Lawrence, op.cit., 211
Grab zu Syracus:
Museo Nazionale 30285
Sokrates:
Platon, Res publica, 401 b

Seite 22 — Ganymed-Ohrring:
P. Jacobsthal, Greek Pins, Oxford 1956, 70
Über den Zusammenhang des Blumenornaments mit dem Unsterblichkeitsglauben:
K. Schauenburg, R.M. 64, 1957, 148; J.D.A.I. 78, 1963, 294
Eileithya auf apulischen Vasen:
A.D. Trendall, Vasi Dipinti del Vaticano, II, 1955, 104
Euripides:
Hippolytos, 165
Hochzeitsvasen:
A.J.A. 69, 1965, 64

Seite 23 — Medea-Vase:
München, Nr. 810 J.
M. Schmidt, Der Dareiosmaler und sein Umkreis, Münster 1960
L. Sechan, Etudes sur la tragédie Grecque, Paris 1926, 405;
T.B.L. Webster, Art and Literature in fourth-century Athens, London 1956, 66
Über den Zusammenhang von mythologischen Szenen und Bestattungen:
K. Schauenburg, B.J., 1961, 232f.
Über tarentinisches Theater:
T.B.L. Webster, Griechische Bühnenaltertümer, Göttingen 1963, 53f.; ders., Institute of Classical Studies (London), Bulletin Supplement, nr. 14, 1962, 74f.

Seite 24 — Gnathia und sikyonische Malerei:
H. Bulle, Eine Skenographie, Berlin 1934